国家社会科学基金项目

适应土地规模经营新趋势的
新增农业补贴方式研究

韩 洁 著

中国农业出版社

北 京

习近平总书记强调，任何时候都不能忽视农业、忘记农民、淡漠农村。农业对人类而言意义非凡。当前，人类社会在经历了农业时代、工业时代之后，已迈入互联网时代。然而，无论时代如何发展，人类社会如何变迁，农业始终是人类赖以生存和发展的根本。在互联网经济昌盛发达的今天，许多国家仍将农业作为重要的基础产业和战略产业予以大力扶持。其中，对农业进行补贴，是当今世界许多国家，尤其是一些发达国家的通行做法。

新中国成立以来，始终把解决好吃饭问题作为治国安邦的头等大事，始终把农业作为国民经济快速发展的基础，采取了一系列重农强农惠农政策。尤其是进入 21 世纪以来，在中央多予、少取、放活方针的指引下，农业补贴规模快速扩大，种类不断丰富，成为我国财政支农政策体系中非常重要、备受瞩目的一项政策工具。从 2004 年我国废除农业税并出台一系列农业补贴与支持政策至今，我国农业补贴政策体系日益完善，对农业生产尤其是粮食生产起到了重要的激励作用和显著的引导效果。对农业补贴的制度框架、环境条件、政策目标、功能定位以及实施情况等进行深入分析研究，成为农业农村经济研究领域一项重要课题。

在国家社会科学基金资助下，本书针对党的十八大以来农业新型主体和规模经营快速发展的新形势，就优化农业补贴方式推动土地规模经营开展专题研究。在政策层面，对国外农业补贴制度、我国农业补贴政策体系、农业支持保护国际比较等进行系统梳理，同时对政策实施效果和执行效率进行深入分析；在实践层面，围绕新型经营主体丰富生动的规模经营生产实践，对农业规模经营的实现形式和适度规模进行深度研究；在理论层面，将如何推进双重政策目标的实现作为研究的突出特色，努力寻求农业补贴在促进粮食增产和农民增收之间的政策平衡点。在深入研究基础之上，本书提出了若干政策建议，为相关部门改革完善农业支持保护制度和政策体系提供了有益参考。总体看，本书有政策梳理，有实证分析，有理论创新，有建言建议，所作研究较为系统全面，堪称一部学习研究农业补贴政策的用心之作。

农业补贴是驱动引领我国农业高质量发展的重要抓手。值本书付梓之际，希望能有更多农业农村经济研究人员关注农业补贴，为改革完善我国农业支持保护政策体系，助力加快推进农业农村现代化和乡村全面振兴贡献更多智慧。

是为序。

张天佐

2022 年 3 月 2 日

第9章 农业适度规模经营深度案例研究
——农业绿色生产与一体化经营 ……………………… 237

第10章 结论与对策建议：优化农业支持保护政策的
制度安排研究 ……………………………………………… 249

第1章 绪 论

1.1 研究背景、目的和意义

新中国成立 70 年来，我国农业农村发展走过了一条不平凡的历程。仅从粮食安全角度看，新中国成立 70 年来，我国粮食从 1949 年的总产 1.13 亿吨、人均产量 209 千克，增长到 2019 年的总产 6.64 亿吨、人均产量 475 千克。中国人民从吃得饱、吃得起转向吃得好、吃得健康、吃得生态。多年来，农业农村的稳定发展，特别是粮食安全的稳定保障，为我国快速推进工业化、城镇化作出了巨大支持、奠定了坚实基础。改革开放以来，随着农村改革的逐步深化和农村生产力的日益解放，我国农业农村发展条件得到明显改善，农业农村为丰富城市居民"菜篮子""肉盘子""奶瓶子"作出重要贡献。21 世纪以来至 2019 年，随着党中央连续 16 个中央 1 号文件的发布以及乡村振兴战略的实施，城市反哺农村的政策体系日益完善，农业农村优先发展的观念深入人心，在土地流转深入推进、新型主体大量涌现、科技水平快速提升等多重因素推动下，我国农业生产经营方式发生巨变，农业农村面貌变化日新月异。新中国成立 70 年来我国农业农村发展历史性成就的取得，离不开党和国家的高度重视。其中，农业农村投入及相应的支持保护政策在农业农村经济持续健康发展中的作用不容忽视、无可替代。要做好乡村振兴战略实施，真正做到农业农村优先发展，既要"真刀实枪干"，"又要真金白银投"，已成为全国上下各界共识。要达成到 2035 年基本实现农业农村现代化、到 21 世纪中叶建设成为农业农村现代化强国的宏伟目标，实现乡村的全面振兴，离不开农业农村投入及相应的支持保护政策的进一步发力。

新型经营主体是乡村振兴战略实施的重要力量，土地规模经营对于保障粮食安全、实现农户稳收增收具有重要作用。党的十八大和十九大都十分重视对新型经营主体的培育和规模经营实现形式的探索，强调要完善农业支持保护制度，健全农业社会化服务体系。新型经营主体与土地规模经营二者结合，是小农户和现代农业发展有机衔接的重要实现方式，其发展对于保障我国粮食安全和改进农业生产方式具有重要意义。针对党的十八大以来农业新型主体和规模经营快速发展的新形势，本研究以适度规模经营为研究入口，以新型经营主体尤其是种粮大户、家庭农场为观察视角，重点对我国农业补贴政策系统展开研究，力图在系统梳理既有农业支持保护政策框架体系、分析其既有成效及现实难点的基础上，对其未来前景及路径选择提出更贴近实践、更合理优化的建议，进一步提高相关农业补贴及农业支持保护政策的精准性和指向性，进一步放大既有补贴政策的引导效应，发挥有限补贴资金的实施效果。这对于进一步完善我国农业政策支持体系、增强我国农产品在国际市场上的竞争力具有重要参考价值；对于发展多种形式的适度规模经营，积极培育农业新型经营主体快速成长，构建完善的现代农业经营体系，具有重要的促进作用；对于支持保护我国粮食等重要农产品生产、切实增加农民收入、推动乡村振兴战略实施具有积极意义。

1.2　国内外研究动态[①]

现代农业补贴真正开始于 1933 年美国的《美国农业调整法》（the Agricultural Adjustment Act）。对农业进行补贴是世界农业先进国家支持保护农业发展的常用手段，也是世界公认的许多国家促进国民经济健康稳定发展的基本战略。

1.2.1　国外关于农业补贴的研究

美国的农业补贴经历了漫长又复杂的发展历程，现在形成了一套相对完

---

① 韩洁. 粮食主产区农民收入及其补贴政策研究 [D]. 北京：中国农业科学院，2010.

善的体系。美国的农场规模并不是由农场面积来衡量，而是根据农场经营收入进行衡量。由于体制、资源环境和经济发展水平等原因，美国对农业补贴的研究相对更加关注于农业经营规模与经营收入的关系。

1.2.1.1 补贴工具和补贴形式的变化

发达国家开展了农业保护补贴的市场化改革。主要的发达国家都是对农业高补贴的国家，补贴的方式和补贴工具都在发生变化，主要特点是支持政策都逐渐减少对农产品价格的直接干预，减少价格支持政策，向提升本国农产品竞争力的政策目标转变。以美国为例，根据ERS的报告，美国的农场与农产品支持和保护政策，从最初的紧急价格支持政策，到此后很长一段时间（维持到战后）的价格保护政策，一直是农业保护政策的核心（Burfisher et al.，2003）[①]。直到乌拉圭回合协议出台并得以履行后，于1996年出台的农业法才进一步减少了来自美国政府的对农业生产的直接性干预。在不断市场化改革的过程中，终于在2014年推出了《食物、农场及就业法案》，转变了之前若干次农业法案高补贴、高保护的方式，用风险管理、农业保险等政策手段作为主要的政策工具（ERS，2014[②]；刘景景，2018[③]）。

1.2.1.2 农业补贴对农场收入的影响与变化

农业补贴[④]占美国农户收入比重和对收入的影响都在下降。20世纪80年代，美国政府直接支付给农场主的补贴约占当时美国农业纯收入总额的30%左右（Berman E，1994）[⑤]。随着时间的推移，美国农户的收入中来自农业（Farming）的收入不断下降，2005年左右仅占18%（＄14637/

---

① Mary E. Burfisher, Jeffrey Hopkins. Farm Payments: Decoupled Payments Increase Households'Well - Being, Not Production [R/OL]. [2015 - 05 - 01]. https: // www. ers. usda. gov/amber - waves/2003/february/farm - payments/.

② ERS. Agricultural Act of 2014: Highlights and Implications [EB/OL]. [2015 - 06 - 01]. https: // www. ers. usda. gov/agricultural - act - of - 2014 - highlights - and - implications/.

③ 刘景景. 美国农业补贴政策演进与农民收入变化研究 [J]. 亚太经济，2018 (6)：70 - 77，147 - 148.

④ 这里的补贴主要指美国农业部直接与农场和农产品相关的商品计划补贴、直接补贴等，并不包含营养项目、保护项目、贸易项目等方面的补贴。

⑤ Berman E, Bound J, Griliches. Changes in the Demand for Skilled Labor within U. S. Manufacturing: Evidence from the Annual Survey of Manufactures [J]. Nber Working Papers, 1994, 109 (2)：367 - 397.

$81420），更多的收入来自非农收入，约有57%的农户并没有得到农场项目相关的补贴，即便收到农户相关补贴，占收入比例也非常小，其中28%的农户收到10 000美元以下的补贴，平均为3 116美元，占收入的5%，8%的农户可以得到10 000～29 999美元的补贴，平均为17 771美元，占收入的21%，只有7%的农户收到了高额补贴（30 000美元以上），平均为76 866美元，占收入比重为48%（Hoppe，2007）[①]。农户收入更多地受到当时国民经济发展水平和税收政策的影响，农户相关补贴的影响已经非常小了（Hoppe 2006）[②]。

20世纪80年代，美国的农业补贴更多的补给小农场。有研究发现，在1994年的时候，约有64.2%的直接经营收入在1.25万美元以下的中小农场获得，而年经营收入在25万美元以上的大型农场仅获得28%的补贴（Berman E，1994）[③]。这引起了美国农业内部的分歧，大农场主反对当时的补贴政策，认为这种补贴违背了优胜劣汰的原则，降低了美国农业的竞争力（MacDonald et al.，2006[④]；刘景景，2018[⑤]）。

现在美国的农业补贴更倾向于大规模农场。以商品计划为例，2000年以后更多的相应的补贴正在向高收入大规模的农场转移（Hoppe，2006）[⑥]。到了2005年前后，约占农户比例8%的大规模农场拿走了58%的商品计划

① Robert A. Hoppe. The Importance of Farm Program Payments to Household [R/OL]. [2015 - 05 - 01]. https：//www. ers. usda. gov/amber - waves/2007/june/the - importance - of - farm - program - payments - to - farm - households/.

② Robert A. Hoppe. Structure and Finances of U. S. Farms 2005 Family Farm Report [R]. ERS Report Economic Information Bulletin Number 12，2006.

③ Berman E，Bound J，Griliches. Changes in the Demand for Skilled Labor within U. S. Manufacturing：Evidence from the Annual Survey of Manufactures [J]. Nber Working Papers，1994，109（2）：367 - 397.

④ James Mac Donald，Rebert Hoppe，David Banker. Growing Farm Size and the Distribution of Farm Payments [R]. ERS Report，Economic Brief Number 6，2006（3）：1 - 4.

⑤ 刘景景. 美国农业补贴政策演进与农民收入变化研究 [J]. 亚太经济，2018（6）：70 - 77，147 - 148.

⑥ Robert A. Hoppe. Structure and Finances of U. S. Farms 2005 Family Farm Report [R]. ERS Report Economic Information Bulletin Number 12，2006.

补贴（Hoppe，2007）[①]。Nigel Key（2007）[②]、MacDonald（2006）[③]等学者发现，当前的政府补贴在不同规模农场间的分配存在不均衡，补贴更集中于规模较大的农场。美国农业部在 2007 年的研究报告显示，农业部门的异质性导致了政府补贴的不均衡分配，而影响政府补贴分配的因素包括农场规模（土地面积）、农场所处方位、农产品种类以及经营者和农户的素质（US-DA，2007）[④]。大农场的土地面积和生产经营规模稳步扩大，以及农场规模和补贴水平之间的紧密联系，似乎在支持这样的结论：补贴更有益于大农场（Nigel Key，2007）[⑤]。农业生产经营的不断集中，促使政府补贴越来越向大农场集中：1982—2002 年，经营规模为 1 000～10 000 英亩[*]的美国农场的商品计划补贴份额由 41％增至 50％（Nigel Key，2007）[⑥]。近年来，有人注意到，政府补贴为大农场经营者提供了优势，对农场平均规模的扩大和生产集中程度的稳定增长作出了贡献。大规模农场利用从自由、分散经营到农场经营所获取的追加利润购买更多的设备和土地，或者从私人部门担保更多的资本来扩大生产经营规模，这些资本投资使规模较大的农场比规模较小者可能更具竞争优势，使中小规模农场主获取营农收益更加困难（Williams - Derry，2000）[⑦]。

政府补贴之所以趋向集中于大农场，原因有两方面。一方面政府对补贴接收者设定的门槛过低。美国政府在 1970 年农场法案中就规定生产者从农

---

① Robert A. Hoppe. The Importance of Farm Program Payments to Household［R/OL］. ［2015 - 05 - 01］. https：//www. ers. usda. gov/amber - waves/2007/june/the - importance - of - farm - program - payments - to - farm - households/.

② Nigel Key，Michael J. Roberts. Commodity Payments，Farm Business Survival，and Farm Size Growth［R］. USDA Economic Research Report Number 51，November，2007.

③ James MacDonald，Rebert Hoppe，DavidBanker. Growing Farm Size and the Distribution of Farm Payments［R］. ERS Report，Economic Brief Number 6，2006（3），1 - 4.

④ USDA. Government Payments Structure and Finances of U. S. Farms：Family Farm Report ［EB/OL］. 2007 Edition/EIB - 24Economic Research Service/USDA：26 - 28.

⑤ Nigel Key，Michael J. Roberts. Commodity Payments，Farm Business Survival，and Farm Size Growth［R］. USDA Economic Research Report Number 51，November，2007.

* 1 英亩≈4 047 平方米。

⑥ Nigel Key，Michael J. Roberts. Commodity Payments，Farm Business Survival，and Farm Size Growth［R］. USDA Economic Research Report Number 51，November，2007.

⑦ Williams - Derry，C. and Cook，K. Green acres：How Taxpayers Are Subsidizing the Demise of the Family Farm［M］. Washington，DC：Environmental Working Group，2000.

产品计划中获得补贴需遵循一定条件，2002 年农场安全与农村投资法案又提出基于收入的补贴资格限制条件，规定参加农产品计划之前的三个纳税年，某个个人或者实体平均的调整总收入（AGI）不能超过 250 万美元；但是，存在这样一个例外，即平均调整总收入中至少有 75％来源于农、牧、林业经营（Durst，2007）①。然而，这些条款的有效性在实际操作中受到了局限，因为农场经营者已经能够用各种法律的和规章的条款避免这一限制，只有很少的农场会因 AGI 高于现行的 AGI 资格限制而受其局限。结果，相当数量的政府补贴继续向大的经营实体和高收入的农场主集中（MacDonald et al.，2006）②。对此，美国政府于 2008 年农场法案再次对限制条件予以修改，调整为 75 万美元，即调整后总收入（AGI）超过 75 万美元（包括 75 万美元），农场即失去直接补贴资格，同时还规定，非农场收入需在 50 万美元以内。但是，有学者对此仍持有怀疑，认为即使将门槛调高，仍仅对小部分农场起限制作用。另外，一些农场的土地所有者（地主）也有资格接收政府补贴，但是这些地主在 2004 年从农场计划和储备补贴中仅收到 7 000 万美元，如果提高限制条件会对他们产生影响，他们也只会将此转嫁给佃户（Durst，2007）③。因此，政府补贴政策仍然存在较大的发展空间。

另一方面政府补贴的发放依据来自农场的产出，导致补贴进一步向大农场集中。在美国，农产品计划往往将补贴水平与当前生产或历史生产相结合，因此，不管农场将来如何变化，政府补贴最终都必然集中于大农场（MacDonald et al.，2006）④。因为规模经营往往伴随规模产出，因此，规模经营者往往可以接收更多的政府补贴。农业产出和土地都随着时间推移向

---

① Ron L. Durst. Effects of Reducing the Income Cap on Eligibility for Farm Program Payments [R/OL]. [2015 - 06 - 01]. https：// www. ers. usda. gov/webdocs/publications/44179/11144 _ eib27 _ 1 _. pdf?v=41746.

② Nigel Key，Michael J. Roberts. Commodity Payments，Farm Business Survival，and Farm Size Growth [R]. USDA Economic Research Report Number 51，November，2007.

③ Ron L. Durst. Effects of Reducing the Income Cap on Eligibility for Farm Program Payments [R/OL]. [2015 - 06 - 01]. https：// www. ers. usda. gov/webdocs/publications/44179/11144 _ eib27 _ 1 _. pdf?v=41746.

④ Nigel Key，Michael J. Roberts. Commodity Payments，Farm Business Survival，and Farm Size Growth [R]. USDA Economic Research Report Number 51，November，2007.

大农场集中（Hoppe，2017）[①]。根据 Hoppe（2007，2017）[②③] 的研究，在 2005 年前后，占农户比例 90.5% 的小规模家庭农场（年营业收入少于 25 万美元）仅贡献了 22.8% 的产量，而占农户比例仅为 7.5% 的大规模家庭农场（年营业收入大于等于 25 万美元）贡献了 62.7% 的产量，而这一情况到了 2015 年变成了占农户比例 89.7% 的小规模家庭农场（年营业收入少于 35 万美元）仅贡献了 24.2% 的产量，而占农户比例仅为 9% 的大规模家庭农场（年营业收入大于等于 35 万美元）贡献了 65.2% 的产量。

1.2.1.3　农业补贴对家庭农场规模的影响

政府对农场的支持政策提高了农场的规模化程度和市场竞争能力。交易费用和市场不完美为各种机制的创建提供了机会，通过这些机制，政府补贴可以影响农场结构。例如，政府补贴可协助大规模农场以更低的成本、更简化的程序筹措生产资金。政府补贴可以提供现金和保险（与商品价格挂钩）服务，还可从金融机构获取更多的资源，所有这些都可能帮助农民降低资本投入成本（Evans et al.，1989；Holtz - Eakin et al.，1994；Bierlen et al.，1998；Hubbard et al.，1992；Barry et al.，2000；Key et al.，2005；Roberts et al.，2002）[④⑤⑥⑦]。而资本投入成本降低有可能促进某些农场高新技术的更新换代，或者鼓励资本密集型、农场经营规模化（Kislev et al.，

① Robert A. Hoppe, James M. MacDonald. Large Family Farms Continue to Dominate U. S. Agricultural Production [J]. Statistic：Farm Economy，2017（3）.

② Robert A. Hoppe. The Importance of Farm Program Payments to Household [R/OL]. [2015 - 05 - 01]. https：// www. ers. usda. gov/amber - waves/2007/june/the - importance - of - farm - program - payments - to - farm - households/.

③ Robert A. Hoppe, James M. MacDonald. Large Family Farms Continue to Dominate U. S. Agricultural Production [J]. Statistic：Farm Economy，2017（3）.

④ Evans，David S. and Boyan Jovanovic. An Estimated Model of Entrepreneurial Choice under Liquidity Constraints [J]. Journal of Political Economy，97（4）：808 - 827.

⑤ D. D. Holtz - Eakin, D. Joulfaian, H. S. Rosen. Entrepreneurial Decisions and Liquidity Constraints [J]. Rand Journal of Economics，1994：334 - 347.

⑥ Bierlen，R. and A. M. Feeatherstone. Fundamental Q, Cash Flow and Investment：Evidence from Farm Panel Data [J]. The Review of Economics & Statistics，1998，80：427 - 435.

⑦ Hubbard，R. G. and A. K. Kashyup. Internal Net Worth and the Investment Process：An Application to U. S. Agriculture [J]. The Journal of Political Economy，1992，100（3）：506 - 534.

1982)①。在规模报酬递增的情况下，政府补贴也许会促使农场在短期内扩大规模，而不一定是长期（Morrison Paul et al.，2005)②。久而久之，企业所有者可能会积聚足够的财富来支持高效率的生产经营规模，以此缓解政府补贴作为流动资产来源的压力。

Nigel Key 和 Michael J. Roberts 还用五次统计调查的数据对政府补贴与农场结构变化之间的关系作了实证研究③。研究结果表明，总体上，政府补贴与农场经营规模扩大之间存在积极的联系，这种联系在不同的模型分析下都是显著的。据研究，每英亩土地期初的政府补贴水平越高，农场的规模化速度就越快。农场的规模化经营与政府的补贴水平是正相关的，这一结论适用于不同时期的研究。通过控制区域、期初土地经营规模、每英亩农田销售量和农田对其他用途土地的比例，这一结论依然是成立的（张锦洪，2009；魏晓莎，2014)④⑤。

政府的农业支持政策会促使劳动力从农业部门向非农部门流动，造成农业劳动力减少。如果政府补贴不将土地的价值完全纳入，那么无疑会增加对非土地财产的报酬，比如劳动力。通过增加劳动力报酬，政府补贴可以鼓励农民更多地从事营农工作，扩大生产经营规模。但如果政府补贴与生产环节相脱离，则可能产生反作用，即补贴所产生的较高收入反而会诱使农民减少农场劳作，如果雇佣劳动力也产生相应的成本，则会导致总劳动力（农民和雇佣劳动力）和农业生产的减少，劳动力会离开农场寻求其他工作。这些研究表明，政府补贴会影响农民对劳动与闲暇的选择，并且（或者）使得资本的获取更加便利。

① Kislev, Y., Peterson, W. Prices, Technology, and Farm Size [J]. Journal of Political Economics, 1982 (90)：578 - 595.

② Morrison Paul & Nehring. Product Diversification, Production Systems, and Economic Performance in US Agricultural Production [J]. Journal of Econometrics, 2005 (126)：525 - 548.

③ Nigel Key, Michael J. Roberts. Commodity Payments, Farm Business Survival, and Farm Size Growth [R]. USDA Economic Research Report Number 51, November, 2007.

④ 张锦洪，蒲实. 农业规模经营和农民收入：来自美国农场的经验和启示 [J]. 农村经济，2009 (3)：127 - 129.

⑤ 魏晓莎. 美国推动农业生产经营规模化的做法及启示 [J]. 经济纵横，2014 (12)：73 - 76.

1.2.2 国内关于农业补贴的研究

由于我国实行家庭承包经营为基础、统分结合的双层经营制度，以及人多地少的基本国情，农业补贴方式与欧美国家存在不同，经历了从消费者补贴到生产者补贴的转变后，对广大承包农户的补贴产生了普惠制政策效应以及土地规模经营的新趋势，促使新增农业补贴方式的完善成为重要研究课题。

1.2.2.1 农业补贴方式：从消费者补贴到生产者补贴

我国农业补贴方式实际经历了从消费者补贴到生产者补贴的转变。对20世纪90年代以前农业补贴的研究反映，我国农业补贴实质上是对消费者的补贴。如朱希刚（1 992，1993）研究提出，发展中国家大部分农业补贴来自政府预算，但大部分农业补贴仍然来自农业，是对农业收入的一种隐蔽性转移，农产品生产存在隐蔽税负，农业生产者往往承担较高的税负，农产品消费者却得到较高的补贴[1][2]。据测算，1994—1999年间的PSE绝对量均为负值（朱希刚等，1996；程国强，2000；张莉琴，2001；Tian et al.，2002；李先德等，2005）[3][4][5][6]，这说明我国的农业生产者并没有得到政策的支持。

一国农业补贴方向受其经济水平的影响十分严重，一般情况下，其经济越发达，针对生产者的相关补贴就越多。从现实情况看，相关补贴主要表现为来自消费者的价格转移。随着经济发展水平的不断提高，应该适时实行工业反哺农业，及时地逐步调整农业补贴方向，由主要补贴消费者向主要补贴生产者转变，这将有效、较快提高农民收入（朱希刚，1993）[7]。

我国财政补贴支农力度逐年加大。从20世纪90年代后期，我国不断加

---

[1] 朱希刚. 借鉴国际经验促进农业补贴由消费者向生产者的转变［J］. 农业经济问题，1992（10）：52-57.

[2][7] 朱希刚. 提高农民收入的政策思考［J］. 农业技术经济，1993（4）：2-7.

[3] 朱希刚，万广华，刘晓展. 我国1993年和1994年农产品生产者补贴等值的测算［J］. 农业经济问题，1996（11）：37-42.

[4] 张莉琴. 我国农业政策对农产品的有效保护效果分析［D］. 北京：中国农业大学，2001.

[5] 程国强，朱满德. 中国工业化中期阶段的农业补贴制度与政策选择［J］. 管理世界，2012（1）：9-20.

[6] 李先德，宗义湘. 中国农业支持水平衡量与评价［J］. 农业经济问题，2005（S1）：19-26.

大财政支农力度，农业支持总水平趋于增加。方言（2019）①② 研究指出，1999 年开始，国家进入对农民从"取"到"予"的政策阶段，农业支持保护政策主要覆盖农村基础设施、"多予少取"、生态补偿三个方面。2003 年以后，国内农业生产进入了补贴时代，"四项补贴"政策由无到有，由生产导向转为以绿色发展为导向，政策性农业保险制度建立，价格形成机制逐步完善，相关市场化改革稳步推进。据学者研究，我国的财政支农政策取得了积极效果。如仅在 2004—2005 两年之内，我国共计减免各类税费 522 亿元，大大减轻了基层农民的税费负担，与此同时，仅在 2004 年，国家就通过粮食直补、良种补贴、农机购置补贴等方式，直接或间接为农民增加 100 多亿元收入（宋洪远等，2006）③。根据王姣和肖海峰（2007）④ 测算，仅在 2004 年，通过降低农业税，河南、山东、河北三省农户的种植业收入就分别因此增长了 3.99％、3.74％、4.00％。

但是，补贴效率和效果不尽理想。另一方面，国内部分学者对我国现行的补贴政策仍存有异义，认为农业生产资料的补贴是对生产企业的补贴，在实际执行过程中，农民得到的实惠很少。张莉琴（2001）⑤ 提出，由于财政体制以及财政监管等原因，我国一般服务支持的财政漏出现象非常严重。其中，有很大一部分以消费者剩余的方式转移给了城镇居民，而从事农业的生产者最终并未得到多少实惠（庞晓玲等，2004）⑥。与世界先进农业国家相比，我国农业生产的支持保护水平存在较大差距，如 2000—2003 年，中国％PSE 平均为 1.8％，与此形成鲜明对比的是，OECD 国家竟然高达 30.8％，农业政策改革没有从根本上改变农业资源流出农村、流向城市及其

---

① 方言. 中国特色农业支持保护之路——70 年中国农业支持保护政策的轨迹与实践（上）[J]. 中国粮食经济，2019（11）：47-53.

② 方言. 中国特色农业支持保护之路——70 年中国农业支持保护制度变迁（下）[J]. 中国粮食经济，2019（12）：11-16.

③ 宋洪远. 中国农村经济分析和政策研究（2003—2006）[M]. 北京：中国农业出版社，2006：357.

④ 王姣，肖海峰. 我国良种补贴、农机补贴和减免农业税政策效果分析 [J]. 农业经济问题，2007（2）：24-28.

⑤ 张莉琴. 我国农业政策对农产品的有效保护效果分析 [D]. 北京：中国农业大学，2001.

⑥ 庞晓玲，刘海英，霍学喜. 财政支持粮食主产区农业发展的问题与对策思考 [J]. 陕西农业科学，2004（6）：73-75.

他行业的现状，也没有很好地破解农业生产者利益受损的困境（李先德等，2005）[1]。据李先德和杨东群（2008）[2] 调查发现，当前农业补贴总量偏小、标准偏低，如 2006 年江苏省单位粮食播种面积补贴收入不足 30 元，不足以抵消农资价格上涨幅度；而且补贴资金下达偏晚，一般在每年 4 月份春耕农忙时节才开始发放，不能适应农时等。对此，学者们普遍认为应该继续增加对农户的直接补贴。

1.2.2.2　农业补贴政策效果

研究表明农业补贴可以促进粮食播种面积增加、农民增收等，但有的补贴政策在实践中暴露出一些问题，政策效果受到削弱。肖攀等（2019）[3] 研究表明，农业保险财政补贴政策显著促进了粮食总种植面积的增加以及稻谷、玉米、小麦种植面积的增加和产量的增长。王姣和肖海峰（2007）[4] 测算结果显示，在良种补贴政策刺激下，从事种植业的大规模、中等规模、小规模农户，其收入分别因此增长 1.03%、0.99% 和 1.05%；在农机具购置补贴政策刺激下，大规模、中等规模、小规模农户的种植业收入分别因此增长 1.83%、1.83% 和 2.62%。江保国（2017）[5] 认为我国农业直接补贴政策实施近十年以来明显地改变了政府与农民之间的关系，得到了广大农民群众的支持，对农民增收和粮食安全也起到了一定的作用，但在实践中也暴露出了农民认知度不高、补贴对象失焦、目标异化等问题，到了需总结完善的节点。

研究同时表明，良种补贴和农机具购置补贴对大、中、小规模农户的种植业收入激励作用几乎是平均的，对小规模农户的激励作用甚至稍高于其他

① 李先德，宗义湘. 中国农业支持水平衡量与评价 [J]. 农业经济问题，2005 (S1)：19-26.
② 李先德，杨东群. 江苏省农业支持政策运行情况调研报告 [R]. 中国农业科学院农业经济与发展研究所研究简报，2008 (4)：1-8.
③ 肖攀，刘春晖，苏静. 粮食安全视角下农业保险财政补贴政策效果评估 [J]. 统计与决策，2019, 35 (23)：157-160.
④ 王姣，肖海峰. 我国良种补贴、农机补贴和减免农业税政策效果分析 [J]. 农业经济问题，2007 (2)：24-28.
⑤ 江保国. 论农业直接补贴的方式和程序改革——基于广东省的实证研究 [J]. 经济体制改革，2017 (4)：84-90.

规模等级的农户①。随着我国新型城镇化进程的加速，农村劳动力呈现加快转移趋势，面临这一新形势，土地适度规模经营将会提上我国现代农业发展的日程，新型经营主体将主要回答"谁来种地"的问题，农业补贴方式也应跟随形势发展做出新的调整。

1.2.2.3 农业补贴与土地规模经营

适应工业化、城镇化快速发展的形势，农业规模经营日益提上加快发展现代农业的日程，关于适度规模经营的研究也层出不穷。

不同作物、不同地区的适度规模标准有较大差距。张照新、张恒春、彭水洪、韩洁等2013—2015年对经营规模与土地产出效率关系进行了研究。根据研究，张恒春提出，从确保粮食供给和促进农民增收的角度看，我国家庭农场的适宜面积应在71～137亩*之间，既可以确保粮食产量不降低，又能保障家庭农场的收入达到一个较高水平；张恒春、张照新（2015）②研究发现，对于粮食种植，其规模与单产二者呈倒U形关系。

农业补贴能够一定程度上刺激和促进土地经营规模，但是效果有限。钱鑫和杜雪峰（2019）③研究发现，在不同经济发展地区，补贴影响土地规模的机制和效果也不同，对经济较落后地区的影响更加明显。王宇等（2016）④调研发现，农业补贴与农户种地积极性正相关，但促进作用呈下降趋势。研究显示，与生产相关的政策和补贴，最终都将转化为土地要素的价格，其直接表现就是地租的上升，其直接后果就是增加生产者的投资和经营成本（钟甫宁等，2008）。⑤

梳理相关研究文献发现，关注适度规模经营的研究较多，也有提出需要

---

① 王姣，肖海峰. 我国良种补贴、农机补贴和减免农业税政策效果分析 [J]. 农业经济问题，2007 (2)：24 - 28.

 * 1亩＝1/15公顷。

② 张恒春，张照新. 增产增收视角下玉米种植户适度规模分析——基于全国8 423份调查数据 [J]. 湖南农业大学学报（社会科学版），2015，16 (3)：13 - 18.

③ 钱鑫，杜雪锋. 农业补贴对土地规模经营的影响机制 [J]. 江苏农业科学，2019，47 (4)：286 - 291.

④ 王宇，杨俊孝. 农业补贴视角下土地适度规模经营调查与分析——以新疆玛纳斯县为例 [J]. 山西农业科学，2016，44 (4)：541 - 544.

⑤ 钟甫宁，顾和军，纪月清. 农民角色分化与农业补贴政策的收入分配效应——江苏省农业税减免、粮食直补收入分配效应的实证研究 [J]. 管理世界，2008 (5)：65 - 70，76.

增加农业补贴的政策建议，但对如何改进农业补贴方式没有作深入分析。同时，在一些关于农业补贴方式研究的文献中，也有提出要增加"专业农户补贴"的政策建议，如程国强、朱满德（2012）[①] 研究提出，在粮食生产大省，应对经营面积 30～150 亩的粮农，按实际种植面积进行补贴，经营面积 150 亩以上的商业化农户不予补贴。但此类文献关注农业补贴方式研究较多，对土地适度规模经营面积和土地产出率关系、对不同规模区间的经营主体实施怎样的农业补贴方式等未作深入具体地分析阐释，这为本研究提供了空间和可能。

1.3 研究的计划、内容、框架及写作体例

基于上述考虑，本课题针对党的十八大以来农业新型主体和规模经营快速发展的新形势，重点就适应土地规模经营新形势的新增农业补贴方式展开研究。研究计划主要包括四个方面：一是文献研究，重点通过查阅文献资料，掌握国内外农业补贴相关发展历程等情况；二是实地调研，重点针对种粮大户、家庭农场开展实地访谈、问卷调查；三是理论分析，结合文献资料及调研材料，运用相关理论和科学分析方法，展开相关分析研究；四是综合研究成果，理论联系实际提出合理化的政策建议。

按照上述研究计划，课题研究确定了三个方面的重点内容：一是从政策层面出发，围绕农业补贴制度，重点就国外农业补贴制度、我国农业补贴政策体系、农业支持保护国际比较等展开梳理研究，同时，从政策落地角度对农业补贴政策实施效果和执行效率进行深入分析；二是从实践层面出发，围绕新型经营主体丰富生动的规模经营生产实践，对我国农业规模经营、土地适度规模经营、农业生产性服务等展开调查研究，同时，结合具体案例对农业规模经营的实现形式和适度规模进行深度研究；三是从政策创设层面出发，在整个课题研究的基础上，提出优化农业支持保护政策的制度安排。

---

① 程国强，朱满德. 中国工业化中期阶段的农业补贴制度与政策选择［J］. 管理世界，2012（1）：9-20.

整个课题的框架逻辑为：从理论到现实，再从现实到理论，体现了"理论联系实际"的重要指导原则。整个研究分为 10 个章节——第一章为绪论，对整个研究进行了提纲挈领式的总括介绍。第二章为国外农业补贴制度研究，重点对美国《食物、保护及能源法案》（2008 年）、《食物、农场及就业法案》（2014 年）、《农业提升法案》（2018 年），以及欧盟共同农业政策、英国农业支持政策、日本农业补贴政策等进行了系统梳理研究，在此基础上对发达国家农业政策演变进行分析，从中得出对我国农业支持保护政策的有益借鉴。第三章为我国农业补贴政策体系及现状研究，重点对我国农业补贴政策体系进行系统梳理研究，对地方因地制宜探索农业补贴落地方式进行了综合分析，对我国农业补贴政策在资金投入、补贴标准、价格支持等方面存在的主要问题进行了概要介绍。第四章为我国农业支持总量变化特征及国际比较研究，对我国 1995—2018 年农业支持总量变化趋势及特征进行分析，同时，对比美国、欧盟、日本等发达国家以及巴西等发展中国家的农业支持总量的变化情况，分析相关国际经验，在此基础上提出我国农业支持总量及相关政策发展趋势相关特征，得出我国农业支持总量变化符合世界农业支持政策发展的一般规律这一重要结论。第五章为我国农业补贴政策效果和政策效率研究，就补贴政策对地租的影响机制进行了深入分析研究，并以问卷调查方式就农业补贴政策对农民种粮积极性的激励效应进行全面分析。第六章为我国农业规模经营现状及主体特征研究，本章结合一系列调研案例，对我国农业规模经营现状及主体特征进行了理论与实践综合分析。一是基于鲁东南 Z 市的调研，对 20 世纪 50—90 年代五代农民当前收入进行观察和思考；二是基于山东省青岛平度规模经营案例的分析，对规模经营的市场风险、自然风险、金融风险进行深入研究，提出应将提升规模经营抗风险能力作为未来补贴政策改革的目标和重点；三是将黑龙江肇东种粮大户 LG 作为案例，深入研究了粮食规模经营、农民收益与土地产出率之间的关系，提出政府补贴土地规模经营要"理性"；四是以新疆呼图壁县种棉大户作为案例，对要素、投资和创新驱动的土地规模经营实践进行深入分析，提出确保农户收益的关键是投资和技术。在上述案例的基础上，提出了农业补贴的改革方向。第七章为承包地经营权流转与土地适度规模经营，本章对农村土地经营权流转发展现状进行盘点，并着重就经营规模与土地生产率二者的关系开展研究，基于农业农村部农村固定观察点 20 000 户微观大样本农户数据分析结果显示：小麦、水稻播种面积与亩均产量呈现出接近倒"U"形关系。第八章为农业生产性服务与服务适度规模经营，本章结合新型城镇化进程加快、农村劳动力转移加速的新形势，从解决谁来种粮问题、如何保障区域粮食安全目标的角度，对农业共营制这一组织形式创新进行深入研究。同时，鉴于农业机械化、农业信息化对于农业农村现代化的重要推动作用，对农业机械社会化服务和"互联网＋"农业组织创新进行了系统梳理研究。第九章为农业适度规模经营深度案例研究——农业绿色生产与一体化经营，以安徽省合肥市肥东县家庭农场主胡盼盼为案例，就其绿色生产模式与一体化经营探索进行深度研究，并从农户价值链利益分享、中高端农产品供给、新型经营主体融资、农业绿色发展等诸多角度，结合农业补贴方式的优化调整，进行了深入分析。第十章为结论与对策建议：优化农业支持保护政策的制度安排研究，在上述各章基础上，综合分析我国农业支持保护政策面临的主要问题，深挖其问题产生根源，同时就完善与优化农业支持保护政策提出本课题对策建议。

以上各章节写作体例略有不同，但总体都遵循"总结现状—分析问题—提出结论或建议"的三段式结构。

1.4　研究方法、创新之处、突出特色和主要建树

1.4.1　研究方法及技术路线

（1）文献研究。通过研究文献资料，对农业补贴理论、WTO 规则下农业补贴政策、国外农业补贴制度、国内农业补贴发展历程等进行研究。

（2）实证研究。在实际调研基础上，综合运用统计分析、计量经济学、案例研究等科学方法，进行分析研究。

（3）理论研究。综合运用产业组织理论、制度经济学、迂回生产理论、公共政策理论等基础理论开展研究。

本研究技术路线用研究流程图见图 1-1。

1.4.2　研究的创新之处、突出特色

本课题研究认为，作为国民经济的战略后院和压舱石，农业农村既承载

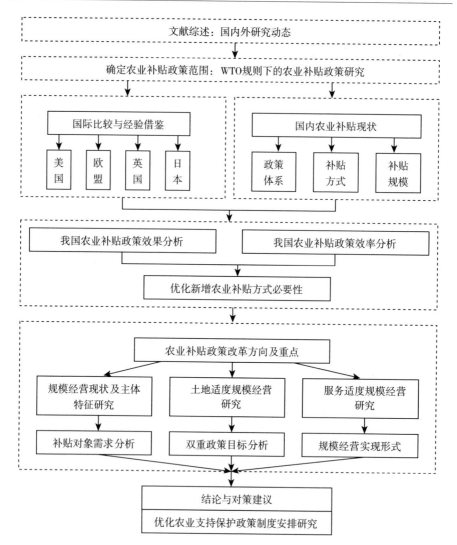

图 1-1 技术路线用研究流程图

着确保国家粮食安全、推动农业现代化的作用，又肩负着增加农民收入、保障农村社会稳定的重任。作为三农政策体系的重要组成部分，农业支持保护政策尤其是农业补贴政策既要从产业经济角度出发，将保护粮食产能、提高粮食产量作为关键政策目标，又要从社会福利角度出发，将保障种粮收益、增加农民收入作为重要政策目标。因此，农业补贴政策的优化调整，必须从双重政策目标出发，进行相关政策创设。

在这一创新研究思路的引领下，课题研究重点做了如下工作：一是将农业补贴与规模经营和新型经营体系结合起来，对以农业补贴手段促进规模经营发展和新型经营体系构建进行了较为系统的研究。二是结合土地经营规模与土地生产率、劳动生产率关系的研究，定量化、科学化地研究提出提高农业补贴针对性、精准性的制度安排。三是针对专业大户和家庭农场等新型经营主体，研究提出新增农业补贴及其规模与方式，为完善我国农业补贴制度提供更多参考借鉴。

整个课题研究将如何推进双重政策目标的实现作为研究的突出特色，努力寻求农业补贴在促进国家粮食稳产和农民收入稳增之间的政策平衡点。基于这一逻辑起点，课题研究综合运用产业组织理论、制度经济学、迂回生产理论、公共政策理论等基础理论，以及统计分析、计量经济学、案例研究等科学方法，力图通过透彻的理论解析、全面的实证调研、翔实的数据分析，来寻找双重政策目标下适度规模经营与农业补贴政策的最佳结合点，从而确保相关农业补贴政策发挥最大效益。这一创新研究视角，避免了单就粮食安全研究补贴或单就农民收益研究补贴等单一研究视角所产生的囿限。

1.4.3 研究的主要建树

课题的主要建树包括以下四个方面。一是通过国外补贴制度研究和国际比较，得出一系列重要结论。我国农业补贴及农业支持保护政策发展符合世界农业支持政策发展的一般规律，具有一定的必然性。当前，国际农业补贴及农业支持保护政策体现出明显的导向变化，正从政府干预市场向市场化转变，从价格补贴向生产能力提升、产品质量保障和绿色生态导向转变。我国应根据国际农业补贴及农业支持保护政策发展变化，结合我国三农实际情况，及时调校政策导向。二是结合农业规模经营现状对现行农业补贴政策效果进行研究，分析提出了当前农业补贴政策的存在问题及改革方向。当前，农业补贴政策存在对农民种粮积极性的激励效应弱化、政策实施行政成本过高等若干亟待解决的问题，因此政府农业补贴实施方式要更有效率；我国特有的农地产权结构决定了对规模经营进行支持，农业补贴政策效应将会传导到要素市场，影响农地流转价格的形成和变化，类似土地流转补贴、按实际种粮面积发放补贴等支持方式，无论补贴对象是谁，转出方始终获取补贴的更多收益，这在一定程度上产生"政府支持土地流转和规模经营，客观上却让规模经营陷入困境"的现实悖论，因此政府补贴土地规模经营要更加"理性"；近年来，新型经营主体规模经营面临着居高不下的市场风险、自然风险和金融风险，因此未来补贴政策改革应将提升规模经营抗风险能力作为目标和重点。加大固定资产投资、提高科技应用水平、提升农业社会化服务水平，是确保新型经营主体土地产出率不下降的有效路径，因此新增农业补贴在向适度规模经营主体倾斜的同时，要重点支持固定资产投资、着力提高技术进步对土地产出率的贡献、加快健全农业社会化服务。三是通过一系列数据分析，从土地生产率的提升和国家粮食安全的保障角度出发，分别对散户小农和规模经营主体的数据或案例进行深入分析。其中，基于农业农村部农村固定观察点 20 000 户微观大样本农户数据分析，结果显示：小麦、水稻播种面积与亩均产量呈现出接近倒"U"形关系，其中，小麦最优规模为 12～13 亩、亩均产量 400 千克，水稻最优规模为 24 亩左右、亩均产量 500 千克。基于规模经营主体的典型案例研究，结果显示：规模的盲目扩大并不一定能够实现土地产出率提高或者不降低，只有保持在适度规模区间，才能确保土地产出率不降低。如，在东北某农区，一块集中连片的耕地达到 100～200 亩，最适合家庭经营和农机作业；在可以购买使用机械、雇佣短工，但不能长期雇工、就能管理好的条件下，正常年景家庭种粮面积达到 500 亩时，粮食亩产会最高。四是通过一系列实地调研，对以"专业化生产＋专业化服务＋充分政府扶持"为特征的"农业共营制"组织创新等进行深入分析。研究指出，这一模式短期内使得资金、土地、劳动力、企业家才能、扶持政策等要素得以整合集聚，降低了管理交易成本和配额交易成本，避免了雇工偷懒、欺骗、搭便车等投机行为发生，提高了"隐性劳动生产率"（土地产出率）对劳动生产率的贡献，进而保证了粮食供给水平，但一旦外部支持环境发生变化，如补贴政策取消或者扶持力度减弱，这一模式就很难保持旺盛的生命力和足够的竞争力。这进一步论证了未来农业补贴要更多采取"政府引导＋市场配置资源"这一路径选择的必要性。

在上述研究的基础上，课题研究结合农业补贴改革变化情况以及农业农村发展形势，提出了一系列符合实际、行之有效的对策建议。①新增农业补贴应向适度规模经营主体倾斜，以确保土地产出率和农民收益为双重政策目标。②未来农业补贴要将提高技术进步贡献率作为重要目标，通过加大资本投入，强化基础设施建设，加快科技创新、推广和应用等方式，提高土地产出率。③未来要通过加大财政支持力度、促进完善农业金融服务等方式，重点支持固定资产投资，打消新型经营主体对固定资产投资可能产生沉没成本的顾虑，以避免土地规模扩大而土地生产率下降现象。④未来农业补贴应重点向建立健全农业社会化服务体系倾斜。农业社会化服务通过服务对象的规模化、服务主体的熟练性分摊生产者的长期平均成本，能够实现规模经济，同时可以帮助生产者解决规模扩大带来的资本替代劳动问题，确保土地产出率。农业补贴应不断强化公益性服务导向，扶持农机专业合作社等组织开展经营性服务，助力建立健全多层次、立体型农业社会化服务体系。⑤未来农业补贴要更加突出质量安全和绿色生态导向，支持适度规模经营主体进行绿色生态发展模式；同时，应适应农产品电子商务快速发展的新形势，研究出台农产品质量安全专项补贴制度，激励并引导新型经营主体按照相关质量安全标准要求，加强投入品管理，规范农产品生产标准及流程；此外，不断拓展农产品种植、加工、销售等环节上产业组织的价值链，促进农产品加工业发展，加强农业品牌塑造，提升农业生产的附加值。⑥未来应充分发挥财政资金撬动金融资源和社会资本的功能作用，优化财政支农方式，探索创新"PPP""政银保"等模式，出台贴息、减税、奖励等多种措施，引导金融和社会资本进入农业农村，进一步提高财政资金使用效率和效益。

第2章　国外农业补贴制度研究

发达国家普遍以家庭农场为主要经营单位，经营农场的生产者称为农场主，其中，美国的农场人均耕地面积较大，经营收入较高，政府对农场的收入补贴相对成熟和完善，已经具备相对健全的农业补贴政策体系，美国的农场经营和商品计划补贴政策在世界上处于领先地位。美国的农业补贴政策始于20世纪30年代经济大萧条时期，最初为农产品价格支持计划，建立的标志是1933年通过的《农业调整法》。按照补贴方式的不同，美国农业补贴大致分为四个重要阶段：第一阶段为1933—1995年，以价格补贴政策为主要特征；第二阶段为1996—2001年，以收入补贴政策为主要特征；第三阶段为2002—2013年，以收入与价格补贴政策为主要特征；第四阶段为2014年以后，以农业风险保障补贴为主要特征，2018年美国农业法案是对2014年法案的延续。虽然这些发达国家的基本国情与中国不同，但其很多政策理念对我国农民增收具有一定的借鉴意义。

2.1　食品、保护和能源法案（2008年）

美国农业法案覆盖美国农业的方方面面，其中又以商品计划涵盖内容丰富，本节将主要分析与种植业相关的补贴政策，以期发现对我国粮食主产区农民增收有借鉴意义的方法。主要包括以下五项内容：直接补贴、反周期补贴、平均作物收入选择计划、无追索权营销援助贷款和贷款差额补贴。

2.1.1　商品计划的主要内容

2.1.1.1　直接补贴（Direct Payments）

在直接补贴计划下，农民及合格的土地所有者每年可接收固定的直接补贴。补贴金额等于符合产品计划的合格产品的补贴面积、补贴率和补贴产量的乘积，具体如下：

直接补贴（DP）＝补贴率（Payment Rate）×补贴产量（Payment Yield）×补贴面积（Payment Acres）

根据《2008 年食品、保护和能源法案》（Food, Conservation, and Energy Act of 2008，即 2008 年农场法案），补贴率、补贴产量和补贴面积的情况如下：

（1）补贴率（Payment Rate）。根据 2008 年农场法案，2008—2012 年产品计划内农产品直接补贴的补贴率如表 2-1 所示。

表 2-1　2008—2012 年直接补贴率

产品	2008—2012 年
小麦（美元/蒲式耳）	0.520 0
玉米（美元/蒲式耳）	0.280 0
高粱（美元/蒲式耳）	0.350 0
大麦（美元/蒲式耳）	0.240 0
燕麦（美元/蒲式耳）	0.024 0
大豆（美元/蒲式耳）	0.440 0
其他油籽（美元/磅）	0.008 0
陆地棉（美元/磅）	0.066 7
长粒米（美元/百磅）	2.350 0
中粒米（美元/百磅）	2.350 0
花生（美元/吨）	36.000 0

资料来源：Food, Conservation, and Energy Act of 2008.

（2）补贴产量（Payment Yield）。对于已经在 PFC（生产灵活性合同支付计划）中规定补贴产量的农作物，在 2008 年农场法案中，其补贴产量保持不变。对于指定油籽和合格豆类作物，其补贴产量等于以下两项乘积：
ⓐ1998—2001 年度农场指定油籽或豆类作物每单位种植面积的平均产量

一年，对于农场上所有产品计划内的产品和花生，农场生产者均有机会选择平均作物收入选择计划（ACRE），这项计划一旦选择，便不能更改。与此同时，生产者要相应放弃反周期补贴、削减20％的直接补贴、削减30％的营销援助贷款利率。

在每一农事年，如果该年度内一州计划内产品或花生的州实际收入（Actual State Revenue）低于ACRE计划担保（ACRE Program Guarantee）以及农场实际收入（Actual Farm Revenue）低于农场ACRE基准收入（Farm ACRE Benchmark Revenue），ACRE补贴就会启动。

（1）州实际收入（Actual State Revenue）。对于一个农事年（作物生长年度），计划内产品或者花生的州实际收入应该等于以下两项的乘积：ⓐ该农事年计划内产品或花生每单位种植面积的州实际产量（the Actual State Yield）；ⓑ该农事年计划内产品或花生全国平均市场价格（the National Average Market Price）。

即，州实际收入（Actual State Revenue）＝州实际产量（Actual State Yield）×全国平均市场价格（National Average Market Price）。其中：

①州实际产量（Actual State Yield）。一州某一农事年某种计划内农产品或者花生每单位种植面积的州实际产量应该等于该年度该州生产的该种产品或花生的数量除以该州在该农事年内该种农产品或者花生的种植面积。

即，州实际产量（Actual State Yield）＝总产量/总面积。

②全国平均市场价格（National Average Market Price）。一州某一农事年某种计划内农产品或者花生的全国平均市场价格应该等于以下较大者：ⓐ生产者在12个月的市场年度内出售该种农产品或者花生的全国平均市场价格；ⓑ该种农产品或者花生的营销援助贷款利率（需削减30％）。

（2）ACRE计划担保（ACRE Program Guarantee）。一般地，一州某一农事年某种计划内农产品或者花生的ACRE计划担保应该等于以下几项的乘积的90％：ⓐ该年该种农产品或者花生的州每单位种植面积基准产量（Benchmark State Yield）；ⓑ该年该种农产品或者花生的ACRE计划担保价格（ACRE Program Guarantee Price）。

即，ACRE计划担保（ACRE Program Guarantee）＝州基准产量

(Benchmark State Yield) ×ACRE 计划担保价格（ACRE Program Guarantee Price）×90%。

在 2010—2012 年间（农事年），ACRE 计划担保相对前一年的上下浮动不能超过 10%。

①州基准产量（Benchmark State Yield）。一般地，对于某种计划内农产品或者花生，一州在一农事年间的每单位种植面积基准产量应该等于该州该种农产品或者花生最近 5 年的平均产量，不包括产量最高和最低的年份（一般被称为"Olympic Average"，即"奥林匹克平均值"）。但是，如果秘书处无法确定该产量或者该产量不具有代表性，秘书处就会根据以下内容确定州基准产量：ⓐ以前的某个 5 年期的平均产量，不包括产量最高和最低的年份；ⓑ情况相似的州的基准产量。

②ACRE 计划担保价格（ACRE Program Guarantee Price）。一州某种计划内农产品或者花生在某一年的 ACRE 计划担保价格应该等于生产者在最近 2 年（农事年）内出售该种农产品或者花生的全国平均市场价格的简单平均值。

（3）农场实际收入（Actual Farm Revenue）。农场上某种计划内农产品或者花生某一年的实际收入应该等于以下两项之积：ⓐ农场上该种农产品或者花生的实际产量；ⓑ该种农产品或者花生该年度的全国平均市场价格。

即，农场实际收入（Actual Farm Revenue)=实际产量（Actual Yield)×全国平均市场价格（National Average Market Price）。

（4）农场 ACRE 基准收入（Farm ACRE Benchmark Revenue）。某种计划内农产品或者花生在某一年的农场 ACRE 基准收入应该等于以下几项相加：ⓐ农场最近 5 年该种农产品或者花生的平均产量（单位种植面积，不包括产量最高和最低的年份）×一州该种农产品或者花生在该年度的 ACRE 计划担保价格；ⓑ该年度农场生产者需为单位面积的计划内农产品或者花生支付的保险费。

即，农场 ACRE 基准收入（Farm ACRE Benchmark Revenue）=农场最近 5 年单位面积平均产量×一州该年度 ACRE 计划担保价格+该年度单位面积作物保险费。

（5）补贴金额（Payment Amount）。如果 2009—2012 年任一年（农事

年）需要对某种计划内农产品或者花生支付 ACRE 补贴，则该年度需支付给农场生产者的 ACRE 补贴金额应该等于以下几项之积：

①以下两项较小者：ⓐ农场所在州在该年度种植该种农产品或者花生的 ACRE 计划担保－该年度该种农产品或者花生的州实际收入；ⓑ该州该年度该种农产品或者花生 ACRE 计划担保的 25％。

②ⓐ2009—2011 年任一年，农场上已种植或考虑种植该种农产品或者花生收获面积的 83.3％；ⓑ2012 年，农场上已种植或考虑种植该种农产品或者花生收获面积的 85％。但是，种植面积不能超过所有计划内农产品总的基本种植面积。

③以下两项之商（即：a/b）：ⓐ最近 5 年农场生产该种农产品或者花生的单位面积平均产量（不包括产量最高和最低的任一年份）；ⓑ该年度州基准产量。该商一般也被称为"具体农场的生产率比"（Farm‐specific Productivity Ratio），当该比率大于 1 时，获取的 ACRE 补贴金额较大；当该比率小于 1 时，获取的 ACRE 补贴金额较小。

在产量和（或）价格明显下降的年份，ACRE 计划可能会比反周期计划效果好；然而，在产量和价格保持稳定的年份，反周期计划会优于 ACRE 计划。

2.1.1.4 无追索权营销援助贷款（Nonrecourse Marketing Assistance Loans）

在 2008—2012 年的每一年，对农场上每一种贷款产品（Loan Commodity），秘书处都会对农场生产者实施无追索权营销援助贷款。2008—2012 年某一贷款产品的营销援助贷款利率见表 2‐3：

表 2‐3　2008—2012 年国家贷款率

产品	2008 年	2009 年	2010—2012 年
小麦（美元/蒲式耳）	2.750 0	2.750 0	2.940 0
玉米（美元/蒲式耳）	1.950 0	1.950 0	1.950 0
高粱（美元/蒲式耳）	1.950 0	1.950 0	1.950 0
饲料用大麦（美元/蒲式耳）	1.850 0	1.850 0	1.950 0
大麦（美元/蒲式耳）	1.330 0	1.330 0	1.390 0
大豆（美元/蒲式耳）	5.000 0	5.000 0	5.000 0
油籽（美元/磅）	0.093 0	0.093 0	0.100 9

（续）

产品	2008 年	2009 年	2010—2012 年
陆地棉（美元/磅）	0.520 0	0.520 0	0.520 0
其他棉花（美元/磅）	0.797 7	0.797 7	0.797 7
长粒米（美元/百磅）	6.500 0	6.500 0	6.500 0
中粒米（美元/百磅）	6.500 0	6.500 0	6.500 0
干豆（美元/百磅）	6.220 0	5.400 0	5.400 0
小扁豆（美元/百磅）	11.720 0	11.280 0	11.280 0
小鹰嘴豆（美元/百磅）	7.430 0	7.430 0	7.430 0
有等级羊毛（美元/磅）	1.000 0	1.000 0	1.150 0
无等级羊毛（美元/磅）	0.400 0	0.400 0	0.400 0
马海毛（美元/磅）	4.200 0	4.200 0	4.200 0
蜂蜜（美元/磅）	0.600 0	0.600 0	0.690 0

资料来源：Food，Conservation，and Energy Act of 2008.

每一贷款产品的营销援助贷款期限从贷款发放月之后第一个月的第一天开始的 9 个月。秘书处不会延长该贷款产品的营销援助贷款期限。

秘书处允许农场生产者以如下利率偿还某种贷款产品的营销援助贷款（不包括陆地棉、长粒米、中粒米、超长绒棉、糕点糖果以及除油葵籽以外的其他葵花籽）：

一般地，还贷利率取以下几项较小者：

（1）表 2-3 中列出的贷款利率加上《1996 年联邦政府农业改善和改革法案》中规定的相应利息率。

（2）按以下内容计算的还贷利率：ⓐ基于先前 30 天的贷款产品的平均市场价格计算；ⓑ州际和县际营销贷款收益最小差别。

（3）秘书处根据以下内容确定的还贷利率：ⓐ潜在贷款最小罚没；ⓑ联邦政府发行的该种产品债券的最小增值；ⓒ联邦政府存储该种产品所发生的最低成本。ⓓ允许美国生产的产品自由地、竞争地参与国内外市场贸易；ⓔ州际和县际营销贷款收益最小差别。

陆地棉、长粒米、中粒米、超长绒棉、糕点糖果以及除油葵籽以外的其他葵花籽的营销还贷利率需特别规定。

2.1.1.5　贷款差额补贴（Loan Deficiency Payments）

尽管农场生产者有资格获得营销援助贷款，但可以选择放弃该贷款来换取贷款差额补贴。2008—2012 年（农事年），农场生产者生产未经修剪的毛皮（Unshorn Pelts）或者（饲料用的）干草（Hay）和青贮饲料（Silage）（这些产品来源于一种贷款产品）可以收到贷款差额补贴。

某种贷款产品或者某种产品的贷款差额补贴应该等于以下两项之积：ⓐ补贴率（Payment Rate）；ⓑ生产者生产的产品总量，不包括生产者获得营销援助贷款的那部分产量。

依照法案，补贴率应该等于贷款利率超过营销援助贷款还贷利率部分。对于未经修剪的毛皮（Unshorn Pelts）或者（饲料用的）干草（Hay）和青贮饲料（Silage）的补贴率按具体规定办理。

2.1.2 美国 2002 年与 2008 年农场法案比较

2008 年 6 月 18 日，美国国会通过《2008 年食品、保护和能源法案》（即美国 2008 年农场法案），在《2002 年农场安全暨农村投资法案》（即美国 2002 年农场法案）基础上，对调整后总收入（AGI）、商品计划（Commodity Programs）等诸多内容作出适当调整，并增加了新的商品计划——ACRE，比较如下：

2.1.2.1 普通条款

据美国 2002 年农场法案，调整后总收入（AGI）超过 250 万美元（包括 250 万美元）的农场不能享受政府补贴，除非 75％的调整后总收入来源于农业生产。而 2008 年农场法案将此限制标准进一步提高，调整为 75 万美元，即调整后总收入（AGI）超过 75 万美元（包括 75 万美元），农场即失去直接补贴资格，同时还规定，非农业收入需在 50 万美元以内。详见表 2-4。

表 2-4 2002 年、2008 年农场法案比较——普通条款

项目	2002 年农场安全暨农村投资法案	2008 年食品、保护和能源法案
调整后总收入（AGI）的经济情况调查（Means Test）	限制为 250 万美元，除非其中的 75％来源于农业生产	非农业收入限制为 50 万美元。农业收入超过 75 万美元即无资格接收直接支付。＊如果 AGI 的 2/3 是农业收入，则秘书处会把出售设备或者生产投入品的收入作为农业收入的一部分

资料来源：Food, Conservation, and Energy Act of 2008；Farm Security and Rural Investment Act of 2002.

2.1.2.2 商品计划

在 2002 年农场法案基础上，2008 年农场法案对补贴限制、直接补贴、反周期补贴、国家贷款率等作出必要调整，二者比较如下：

（1）补贴限制。美国 2008 年农场法案对直接补贴、反周期补贴和贷款差额补贴的上限作了调整。由于 2008 年农场法案新增加了平均作物收入选择计划（ACRE），因此，对于选择参加 ACRE 的农场，其直接补贴将减少 20%，贷款差额补贴将减少 30%，同时，还须放弃反周期补贴。除此之外，2002 年农场法案规定贷款差额补贴上限为 7.5 万美元，而 2008 年农场法案则不再对其设定上限，具体见表 2-5。

表 2-5 2002 年、2008 年农场法案比较——补贴限制

项目	2002 年农场安全暨农村投资法案	2008 年食品、保护和能源法案
直接补贴（DP）	$40 000	$40 000 * 参加 ACRE（Average Crop Revenue Election）的农场，直接补贴减少 20%
反周期补贴（CCP）	$65 000	$65 000
贷款差额补贴（LDP）	$75 000	不限制

资料来源：Food，Conservation，and Energy Act of 2008；Farm Security and Rural Investment Act of 2002.

（2）直接补贴。2008 年农场法案与 2002 年农场法案相比，直接补贴率没有发生变化，但其他一些内容有或多或少的调整，主要情况如下：

①国家直接补贴率。2008 年农场法案规定的国家直接补贴率与 2002 年农场法案保持一致，没有发生变化，具体见表 2-6。

表 2-6 2002 年、2008 年农场法案比较——国家直接补贴率

项目	2002 年农场安全暨农村投资法案	2008 年食品、保护和能源法案
小麦（美元/蒲式耳）	0.520 0	0.520 0
玉米（美元/蒲式耳）	0.280 0	0.280 0
高粱（美元/蒲式耳）	0.350 0	0.350 0
大麦（美元/蒲式耳）	0.240 0	0.240 0
燕麦（美元/蒲式耳）	0.024 0	0.024 0
大豆（美元/蒲式耳）	0.440 0	0.440 0

（续）

项目	2002 年农场安全暨农村投资法案	2008 年食品、保护和能源法案
其他油籽（美元/磅）	0.008 0	0.008 0
陆地棉（美元/磅）	0.066 7	0.066 7
水稻（美元/百磅）	2.350 0	2.350 0（长粒米） 2.350 0（中粒米）
花生（美元/吨）	36.000 0	36.000 0

资料来源：Food，Conservation，and Energy Act of 2008；Farm Security and Rural Investment Act of 2002.

②补贴内容。根据 2002 年农场法案，小麦、玉米、大麦、高粱、燕麦、陆地棉，以及大豆、其他油籽和花生均可以参加直接补贴计划。但是，根据 2008 年农场法案，从 2009 年起，豆类作物（主要包括干豆、小扁豆、小鹰嘴豆和大鹰嘴豆）虽被纳入计划内农产品（Covered Commodities），但是不再适用直接补贴计划。另外，根据 2008 年农场法案，水稻被细分为长粒米和中粒米（包括短粒米）。

③补贴面积。根据 2002 年农场法案，补贴面积等于农场上计划内农产品的基本种植面积的 85%。而根据 2008 年农场法案，在 2009—2011 年度，补贴面积被减至基本种植面积的 83.3%。

④预付款（Advance Payments）。根据 2002 年农场法案，在作物收获年之前一年的 12 月 1 日，农场主们可以收到高达 50% 的预付款。而根据 2008 年农场法案，首先，农场主可以选择是否接收预付款；其次，如果农场主选择接收预付款，则预付款由以前的 50% 减至 22%；再次，2012 年，直接补贴计划不再支付预付款。

（3）反周期补贴。2008 年农场法案与 2002 年农场法案相比，反周期补贴主要存在以下调整：

①目标价格。2008 年农场法案对列入商品计划的农产品的目标价格进行了适当的调整，基本存在以下几种情况：ⓐ目标价格提高。如小麦、高粱、大麦、燕麦、大豆、其他油籽，2010—2012 年的目标价格均有不同幅度的提高。ⓑ目标价格不变。如玉米、水稻。ⓒ目标价格降低。如陆地棉、花生。ⓓ新增目标价格。如干豆、小扁豆、小鹰嘴豆、大鹰嘴豆均于 2009

年起执行目标价格，具体见表 2-7。

表 2-7　2002 年、2008 年农场法案比较——目标价格

项目	2002 年农场安全暨农村投资法案	2008 年食品、保护和能源法案		
		2008 年	2009 年	2010—2012 年
小麦（美元/蒲式耳）	3.920 0	3.920 0	3.920 0	4.170 0
玉米（美元/蒲式耳）	2.630 0	2.630 0	2.630 0	2.630 0
高粱（美元/蒲式耳）	2.570 0	2.570 0	2.570 0	2.630 0
大麦（美元/蒲式耳）	2.240 0	2.240 0	2.240 0	2.630 0
燕麦（美元/蒲式耳）	1.440 0	1.440 0	1.440 0	1.790 0
大豆（美元/蒲式耳）	5.800 0	5.800 0	5.800 0	6.000 0
其他油籽（美元/磅）	0.101 0	0.101 0	0.101 0	0.126 8
陆地棉（美元/磅）	0.724 0	0.712 5	0.712 5	0.712 5
水稻（美元/百磅）	10.500 0	10.500 0（长粒米） 10.500 0（中粒米）	10.500 0（长） 10.500 0（中）	10.500 0（长） 10.500 0（中）
花生（美元/吨）	495.000 0		8.320 0	8.320 0
干豆（美元/百磅）			8.320 0	8.320 0
小扁豆（美元/百磅）			12.810 0	12.810 0
小鹰嘴豆（美元/百磅）			10.360 0	10.360 0
大鹰嘴豆（美元/百磅）			12.810 0	12.810 0

资料来源：Food, Conservation, and Energy Act of 2008；Farm Security and Rural Investment Act of 2002.

②补贴内容。根据 2008 年农场法案，长粒米和中粒米的实际价格计算方法不变，但是计算时需要依据水稻的类型或等级。且从 2009 年起，反周期补贴将适用于干豆、小扁豆、小鹰嘴豆和大鹰嘴豆，以及花生计划（Peanut Program）

③分期补贴（Partial Counter - Cyclical Payments）。根据 2002 年农场法案，如果生产者选择接收部分补贴，那么在作物收获当年的十月份，将会收到 35％ 的补贴；第二次补贴为补贴的 70％ 减去第一次补贴金额，发放日期为次年 2 月 1 日以后；最后的补贴在该作物年结束时马上发放。对于 2007 年，第一次补贴（不超过 40％）在作物年前 6 个月之后发放。

根据 2008 年农场法案，每年的第一次补贴不超过 40％，要在市场年前

180 天之后发放，最后的补贴在该市场年结束时马上发放。如果实际补贴金额低于第一次补贴金额，生产者必须归还其差额。另外，自 2011 年（作物年）起，分期反周期补贴不再适用。

（4）无追索权营销援助贷款。

①国家贷款率。2008 年农场法案对列入商品计划的农产品的国家贷款率进行了适当的调整，基本存在以下几种情况：@国家贷款率提高。如小麦、饲料用大麦、大麦、油籽，2010—2012 年的国家贷款率均有不同幅度的提高。⑥国家贷款率不变。如玉米、高粱、大豆、陆地棉、水稻。⑥新增国家贷款率。如其他棉花、干豆、小扁豆、小鹰嘴豆、有等级羊毛、无等级羊毛、马海毛和蜂蜜均于 2008 年起实行。其中，其他棉花、小鹰嘴豆、无等级羊毛、马海毛在 2008—2012 年期间的国家贷款率保持不变；干豆、小扁豆从 2009 年起利率降低，2009—2012 年保持不变；有等级羊毛、蜂蜜在 2010—2012 年利率提高，具体见表 2-8。

表 2-8　2002 年、2008 年农场法案比较——国家贷款率

项目	2002 年农场安全暨农村投资法案	2008 年食品、保护和能源法案		
		2008 年	2009 年	2010—2012 年
小麦（美元/蒲式耳）	2.750 0	2.750 0	2.750 0	2.940 0
玉米（美元/蒲式耳）	1.950 0	1.950 0	1.950 0	1.950 0
高粱（美元/蒲式耳）	1.950 0	1.950 0	1.950 0	1.950 0
饲料用大麦（美元/蒲式耳）	1.850 0	1.850 0	1.850 0	1.950 0
大麦（美元/蒲式耳）	1.330 0	1.330 0	1.330 0	1.390 0
大豆（美元/蒲式耳）	5.000 0	5.000 0	5.000 0	5.000 0
油籽（美元/磅）	0.090 0	0.093 0	0.093 0	0.100 9
陆地棉（美元/磅）	0.520 0	0.520 0	0.520 0	0.520 0
其他棉花（美元/磅）		0.797 7	0.797 7	0.797 7
水稻（美元/百磅）	6.500 0	6.500 0（长粒米） 6.500 0（中粒米）	6.500 0（长） 6.500 0（中）	6.500 0（长） 6.500 0（中）
干豆（美元/百磅）		6.220 0	5.400 0	5.400 0
小扁豆（美元/百磅）		11.720 0	11.280 0	11.280 0
小鹰嘴豆（美元/百磅）		7.430 0	7.430 0	7.430 0
有等级羊毛（美元/磅）		1.000 0	1.000 0	1.150 0

（续）

项目	2002 年农场安全暨农村投资法案	2008 年食品、保护和能源法案		
		2008 年	2009 年	2010—2012 年
无等级羊毛（美元/磅）		0.400 0	0.400 0	0.400 0
马海毛（美元/磅）		4.200 0	4.200 0	4.200 0
蜂蜜（美元/磅）		0.600 0	0.600 0	0.690 0

资料来源：Food，Conservation，and Energy Act of 2008；Farm Security and Rural Investment Act of 2002.

②补贴内容。根据 2008 年农场法案，自 2009 年起，无追索权营销援助贷款的覆盖作物品种增加了大鹰嘴豆；而且，长粒米和中粒米被单独区分，而非以"水稻"品目出现，且各自均有国家贷款率。对于参加 ACRE 的农场，国家贷款率需削减 30%。

③贷款偿还。与补贴内容相对应，贷款偿还将纳入大鹰嘴豆。另外，根据 2008 年农场法案，在营销贷款计划下，一旦出现营销、运输或者相关基础设施严重脱离现象，秘书处即有权修改贷款偿还率（Marketing Loan Repayment Rates）；允许秘书处修改陆地棉营销援助贷款以更好地反映陆地棉的市场价值；秘书处不会对长粒米和中粒米进行调整，除非在等级和质量上有差别（包括碾磨品）；这些条例在 2002 年农场法案中没有相应规定。

（5）贷款差额补贴。在 2002 年农场法案基础上，2008 年农场法案授权秘书处可以依据贷款商品前 30 天的平均市场价格确定贷款偿还率。

2.1.3　美国农场收入及政府补贴状况

在美国，政府补贴（Government Payments）一般包括投入农业部门的所有补贴。根据美国 2002 年、2008 年农场法案，直接的政府补贴（Direct Government Payments）不仅包括诸如直接补贴、反周期补贴和营销贷款收益（Marketing Loan Benefits，指营销贷款收入、贷款差额补贴和证券收入）等商品计划（Commodity Program）补贴，还包括其他诸如紧急情况和灾害补贴（Emergency and Disaster Payments）、烟草转移支付（Tobacco Transition Payments）、保护计划补贴（Conservation Program Payments）等。此外，美国 2008 年农场法案还初次提出了平均作物收入选择计划。

2.1.3.1 总体概况

2009 年，美国农场总收入为 3 370.8 亿美元，总的现金收入为 3 186 亿美元，农场纯收入为 563.7 亿美元，其中，政府补贴为 129 亿美元，分别占农场总收入、总的现金收入和农场纯收入的 3.83%、4.05% 和 22.88%。2006—2009 年，美国农场收入（总收入、现金收入、纯收入）基本呈上升趋势，而政府补贴则呈现下降趋势。据测算，2006—2009 年，美国农场总收入、总现金收入和纯收入平均为 3 359.6 亿美元、3 161.8 亿美元和 682.2 亿美元；政府补贴平均为 132.1 亿美元，分别占总收入、总现金收入和纯收入的 3.93%、4.18% 和 19.36%。据美国官方预测，2010 年美国农场总收入、总现金收入和纯收入将分别达到 3 444.5 亿美元、3 245.2 亿美元和 630.2 亿美元，政府补贴将达到 123.6 亿美元，占农场收入的比重较之 2009 年将有所下降，具体见表 2-9。

表 2-9　2006—2010 年美国政府补贴和农场收入

单位：十亿美元

项目	2006 年	2007 年	2008 年	2009 年 P	2010 年 F	2006—2009 年平均值
农场总收入	291.21	338.43	377.12	337.08	344.45	335.96
总的现金收入	273.29	316.67	356.18	318.60	324.52	316.18
农场纯收入	58.52	70.90	87.07	56.37	63.02	68.22
政府补贴	15.79	11.90	12.24	12.90	12.36	13.21
政府补贴占农场总收入的比重	5.42%	3.52%	3.25%	3.83%	3.59%	3.93%
政府补贴占总的现金收入的比重	5.78%	3.76%	3.44%	4.05%	3.81%	4.18%
政府补贴占农场纯收入的比重	26.98%	16.79%	14.05%	22.88%	19.62%	19.36%

资料来源：http://www.ers.usda.gov/Data/FarmIncome/finfidmu.htm.

2009 年，美国直接政府补贴金额为 64.71 亿美元，其中，直接补贴金额 49.55 亿美元，占 76.57%；反周期补贴金额 12.3 亿美元，占 19.01%；贷款差额补贴金额 1.5 亿美元，占 2.32%；营销贷款收益 1.35 亿美元，占 2.09%。2006—2009 年，直接政府补贴金额呈下降趋势，由 157.888 亿美元下降到 64.71 亿美元；各项补贴也基本呈下降趋势，但直接补贴占直接政府补贴的比重则呈上升趋势，由 32% 增至 76.57%。2010 年，直接政府补贴金额将达到 62.39 亿美元，直接补贴金额达到 48.10 亿美元，占 77.1%，

平均作物收入选择计划达到 4.38 亿美元，占 7.02%，反周期补贴金额 8.95 亿
美元，占 14.35%，贷款差额补贴金额 0.9 亿美元，占 1.44%，营销贷款收
益 500 万美元，占 0.08%，具体见表 2 - 10。

表 2 - 10 2006—2010 年美国直接政府补贴

单位：百万美元

年份	总补贴	直接补贴		平均作物收入选择计划（ACRE）		反周期补贴		贷款差额补贴		营销贷款收益	
		数量	份额	数量	份额	数量	份额	数量	份额	数量	份额
2006	15 788.8	5 052.0	32.00%			4 035.8	25.56%	730.5	4.63%	188.2	1.19%
2007	11 903.2	5 059.7	42.51%			1 124.9	9.45%	54.5	0.46%	271.9	2.28%
2008	12 237.5	5 110.4	41.76%			712.1	5.82%	84.8	0.69%	29.7	0.24%
2009P	6 471.0	4 955.0	76.57%			1 230.0	19.01%	150.0	2.32%	135.0	2.09%
2010F	6 239.0	4 810.0	77.10%	438.0	7.02%	895.0	14.35%	90.0	1.44%	5.0	0.08%

资料来源：http：// www. ers. usda. gov/Data/FarmIncome/finfidmu. htm.

2.1.3.2 按农场类型划分的概况

据统计，2007 年，美国农场总数为 2 069 346 个，平均总现金收入（Av-
erage Gross Cash Income）共计 112 073 美元，平均政府补贴（Average
Government Payments）共计 3 948 美元，占其总现金收入的 3.5%。其中，
"retirement" 型农场（由退休工人操作的家庭经营农场）总数为 382 722
个，平均总现金收入为 18 528 美元，平均政府补贴为 1 860 美元，占其总现金
收入的 10%；"residential/lifestyle" 型农场（兼业农户农场）总数为 947 703
个，平均总现金收入为 15 157 美元，平均政府补贴为 977 美元，占其总现
金收入的 6.4%；"farming occupation/lower - sales" 型农场（小型专业农
户农场）总数为 407 487 个，平均总现金收入为 34 434 美元，平均政府补
贴为 1 924 美元，占其总现金收入的 5.6%；"farming occupation/higher -
sales" 型农场（大型专业农户农场）总数为 125 455 个，平均总现金收入为
172 761 美元，平均政府补贴为 7 620 美元，占其总现金收入的 4.4%；
"large" 型农场（大规模家庭经营型农场）总数为 89 524 个，平均总现金收
入为 349 934 美元，平均政府补贴为 16 852 美元，占其总现金收入的
4.8%；"very large" 型农场（超大规模家庭经营型农场）总数为 78 319 个，

平均总现金收入为 1 362 792 美元，平均政府补贴为 36 348 美元，占其总现金收入的 2.7%；"nonfamily"型农场（非家庭经营型农场/职业经理人管理型农场）总数为 38 136 个，平均总现金收入为 962 255 美元，平均政府补贴为 11 468 美元，占其总现金收入的 1.2%。政策补贴的一个显著效果是补贴收入更多地集中于规模较大的农场，详见图 2-1。

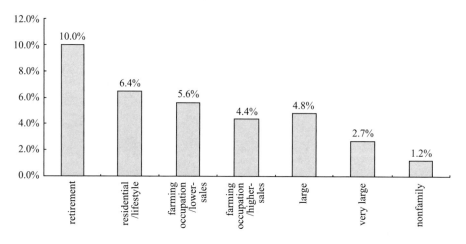

图 2-1 美国所有农场的平均政府补贴占平均总现金收入的比重（按农场类型分）

资料来源：2007 USDA Agricultural Resource Management Survey.

2007 年，美国没有收到政府补贴的农场共计 1 235 007 个，占 59.7%；收到政府补贴的农场共计 834 339 个，占 40.3%，平均总现金收入 187 768 美元，平均政府补贴 9 792 美元（其中，平均直接补贴 4 810 美元，平均反周期补贴 1 225 美元，平均贷款差额补贴 101 美元，平均牛奶收入损失合同补贴 87 美元，平均灾害和紧急援助补贴 433 美元，平均保护计划补贴 2 305 美元，平均烟草转移计划补贴 354 美元，平均其他联邦计划补贴 256 美元，平均国家和地方计划补贴 222 美元），占其总现金收入的 5.2%。

在收到政府补贴的农场中：

（1）"retirement"型农场（由退休工人操作的家庭经营农场）：共计 150 912 个，占 18.1%，接收的政府补贴占 8.7%，平均总现金收入 28 710 美元，平均政府补贴 4 717 美元（其中，平均直接补贴 479 美元，平均反周期补贴 231 美元，平均灾害和紧急援助补贴 116 美元，平均保护计划补贴 3 428美元，平均烟草转移计划补贴 126 美元，平均其他联邦计划补贴 55 美元，平均国家和地方计划补贴 258 美元），占其总现金收入的 16.43%。

（2）"residential/lifestyle"型农场（兼业农户农场）：共计 262 022 个，占 31.4%，接收的政府补贴占 11.3%，平均总现金收入 32 155 美元，平均政府补贴 3 532 美元（其中，平均直接补贴 1 105 美元，平均反周期补贴 231 美元，平均灾害和紧急援助补贴 83 美元，平均保护计划补贴 1 703 美元，平均烟草转移计划补贴 320 美元，平均其他联邦计划补贴 42 美元，平均国家和地方计划补贴 46 美元），占其总现金收入的 10.98%。

（3）"farming occupation/lower - sales"型农场（小型专业农户农场）：共计 172 692 个，占 20.7%，接收的政府补贴占 9.6%，平均总现金收入 45 224 美元，平均政府补贴 4 540 美元（其中，平均直接补贴 1 664 美元，平均反周期补贴 301 美元，平均贷款差额补贴 64 美元，平均牛奶收入损失合同补贴 34 美元，平均灾害和紧急援助补贴 261 美元，平均保护计划补贴 1 745 美元，平均烟草转移计划补贴 253 美元，平均其他联邦计划补贴 105 美元，平均国家和地方计划补贴 113 美元），占其总现金收入的 10.04%。

（4）"farming occupation/higher - sales"型农场（大型专业农户农场）：共计 96 883 个，占 11.6%，接收的政府补贴占 11.7%，平均总现金收入 173 344 美元，平均政府补贴 9 867 美元（其中，平均直接补贴 5 731 美元，平均反周期补贴 794 美元，平均贷款差额补贴 21 美元，平均牛奶收入损失合同补贴 113 美元，平均灾害和紧急援助补贴 543 美元，平均保护计划补贴 1 432 美元，平均烟草转移计划补贴 307 美元，平均其他联邦计划补贴 521 美元，平均国家和地方计划补贴 404 美元），占其总现金收入的 5.69%。

（5）"large"型农场（大规模家庭经营型农场）：共计 72 623 个，占 8.7%，接收的政府补贴占 18.5%，平均总现金收入 362 374 美元，平均政府补贴 20 774 美元（其中，平均直接补贴 12 088 美元，平均反周期补贴 2 386 美元，平均贷款差额补贴 254 美元，平均牛奶收入损失合同补贴 307 美元，平均灾害和紧急援助补贴 1 095 美元，平均保护计划补贴 2 923 美元，平均烟草转移计划补贴 746 美元，平均其他联邦计划补贴 641 美元，平均国家和地方计划补贴 334 美元），占其总现金收入的 5.73%。

（6）"very large"型农场（超大规模家庭经营型农场）：共计 56 802 个，占 6.8%，接收的政府补贴占 34.8%，平均总现金收入 1 371 388 美元，平均政府补贴 50 117 美元（其中，平均直接补贴 30 538 美元，平均反周期补贴 9 230 美元，平均贷款差额补贴 771 美元，平均牛奶收入损失合同补贴 504 美元，平均灾害和紧急援助补贴 1 916 美元，平均保护计划补贴 3 990 美元，平均烟草转移计划补贴 1 068 美元，平均其他联邦计划补贴 1 223 美元，平均国家和地方计划补贴 876 美元），占其总现金收入的 3.65%。

（7）"nonfamily"型农场（非家庭经营型农场/职业经理人管理型农场）：共计 22 405 个，占 2.7%，接收的政府补贴占 5.4%，平均总现金收入 673 312 美元，平均政府补贴 19 520 美元（其中，平均直接补贴 8 776 美元，平均反周期补贴 4 467 美元，平均贷款差额补贴 239 美元，平均牛奶收入损失合同补贴 161 美元，平均灾害和紧急援助补贴 1 586 美元，平均保护计划补贴 3 590 美元，平均烟草转移计划补贴 186 美元，平均其他联邦计划补贴 449 美元，平均国家和地方计划补贴 66 美元），占其总现金收入的 2.90%。

综合分析以上情况，可知：在收到政府补贴的农场中，"farming occupation/higher - sales"型农场（大型专业农户农场）、"large"型农场（大规模家庭经营型农场）、"very large"型农场（超大规模家庭经营型农场）和"nonfamily"型农场（非家庭经营型农场/职业经理人管理型农场）的平均总现金收入、平均政府补贴，以及平均直接补贴、平均反周期补贴、平均贷款差额补贴较高，其中，"very large"型农场（超大规模家庭经营型农场）为最高，详见图 2-2 和图 2-3。

2.2 食物、农场及就业法案（2014 年）

美国食物、农场及就业法案在 2014 年 2 月 7 日签署正式实施，将从 2014 年执行到 2018 年。这一法案与前者（2008 年法案）相比主要在商品计划上发生了重大变化，取消了原有的直接补贴、反周期补贴和平均作物收入选择计划，增加了价格损失补贴等项目以补偿商品计划。在农业保险方面也

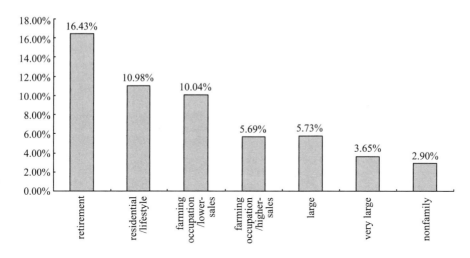

图 2-2 美国收到政府补贴的农场平均政府补贴占总现金收入的比重（按农场类型分）

资料来源：2007 USDA Agricultural Resource Management Survey.

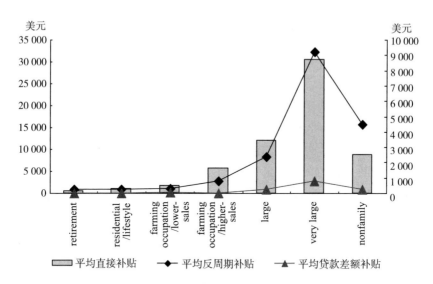

图 2-3 美国收到政府补贴的农场平均直接补贴、
反周期补贴和贷款差额补贴（按农场类型分）

资料来源：2007 USDA Agricultural Resource Management Survey.

增加了新的作物保险的种类，让保护计划更为流畅简洁，修订了一些补充营养援助计划的规定，并针对一些特殊的作物、有机农业、生物能源、农村发展以及初入农业的新兴农民和农场主设定新的支持项目。

尽管受到财政压力等方面的原因，2014 年实际通过的农业法案的资金支出比最初的预算有所减少，但在未来 5 年用于农业法案项目的资金仍高达 4 890 亿美元，而未来 10 年（2014—2023 年），这一方案总共计划支出 9 560 亿美元（ERS，2014）[①]。国会预算办公室计划在 2014 年农业法案中，约有 80% 的支出用于营养项目，8% 用于作物保险项目，6% 用于保护计划，5% 用于商品计划，另有 1% 用于其他，主要包括贸易、信贷、农村发展、研究与推广、森林、能源等诸多方面。

美国 2014 年农业法案的内容非常丰富，其中的商品计划对不同的农产品补贴方式都有详细的说明，而美国丰富的农业保险产品也为农民收入提供保障。

2.2.1　商品计划的主要变化

在 2014 年农业法案中，变化最大的是商品计划，与 2008 年法案相比，取消了直接补贴（Direct Payment，DP）、反周期价格补贴（Count Cyclical Price，CCP）和平均作物收入选择计划（Average Crop Revenue Election Program，ACRE）。新增了价格损失补贴（Price Loss Coverage，PLC）和农业风险补贴（Agriculture Risk Coverage），商品生产者可以根据自身的需要选择加入其中一个项目。此外还修订了补贴上限（Payment Limitation，PL）和调整毛收入（Adjusted Gross Income，AGI）资格的规定。

2.2.1.1　价格损失补贴（英文简称 PLC）

价格损失补贴是作为反周期价格补贴的替代品产生的，主要针对小麦、饲用谷物、水稻、油籽、花生以及豆类（覆盖的商品）。当涉及的商品的市场价格低于法案所设定的参考价格（Reference Price）时，将会向农户提供补贴。价格损失补贴的补贴率是参考价格与年度全国平均市场价格之间的差额。为了更好地保护农民免受市场波动带来的损失，新的参考价格要高于原有 2008 年法案中的目标价格（Target Price），参见表 2 - 11。

---

① Ralph M. Chite. The 2014 Farm Bill（P. L. 113 - 79）：Summary and Side - by - Side ［R］. CBO Report. See from：http：// nationalaglawcenter. org/wp - content/uploads/2014/02/R43076. pdf.

表 2－11 2014 年农业法案中商品的参考价格与 2008 年农业法案中反周期补贴的目标价格对比

商品类别	2008 年农业法案目标价格	2014 年农业法案参考价格
小麦	＄4.17/蒲式耳	＄5.50/蒲式耳
玉米	＄2.63/蒲式耳	＄3.70/蒲式耳
高粱	＄2.63/蒲式耳	＄3.95/蒲式耳
大麦	＄2.63/蒲式耳	＄4.95/蒲式耳
燕麦	＄1.79/蒲式耳	＄2.40/蒲式耳
中长粒大米	＄10.50/美担	＄14.00/美担
温带粳米（1）	N/A	＄16.01/美担
大豆	＄6.00/蒲式耳	＄8.40/蒲式耳
其他油作物	＄12.68/美担	＄20.15/美担
花生米	＄495/吨	＄535/吨
干豆	＄8.32/美担	＄11.00/美担
扁豆	＄12.81/美担	＄19.97/美担
小鹰嘴豆	＄10.36/美担	＄19.04/美担
大鹰嘴豆	＄12.81/美担	＄21.54/美担
高地棉（2）	＄0.712 5/磅	N/A

资料来源：USDA ERS.

注：（1）温带粳米的价格设定在中长粒大米参考价格的 115％；（2）高地棉不再作为项目商品。

关于 PLC，计算方法如下：

当年补贴额度＝（目标产品当年参考价格－目标产品当年全国平均市场价格）×享受补贴的单产×85％×补贴对象基础面积

关于享受补贴的单产的确定标准，可以将现有的反周期支付的政策单产作为参考标准，也可以对此 2008—2012 年相关作物收益，将其 90％作为参考标准。关于基础面积的确定标准，可以将之前登记面积作为参考标准，也可以作出一次性调整，调整的参考标准为相关作物 2009—2012 年平均种植面积。

2.2.1.2 农业风险补贴（英文简称 ARC）

农业风险补贴的收入基准是基于近几年的移动平均价格和移动平均产量而波动的，这与价格损失补贴是基于固定参考收入来计算是相反的。生产者需要在 2014 年对商品计划做一个一次性选择。或者选择固定的价格损失补贴，或者选择每年根据收入进行变化的农业风险补贴。

2.2.1.3 作物商品项目补贴上限（英文简称 PL）

每个积极从事农业的个人最多可以获得 12.5 万美元。其配偶可以获得额外的 12.5 万美元。这一限额可以应用于项目覆盖商品的各种补贴，包括价格损失保障、农业风险保障、营销援助贷款（包括营销贷款收益和贷款差额补贴）。此外，上述项目中支付给花生种植者的补贴限额，虽然也是 12.5 万美元，但是独立于以往限额。棉花转种补贴限额是 4 万美元。

此外，还有调整后毛收入（AGI）限额固定。有资格得到农场项目补贴的，不再区分农场和非农场收入。在单一调整后毛收入上限之内，任何个人的年调整后毛收入超过 90 万美元（包括非农收入）都没有资格获得农场项目的补贴，既不能获得商品项目下的补贴，也不能领取资源保护项目下的补贴。

2.2.2 强化农业风险保障

在新的农业法案中，农业保险的作用得到了扩展。实际上，除了商品计划中各项补贴来保障农户免受市场波动带来的损耗，美国的农业保险是另一项为农民收入提供保障的政策工具，主要针对由于自然灾害带来的损失。在美国农业法案中，有超过 100 种农作物列在被保护的范畴内。新的农业法案在继续提供原有的保险项目的基础上，新增了两个保险项目以确保生产者能够有效地应对来自价格和产量的风险所带来的损失。根据联邦作物保险项目，私人部门的保险公司将提供这些保险与服务，然后由美国农业部的风险管理局来确定保费率、保费管理、支出补贴，并提供和支持相应的产品，为保险公司提供再保险。

2.2.2.1 补充保障选择

补充保障选择计划（Supplemental Coverage Option，SCO）是新法案新建的保险项目，在 2015 作物年度后才会生效。该项目为种植业的生产者提供了一种新的保险产品，这一产品提供基于生产面积的保障计划，并与传统的农作物保险相结合，为农户提供服务。如果生产者选择了农业风险保险或浅层次收入保障计划，那么他就不能再选择 SCO 项目。与其他传统的农作物保险项目一样，此项目以及此后提到的浅层次收入保护计划都不设补贴上限。该计划为生产者提供 65％的保险保费补贴，传统的农作物补贴的保险补贴根据生产者的选择以及补贴的级别从 38％至 80％不等。SCO 项目的补贴是基于县一级的平均单产或者平均收入来决定的，而不是仅仅根据单个农场的损失，于是，如果一个农户的单产或者收入越接近本县的平均水平，那么就越适合 SCO 项目。

2.2.2.2 浅层次收入保护计划

浅层次收入保护计划（Stacked Income Protection Plan，简称 STAX）是 2014 年新农业法案的一款新型保险产品，其对象主要针对高地棉生产者。该计划主要目标是，对于生产者可能存在的低于相关作物保险条款承保的一般标准而产生的损失，即所谓的"浅层次"收入损失进行补偿。生产者可以将某种已购联邦保险产品作为基础保障，同时将 STAX 产品作为补充保障，也可以不购买其他保险产品，直接购买 STAX 进行单独保障。

STAX 的设立主要是因为棉花的商品计划因 WTO 裁定违反规则而取消，于是棉花生产者不能享受价格损失保障和农业风险保障项目。STAX 就是用于替代上述项目，为棉花生产者提供风险保障。

浅层次收入保护计划将于 2015 作物年度开始实施，在 2014 作物年度和 2015 年浅层次收入保护计划未能生效的地区，高地棉生产者将得到过渡性补贴。STAX 计划以县收入为基础，如果损失在一定区间内，那么保险公司启动赔付。该区间的启动标准为：损失高于预期收入的 10％，且损失低于预期收入的比例（例如 25％）。单独购买的 STAX 计划损失的上限可以达到 30％。

2.2.2.3 无保险作物援助项目

无保险作物援助项目（Noninsured Crop Assistance Program，简称 NAP）指的是，当未受作物保险覆盖的生产者遭受灾害天气影响而产生损失时，由该项目提供相应的损失赔偿。该项目虽然具有巨灾风险保障效果，但不是无限保障。项目规定了保障上限，生产者每年获得该项目赔偿的限额是 12.5 万美元。

2.2.3 美国农业保险的进程

从最新的 2014 年美国农业法案以及之前历次的美国农业法案来看，美国政府正在逐步减少农业直接补贴，不断增加农业保险的份额。农业保险或已经成为美国农户最主要的应对风险手段，具体见表 2-12。

然而美国的农业保险也是经历了从不被接受，到广泛认可的艰难过程。美国的农业保险最初开始于 1938 年，一直到 1994 年，联邦作物保险的实施效果和参与程度都并不理想，只能作为小型项目艰难维持。

表 2-12　2012 年以前美国农业保险法案的历史进程

时间	法案	主要进程
1938—1978 年	1938 年联邦作物保险法案	由于 20 世纪 30 年代的经济大萧条、严重的干旱以及黑色风暴导致了农户收入低下，美国政府实施了 1938 年联邦作物保险法案，并开启了美国农业联邦作物保险。这一时期的农业保险参与率非常低，涉及的项目也都比较微小
1980—1994 年	1980 年联邦作物保险法案	保费补贴在这一时期被引入到法案中，然而这一时期的执行效果并不理想。有学者分析认为，如果想要让农业保险计划成为突出的风险应对工具，所能采取的手段或者是提高保费补贴，或者采取强制进入项目的手段。事实证明美国政府后来采取了提高保费补贴的形式来促进农业保险的发展
1994—1999 年	1994 年联邦作物保险改革法案	这一时期，美国政府投入的保费补贴急剧增加。为了减轻生产者的负担，美国国会引入了一项全新的补贴型保险，被称为"灾难性风险保护背书"，又称为巨灾保险（Catactrophic Risk Protection Endorsement，简称 CAT），这一补贴型保险可以为严重的损失提供补偿。而加入 CAT 计划的农户才有资格享受到联邦政府提供的收益。这一保险计划的实施大大刺激了农户加入联邦作物保险计划
2000—2008 年	2000 年农业风险保护法案（Agricultural Risk Protection Act，简称 ARPA）	这一期间，将原有的一些临时性保费调整归纳编纂入农业风险保护法，其中保费降低 25% 进一步促进了农户加入作物保险计划。到了 2002 年，进入保险计划的土地一级达到 21 500 万公顷
2008—2012 年	2008 年农业法案	引入了新的保费费率和一些附加费用，并增加保险的种类、扩大保险涵盖的范围以惠及更多种类的作物

资料来源：笔者根据美国农业部农业经济研究局及风险管理局的研究报告整理分析。

从 1994 年开始，美国政府用了 20 年的时间让联邦作物保险计划获得了长足的发展。在 1992 年的时候，仅有 8 200 万公顷的土地注册进入该保险计划，其保费金额约为 12 亿美元（包含补贴部分）。到了 2012 年，进入作物保险计划的土地已经达到 28 200 万公顷，保费金额超过 110 亿美元（包含补贴部分）。许多学者都将这种增长归功于保费补贴的增加以及日益丰富的保险产品（孙群等，2012[①]；赵长保等，2014[②]；李毅，2016[③]）。

其实仔细观察不难发现，1994 年美国政府开展的联邦作物保险改革法案的实施，特别是 CAT 计划的实施，使得美国农业保险有了突飞猛进的发展。以 CAT 计划为例，投保农户一旦遭遇产量损失超过 50％，便可以获得市场价格 60％的补偿金，而市场价格是由美国农业部风险管理局来制定的。2000 年开始实施的农业风险保护法案（ARPA）进一步完善了美国农业保险计划，丰富了保险内容，降低了保费。当保费补贴提高了（政府支付的部分），也就意味着作物保险更便宜（表 2 - 13），农户更愿意加入作物保险（特别是针对更高产量级别的保险覆盖）。在引入了大量不同种类的补贴型保险后，最初低迷的保险计划获得了广泛的认可，参与率大幅度增加。

除了农业保险的参与率和注册进入保险的土地面积增加外，参与保险的作物品种也不断增加。最初在 20 世纪 30 年代联邦作物保险计划刚刚开始实施的时候，保险计划的主要目标作物为小麦。现在，美国农业保险的主要投保对象是玉米、大豆和小麦。在 1997 年的时候，三种主要作物的耕种面积以及棉花和高粱的耕种面积占农业保险计划的 90％。15 年后的 2012 年，三种主要农作物所占比例为 68％，棉花和高粱所占投保比例为 7％，其余作物占投保比例的 25％（表 2 - 14）。

表 2 - 13　ARPA 实施前后补贴产量覆盖级别下政府保费补贴的投入变化

不同的产量覆盖级别（％）							
50	55	60	65	70	75	80	85
政府所支付的保费补贴的比例（％）							
ARPA 实施前							
55	46	38	42	32	24	17	14
ARPA 实施后							
67	64	63	59	59	59	48	38

资料来源：美国农业部经济研究服务局。

---

① 孙群，夏益国．完善的美国政策性农业保险产品体系 [J]．中国保险，2012（8）：59 - 64.
② 赵长保，李伟毅．美国农业保险政策新动向及其启示 [J]．农业经济问题，2014，35（6）：103 - 109.
③ 李毅．美国农业保险政策的新动向观察 [J]．世界农业，2016（10）：94 - 99.

2.3.2 农业提升法案概述

2018 年签署的《农业提升法案》其有效期为 2019—2023 年，预计在这 5 年里支出规模高达 3 870 亿美元。其中，值得关注的是，新法案中就农业补贴、资源保护制定了条款，此外还包括了营养项目、贸易促进等内容。根据美国国会预算办公（CBO，Congress Budget Office）的数据，2018 年新法案的支出预算较上一个法案周期有所减少，但是各个计划的资金分配比重没有发生大的变化，其中营养计划占资金总额的 76% 左右，农业保险占比 9%，商品计划和保护计划分别占比 7%，其他占 1%，具体见图 2-4。

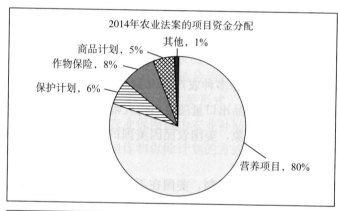

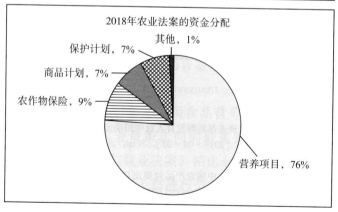

图 2-4　2014 年、2018 年美国农业法案资金分配情况

资料来源：USDA ERS 利用 CBO 数据计算获得。

注：2018 年合计约为 3 870 亿美元（2019—2023 财年），2014 年合计约为 4 890 亿美元（2014—2018 财年）。

不仅在资金安排上，在项目内容上变化也不是很大，其中营养计划在延续上一期法案的基础上进行了微调，农业保险和农产品商品计划也大体与2014 年法案相当。所有的保护计划得以继续保留，仅有少量内容发生较大变化。这些计划的项目内容还进一步向农产品贸易、农业领域相关研究及应用推广、有机农业、能源等方面扩展。2018 年，美国新的农业法案对农业补贴的调整特点十分明显。概括起来讲，就是农业补贴的"黄箱"政策保障规模进一步增大、对农户的保护程度进一步提高。同时，2018 年法案还将农产品营销援助贷款率进一步提高，并给予农户更多补贴项目自主选择权。根据美国相关权威部门测算，今后 5 年内，美国农民将因新法案而获得 53 亿美元的价格和收入补贴收益（彭超，2019）。①

2.3.3　农业提升法案中补贴与保险重点内容与变化

2.3.3.1　作物商品计划（Crop Commodity Programs）

作物商品计划较上一版农业法案，并没有重大变化，但是给予生产者更多的自由，并提高了补贴水平。该法案重新批准并强化了到 2023 年的农业风险覆盖补贴（ARC）和价格损失覆盖补贴（PLC）选项。主要体现在：

（1）在 2014 年的美国农业法案中，生产者在法案实施期间只能选择PLC 或者 ARC 其中的一项，而在新的法案中，从 2021 财年开始，生产者可以根据自己的需要每年选择补贴种类（PLC 或 ARC 任选其一）。

（2）PLC 及 ARC 的补贴支付计算方式依据的是有效参考价格（Effective Reference Price），这一价格考虑到了项目所涵盖商品的市场价格变化，预计价格天花板——参考价格（Reference Price）——将提高 15％（表 2 - 15）②。

---

① 彭超. 美国新农业法案的主要内容、国内争议与借鉴意义 [J]. 世界农业，2019（1）：4 - 16，26.

② ERS，USDA. Agriculture Improvement Act of 2018：Highlights and Implications，Crop Commodity Programs [EB/OL]. （2019 - 08 - 20）[2019 - 08 - 22]. https：// www. ers. usda. gov/agriculture - improvement - act - of - 2018 - highlights - and - implications/crop - commodity - programs/.

表 2 - 15　部分农产品在 PLC 计划中有效参考价格的计算结果

涵盖商品	有效参考价格（A 和 B 中的较低者）		
	A . 115％倍的参考价格	B .（ⅰ）和（ⅱ）中较高者	
		（ⅰ）参考价格	（ⅱ）85％的奥林匹克平均市场价格
小麦（蒲式耳）	6. 33	5. 50	4. 42
玉米（蒲式耳）	4. 26	3. 70*	3. 02
高粱（蒲式耳）	4. 54*	3. 95	5. 34
大麦（蒲式耳）	5. 69	4. 95*	4. 47
燕麦（蒲式耳）	2. 76	2. 40*	2. 24
长粒米（英担）	16. 10	14. 00*	9. 80
中粒米（英担）	16. 10	14. 00	14. 11*
大豆（蒲式耳）	9. 66	8. 40*	8. 19
干豌豆（英担）	12. 65	11. 00*	10. 37
扁豆（英担）	22. 97	19. 97	22. 33*
小鹰嘴豆（英担）	21. 90	19. 04	20. 60*
大鹰嘴豆（英担）	24. 77*	21. 54	26. 52
花生（吨）	615. 25	535. 00*	368. 33
籽棉（磅）	0. 42	0. 37*	0. 28

资料来源：ERS，USDA. Agriculture Improvement Act of 2018：Highlights and Implications，Crop Commodity Programs [EB/OL]. （2019 - 08 - 20）[2019 - 08 - 22]. https：// www. ers. us-da. gov/agriculture - improvement - act - of - 2018 - highlights - and - implications/crop - commodity - programs/.

（3）ARC 的县产量基准上限进行了上调，从过渡性的 70％提高到了80％，从而提高了 ARC 的补贴水平①，具体见表 2 - 16。

---

　　① ERS，USDA. Agriculture Improvement Act of 2018：Highlights and Implications，Crop Commodity Programs [EB/OL]. （2019 - 08 - 20）[2019 - 08 - 22]. https：// www. ers. usda. gov/agriculture - improvement - act - of - 2018 - highlights - and - implications/crop - commodity - pro-grams/.

表 2 - 16　农业法案在产量上限变化（以玉米为例）

单位：蒲式耳/公顷

年份	预计实际产量	2014 年农业法案基准产量上限	2018 年农业法案基准产量上限
2019	160	160	160
2020	115	115	120*
2021	100	105*	120*
2022	90	105*	120*
2023	150	150	150
五年平均值	121. 67	123. 33	130. 00

资料来源：ERS，USDA. Agriculture Improvement Act of 2018：Highlights and Implications, Crop Commodity Programs［EB/OL］.（2019 - 08 - 20）［2019 - 08 - 22］. https：// www. ers. us-da. gov/agriculture - improvement - act - of - 2018 - highlights - and - implications/crop - commodity - programs/.

2.3.3.2　作物保险

总体来讲，在 2018 年美国农业法案中，农业保险部分的内容变动不大，完全延续了上一版法案的规定，只是根据新的发展形势对部分内容进行了修改。主要体现在：

（1）继续强调支持农场风险管理的趋势，并扩大 2014 年农场法规定的 FCIP 范围中的优先农产品，包括灌溉食用高粱、灌溉水稻、柑橘类作物及啤酒花。

（2）将工业用麻类植物列入保险作物范畴内。

（3）法案同时要求 FCIC 进一步开展对以下方面的研究和开发，包括：确保农场整体收入保险计划的有效性，确保农作物免受热带风暴或飓风带来的损失的政策，同一县内食用高粱与其他饲料粮的比率、产量和覆盖水平所存在的差异性，确保本地食物保障的政策措施等。

（4）提高巨灾保险（CAT）保险的手续费标准，从每个保单的 300 美元提高到 655 美元，以此提高农业保险高保障选项（buy - up）对农场主的吸引力（表 2 - 17）[1]。

---

[1]　USDA. Economic Research Service Using Data from USDA，Risk Management Agency，Summary of Business［EB/OL］.（2019 - 08 - 20）［2019 - 08 - 22］. https：// www. ers. usda. gov/agriculture - improvement - act - of - 2018 - highlights - and - implications/crop - insurance/.

表 2-17　历年来（CAT）管理费政策变化

年份	CAT 保险管理费（美元）	按 CAT 保险范围投保的英亩平均份额（%）	CAT 承保的保单平均销售份额（%）	支付赔偿金的 CAT 保单的平均份额（%）
1995—1997	50	43.5	45.7	5.7
1998—2000	60	28.1	27.6	5.7
2001—2007	100	14.4	13.9	4.9
2008—2017	300	6.4	6.8	4.4
2018 年至今	655	—	—	—

资料来源：USDA. Economic Research Service Using Data from USDA, Risk Management Agency, Summary of Business [EB/OL]. (2019-08-20) [2019-08-22]. https://www.ers.usda.gov/agriculture-improvement-act-of-2018-highlights-and-implications/crop-insurance/.

2.4　欧盟共同农业政策

2016 年 7 月 24 日至 30 日，农业部政法司考察组一行 3 人赴比利时、德国就欧盟共同农业政策（CAP）新一轮改革和执行情况进行了调研。考察组访问了欧盟农业总司、比利时食品链安全局、比利时瓦隆大区公共服务局、欧盟农民联合会和欧盟农业合作联盟（COPA & COGECA）、德国农业部、德国勃兰登堡州农业部、德国农民联合会（DBV）以及两国的一些农民合作社、家庭农场、农业企业等农业生产经营单位，对 CAP 的基本框架、主要目标、政策措施和执行情况进行深入细致的了解。经过几轮改革，CAP 形成了比较成熟的政策框架，政策目标比较清晰，政策措施非常具体，决策机制和执行机制都比较完善，对增加农民收入、提升农业竞争力和促进农业可持续发展发挥了重要作用。当然，在发展过程中，CAP 在决策与执行中也存在一些需要研究解决的困难和问题，在各方力量的博弈协调下将继续改革和完善。综合来看，CAP 对于我国农业政策改革具有重要的参考借鉴价值。

2.4.1　CAP 的基本框架

为更好地实现欧盟共同农业政策的三大长期目标，即可靠的粮食生产、自然资源可持续管理和区域平衡发展，欧盟几年前又开始对 CAP 进行新一轮改革，并于 2015 年正式实施。改革后，CAP（2014—2020 年）依然由第一支柱和第二支柱构成，第一支柱包括直接支付和市场支持，第二支柱为农村发展政策。

2.4.1.1　直接支付（Direct Payment）

直接支付分为两大部分 7 个项目，其中 6 项补贴都要求满足交叉遵守（Cross Compliance）原则。

（1）强制部分。这是成员国必须实施的直接支付项目，包括三个方面：

①基础直接支付计划（Basic Payment Scheme）或单一面积支付计划（SAPS）。基础直接支付计划是将现有的所有直补模式整合为一个统一的计划，不再区分单一支付计划（SPS）和单一面积支付计划（SAPS），并重新分配给付权（Entitlement，又称补贴权），统一按照该计划实施第一年农户可支配的有效土地公顷数来计算，逐步在全欧盟实现每公顷土地补贴金额统一标准，即统一费率，以形成一个平衡、透明和更加公平的分配体系。基础直接支付低于直接支付总额的 70%。保加利亚等 10 个成员国将单一面积支付计划延期执行到 2020 年，也要低于直接支付总额的 70%。

②绿色直接支付（Green Payment）。这是 CAP 最重要的变化之一。所有成员国必须将 30% 的直接支付预算用于支持农民开展保护永久性草场、生态重点区域（EFA，Ecologic Focus Area）和作物多样性等活动，促进农业生产地区环境保护和气候条件改善。农民会因为保护自然环境、生物多样性等做出贡献而获得补偿。通常，有机农场和农业环境绿色计划下的措施可视为绿化。在作物多样性方面，10 公顷以上的农场须种植两种以上的作物；30 公顷以上的农场须种植三种以上的作物，其中最多作物的种植面积不得高于 75%，最少作物的种植面积不得少于 5%。可耕地面积大于 15 公顷的农场须保留 5% 的生态重点区域。生态重点区域在政策执行中有一定的灵活性，并不是只有休耕一种方式，还可以选择种植固氮作物、填闲作物、速生灌木等方式。生态重点区域不一定完全不能生产，符合要求的也可以生产。永久草地政策在成员国的国家层面和区域层面执行，由成员国决定有多少不可改变的永久草地，在保证现有草地面积不减少、生产水平不降低的基础上，更好地促进可持续发展。

③青年农民计划（Young Farmers Scheme）。成员国可以将不超过 2%

的直接支付资金用于支持 40 岁以下的青年农民。所有从事农业生产的青年农民可以获得一定的额外补贴，补贴期限不超过 5 年。

（2）自愿部分。这是成员国可以结合本国实际情况，申请自愿执行的直接支付项目，包括四个方面：

①挂钩支持（Coupled Support）。允许成员国为农业中潜在的易受影响产业提供有限的与产品挂钩的直补。成员国可以将不超过本国直接支付资金的 8％（若目前挂钩直接支付比例高于 5％，则可提高到 13％）用于支持对经济、社会和环境非常重要的农产品生产。如果理由充分合理，欧盟委员会有权批准成员国发放更高比例的挂钩补贴，如可能为蛋白质作物提供额外 2％的挂钩支持。

②自然条件限制地区支持（Support in Natural Constraints Areas）。允许成员国对自然条件限制地区发放特定补贴，满足对特定环境和地区实施保护措施的需求，补贴金额不超过本国直接支付资金的 5％。

③再分配补贴（Redistribute Payment）。为了促进国家或地区范围内补贴的公平，成员国可以把不超过本国直接支付总额的 30％重新分配于农场主的第一个 30 公顷。即，如果农场的土地面积大于 30 公顷，只补贴其中第一个 30 公顷；如果小于 30 公顷，则按实际面积补贴。

④小农户计划（Small Farmer Scheme）。采用单一面积支付计划国家的农场主、一个财年获得总支付低于 100 欧元的农场主和获得直接支付面积不足 1 公顷的农场主可以申请加入小农户计划。加入后，无论农场面积大小，农场主可以享受绿色和环保豁免，每年获得一笔固定的补贴，金额为 500～1 250 欧元，具体由各成员国自行确定。当然，如果农场参加了小农户计划，就不能参加其他补贴计划了。小农户计划资金不能超过本国直接支付总额的 10％。

2.4.1.2 市场支持改革情况

CAP（2014—2020 年）减少了对市场的直接干预，更加侧重于生产者支持和危机应对。具体来看，保留了出口退税、学校牛奶和水果计划，减少了公共干预和私人存储的产品品种，废除了食糖、红葡萄酒和乳品的产量限制，建立了危机储备资金，加强对生产者合作的支持。改革后，市场支持资金总额不超过 CAP 总支出的 5％。

2.4.1.3 第二支柱改革

第二支柱改革通过协调整合现有各种农村发展方面的投入，进一步促进农村可持续发展、环境保护和地区间平衡发展。改革后，第二支柱资金占 CAP 预算的 25%（不考虑两个支柱之间的资金转换）。第一支柱和第二支柱的资金不再截然分离，可相互调剂资金，调剂金额不超过本国 CAP 金额的 15%。对于环境保护、支持青年农民、支持小农户、保护自然生态等方面的行动，两个支柱可以共同资助，进一步提高资金的协同效应。

改革后，欧盟要求成员国农村发展项目优先用于六个方面：一是促进农业和农村地区知识传播和创新；二是促进农业科技研发推广，鼓励将知识转化为实用技术，增强农场活力和竞争力；三是促进食物链完善，将农产品加工营销、动物福利保护和农业风险管理等纳入对应的供应链管理中；四是恢复、保护和强化农林业生态系统；五是提升资源效率，支持农业低碳发展；六是促进社会融合和农村经济发展，减少农村贫困。

2.4.2 CAP 直接支付政策执行情况

新一轮 CAP 改革提出了原则性、框架性要求，在具体措施方面赋予成员国较大的灵活性。2014—2020 年，每年 CAP 资金大约接近 600 亿欧元。根据各成员国拟定的具体方案，2015—2020 年欧盟将从第一支柱向第二支柱净转移 30 亿欧元。从欧盟总体看，在强制直接支付中，基础直接支付约占直接支付资金的 55%（其中，保加利亚等 10 国将单一面积支付计划延续到 2020 年，比利时、德国等其余 18 国都执行基础直接支付），绿色直接支付占直接支付的 30%，各成员国都将执行青年农民计划，资金从 0.2% 至 2% 不等。在自愿直接支付计划中，德国以外的其他成员国都选择执行挂钩直接支付，资金占直接支付总额的 10% 左右；15 个成员国执行小农场主计划，8 个成员国将执行重新分配直接支付，只有丹麦将本国直接支付资金的 0.3% 用于自然条件受限地区。

我们在考察中重点了解了直接支付政策，下面对该政策在比利时和德国的执行情况进行梳理。

2.4.2.1 直接支付政策在比利时的执行情况

2013 年，比利时直接支付的平均补贴标准为 435 欧元/公顷，远高于欧盟平均水平的 286 欧元/公顷。改革后，由于从欧盟获得的资金有所减少，比利时计划于 2020 年将补贴标准降低到 386 欧元/公顷，以提高补贴标准在欧盟内部的统一性。

比利时分为南北两个地区，南部地区为瓦隆大区（Wallonia），北部地区包括弗兰德斯大区（Flanders）和布鲁塞尔大区（Brussels）。农业管理职能在大区层面，CAP 在大区层面执行，北部地区获得了比利时 46.33% 的直接支付资金，南部地区获得了 53.67% 的直接支付资金。我们主要考察了南部地区的做法。

（1）直接支付总体情况。2015 年，南部地区直接支付总金额为 2.86 亿欧元，具体使用情况见表 2-18。

表 2-18　瓦隆大区直接支付使用情况

补贴类型	比例（%）	金额（亿欧元）
再分配补贴	17	0.49
青年农民计划	1.8	0.05
挂钩支持	21.3	0.6
基础直接支付	29.9	0.86
绿色直接支付	30	0.86

在挂钩支持中，18.8% 用于肉牛，0.54 亿欧元；1.1% 用于混合牛，0.03 亿欧元；1.2% 用于奶牛，0.03 亿欧元，0.2% 用于羊，0.006 亿欧元。

弗兰德斯大区和布鲁塞尔大区的直接支付金额为 2.48 亿元，其中 5% 转移至第二支柱，金额为 0.12 亿欧元。其他 95% 的资金具体使用情况见表 2-19。

表 2-19　北部地区直接支付使用情况

补贴类型
基础直接支付
挂钩支持
青年农民计划
绿色直接支付

（2）南部地区绿色直接支付政策执行情况。永久草地的比例在瓦隆大区

层面统一管理。而且，瓦隆大区参与了第二支柱中的自然 2 000 地区建设
（Natura 2000 是欧盟最大的环境保护行动）。在生态重点区域政策方面，要
求单一农场执行，不能由几个农场联合执行，在面积计算上提供了如表 2 -
20 所示的具体措施和折算系数。

表 2 - 20　瓦隆大区 EFA 折算办法

形式	单位	系数	折算成生态重点区域面积
休耕	平方米	1	1
缓冲带	平方米	1.5	1.5
农林间作	平方米	1	1
轮作	平方米	0.3	0.3
填闲作物	平方米	0.3	0.3
固氮作物	平方米	0.7	0.7

2.4.2.2　直接支付政策在德国的执行情况

（1）直接支付总体情况。德国是欧盟大国，从欧盟获得的资金数量远多
于比利时。据德国农业部欧盟政策和国际合作司直接支付处的 Wolfgarten
先生介绍，2015 年德国直接支付总金额为 49.12 亿欧元，具体使用情况见
表 2 - 21。

表 2 - 21　德国直接支付资金使用情况

补贴名称	比例（%）	金额（亿欧元）
基础支付计划	62	30.45
绿色直接支付	30	14.74
再分配补贴	7	3.44
青年农民计划	1	0.49
小农户计划	从上述各项补贴资金中拿出一部分作为小农户计划资金	

①基础支付计划。基础支付计划是脱钩的收入补贴。德国实行给付权制
度，农民同时拥有给付权和经营农地才能得到补贴。给付权的价格与历史上
该块土地获得的补贴水平相关。德国给付权对应的补贴平均水平为 180.62 欧
元/公顷，这个标准在每个联邦州内部是统一的，但各联邦州之间并不一样，
最低 155.07 欧元/公顷，最高 192.19 欧元/公顷。目前，德国致力于将给付

权对应的补贴额度逐步在各州之间再分配，直到 2019 年实现全国统一标准。

②绿色直接支付。德国绿色直接支付平均标准为 87.34 欧元/公顷。在作物多样性方面，要求 10～30 公顷的农场必须种植两种作物；30 公顷以上的农场必须种植三种作物，其中种植面积最大的作物不超过 75%，种植面积最小的作物不低于 5%。在永久草地保护方面，实行分类保护，环境敏感地带的永久草地不允许转换用途或犁田，其他地区的永久草地，通常只有在其他地方建立新的同等面积永久草地，才允许转换用途。在生态重点区域方面，15 公顷以上的农场必须有 5% 的可耕地作为生态重点区域，具体措施包括：休耕、梯田、景观带、缓冲带、田间林地带、短期轮作、林地、填闲作物和固氮作物等，具体见表 2-22。

表 2-22　德国 EFA 具体折算办法

形式	系数	折算成生态重点区域面积（公顷）
景观带	2.0	2.0
隔离带	1.5	1.5
休耕	1	1
固氮作物	0.7	0.7
填闲作物	0.3	0.3

③青年农民计划。据德国农民联合会（DBV）负责人 Bernhard 先生介绍，在德国，一个青年农民要从事农业，用于土地、建筑、科技等各方面投入加起来大约需要 50 万欧元。为吸引青年从事农业，德国实施了青年农民计划，对第一年从事农业时不超过 40 岁的青年农民给予额外补贴，而且补贴期限最长不超过 5 年（从第一次创办农场、农业合作社开始计算），补贴可以给自然人，也可以给法人（由一个青年农民实际控制）。德国平均的青年农民补贴标准为每公顷 44.27 欧元，最多补贴 90 公顷。

④再分配补贴。参考欧盟的标准，结合德国平均农场面积较大的实际，德国再分配补贴的做法是对于农场主的第一个 46 公顷进行补贴。其中，对第一个 30 公顷，按照 49.64 欧元/公顷的标准进行补贴；对 30 公顷之外的下一个 16 公顷，按照 29.78 欧元/公顷的标准进行补贴。

⑤小农户计划。德国选择实施小农户计划，小农户获得的补贴额同参加

通常的补贴项目差不多，单个小农户获得的补贴最高不超过 1 250 欧元，既没有绿色环保方面的要求，也没有交叉遵守的限制。

（2）交叉遵守监管。交叉遵守可以分为按照欧盟统一法律下的管理要求和国家层面制定的良好农业生产和环境保护标准。德国的交叉遵守突出对水、土壤和生物多样性的保护。化肥的存储、分装、使用受到严格限制，必须离水源地有一定距离。对于第一支柱补贴资金使用情况有 5% 的检查比例，既包括定向检查，也包括随机抽查。一旦发现由于农业生产活动导致的违反交叉遵守的情况，视具体情节扣减 1%、3% 或者 5% 的直接支付资金。如果违反交叉遵守的情况再次出现，扣减资金比例会达三倍。如果被发现"故意"违反交叉遵守，将扣减 20% 以上的直接支付资金。

从最新一轮 CAP 改革的初步效果看，政策清晰、工具多元、措施有力，既进一步消除了政策对市场的扭曲，又较好地实现了保障农民收入、提升农业竞争力、保护环境、可持续发展和农村区域均衡发展的目标，其中尤为突出地表现在保障农场主收入和保护生态环境方面。我们访问的瓦隆大区一个家庭农场所获直接支付虽然比改革之前减少 13%，但上一财年（2014 年 7 月至 2015 年 6 月）仍有 10 万欧元。在柏林郊区，我们访问了三家农业经营主体，其中，一家规模较大的合作社上一财年获得直接支付约 80 万欧元，一家占地 150 公顷的家庭农场上一财年直接支付收入占农场纯收入的 40%，还有一家农业企业上一财年获得 16 万欧元补贴（其中 9 万欧元为直接支付补贴，7 万欧元为第二支柱补贴），占纯收入的 50%。在直接支付的大力支持和引导下，农场主积极申报补贴材料，严格遵守相关要求，很好地保护了自然环境，实现了农业生产与自然环境的和谐统一。

2.4.3　CAP 面临的困难问题和改革方向

虽然 CAP 已经比较顺利地执行了一年半时间，政策框架比较简洁和清晰，但从考察听到的各方面意见来看，CAP 在政策制定和执行过程中还面临一些困难和问题，这为下一步 CAP 改革凝聚了共识、明确了方向。困难和问题主要表现在以下几个方面：

（1）政策内容过于复杂。CAP 涉及欧盟农业农村发展的方方面面，规定极其详细具体，基本法规有 600 多页，执行文本还有两千多页。再加上各成员国及其地区制定的配套政策，CAP 的内容就显得更加庞杂。德国勃兰登堡州农业部的 Thomas 先生在电脑上展示了欧盟层面、联邦层面、州层面所发的一系列文件，数量很大。在这种情况下，准确地理解和把握 CAP 的内容成为一件比较困难的事情。

（2）政策制定耗时有点长。据 COPA & COGECA 的 Paulo 先生和欧盟农业总司的 Ramon 先生介绍，CAP（2014—2020 年）从开始讨论到最终实施花了三四年时间。2010 年欧盟委员会进行了一次关于 CAP 改革的公众咨询，收到 5 000 多条建议；2011 年底欧盟委员会公布了新一轮改革的想法，然后听取各种不同 NGO 的建议和欧洲议会等的意见，2012 年春天欧盟委员会正式提出立法提案，2012 年春天到 2013 年底欧洲议会和欧洲理事会成立工作组对立法提案进行讨论并最终批准，2014 年作为过渡年份，直到 2015 年 CAP 新一轮框架才正式实施。

（3）执行行政成本较高。CAP 执行的关键是确定补贴依据和检查实施情况，这对政府部门和农场主的工作量都提出了较高要求。以勃兰登堡州为例，农民申请补贴要填写 50 多页申请表，州农业部进行审核，联邦农业部对各州的审核工作进行评估，欧盟还要评估各成员国的审核工作。而且，按照欧盟的规定，勃兰登堡州要对全州 6 000 个农场的 5% 即 300 个农场进行抽查，主要检查土地边界和种植情况等，其中 240 个农场通过遥感来抽查，60 个农场由 58 名工作人员分成两人一组实地测量检查，测量要求非常严格，尽管允许有一定的误差，但工作量依然很大。此外，为确定农场土地利用情况，还购买了价格高昂的地块信息系统，该系统的建设要到 2018 年才能相对完善。监督检查发生的费用完全由成员国承担，欧盟不给予补助。

（4）预算投入不能满足需求。CAP（2014—2020 年）两个支柱的预算上限累计分别为 3 127 亿欧元和 956 亿欧元，总额 4 083 亿欧元，平均每年约 583 亿欧元。欧盟农业总司的 Ramon 先生介绍，近些年 CAP 支出预算保持增长，目前基本稳定，但随着欧盟扩容，CAP 预算占成员国 GDP 总额的比例不断下降，将由 2014 年的超过 0.4% 下降到 2020 年的 0.35% 左右。考虑到第二支柱项目由欧盟和成员国共同出资（各承担 1/2），成员国要筹集配套资金，CAP 总资金规模会多一些。德国农民联合会（DBV）负责人 Bernhard 先生介绍道，CAP 的目标和工具越来越多，但资金支持并没有增加多少，DBV 曾经建议 CAP 改革增加资金投入，但未被采纳。

（5）农民认为 CAP 要求条件太多。欧盟农业总司的 Ramon 先生认为，执行 CAP 的困难之一在于如何引导农民处理好生产与环保的关系。欧盟已利用农地的 72% 要执行绿色直接支付措施，很多农民会觉得领取补贴所要求的条件太多。比利时瓦隆大区的那位农场主介绍，虽然申请补贴可以在网上完成，但要领取补贴还要满足很多条件，如交叉遵守、活跃农民、提供各种数据资料、到咨询办公室了解具体流程等，感觉很复杂。柏林郊区的那家农业企业负责人认为，补贴是对其遵守一系列严格要求的补偿。

从考察情况看，欧盟、成员国、农场、企业等都认为 CAP 有进一步改革完善的空间，2020 年之后改革的努力方向有以下几个方面：

一是简化合并、减少冲突。随着今后几年 CAP 的实施，发放补贴的各项工作基础将会日益完善，内容相近补贴在实施中的问题也会充分显现，这些都可以为简化 CAP 框架、合并相关项目打下较好的基础。比如，绿色补贴、额外环保激励、交叉遵守的标准、检查监管的要求，等等，都可能有简化调整的空间。特别是在获得补贴的细节标准方面，需要更多的灵活性，兼顾一些个性化特点，不宜太死板，以便于更好地执行政策。

二是寻求欧盟与成员国之间的平衡，加大财政投入，缓解预算压力。欧盟共同预算由成员国出资，实力较强的发达国家出资更多，而在共同预算资金的分配上并不是根据成员国出资比例来分配，这就导致发达国家的贡献一般大于所得，而欠发达国家的所得往往大于贡献。许多成员国不想在欧盟共同预算中加大投入，特别是发达国家在推动欧盟出台新的 CAP 政策方面要考虑预算分担问题，而小国、穷国则乐于推动新政策出台。2013 年，有些西欧国家从欧盟得到的资金减少了，一些东欧国家得到的资金增加了。所以，今后 CAP 改革需要更好地处理好欧盟、成员国之间的关系，争取更多预算，以更有效地实现政策目标。

三是 CAP 改革要与大环境更好地融合。农业农村发展是一个极具开放性、包容性的领域，在欧盟经济复苏前景不明的情况下，CAP 下一步改革所面临的环境更为复杂，承担的任务更为艰巨。欧盟农业总司的 Ramon 先生认为，将来 CAP 改革要解决多个问题，如促进农业在就业、增长和投资中发挥更大作用，处理好与美国进行农业谈判的关系（农业是 TTIP——跨大西洋贸易与投资伙伴关系协定谈判的内容之一），适应能源领域发展的新形势，更好地促进欧盟内部市场的一体化等。

四是强化或增加支持重点。CAP 重点支持的领域和对象越来越清晰，虽然 2014—2020 年框架刚刚实施了一年多时间，但有关组织已经开始考虑 2020 年之后的 CAP 调整问题。提出的有关想法与 CAP 改革的大方向总体一致，主要涉及将来的政策支持重点，如可能更多地倾向于支持中小农场，更加关注生态环境和发展有机农业，如何更好地支持饲养畜牧业发展，等等。

五是改进监督机制，确保政策有效实施。CAP 每年预算接近 600 亿欧元，分配给 20 多个成员国执行，而且国家之间情况差别可能较大，选择执行的政策项目及标准也可能存在较大差别，因此保障预算资金的有效执行不是一件容易的事。德国 CAP 执行的监督工作是由联邦州来做的，按照欧盟规定的抽查比例上门检查。为了工作的统一性，德国每年开一次会，由 16 个联邦州共同协商具体检查的流程、标准、内容、报告形式等，联邦层面没有专门的监督检查机构。在补贴资金发放上，欧盟对成员国进行事后监督，例如德国联邦政府一般在圣诞节前先垫付发放 50 亿欧元直接支付资金（一次发放主要资金，其他小额资金会陆续发放），然后欧盟根据对德国的补贴申请审核工作的评估情况，将 50 亿欧元拨付给德国联邦政府，如果评估有问题，可能对拨款进行扣减。另外，直接支付的补贴对象是"活跃农民"，如何准确认定"活跃农民"，在某些情况下也有一定难度。所以，虽然相关监督办法已经比较完善，但德国农民联合会（DBV）的 Bernhard 先生认为，欧盟最好能有一个监督机构和更好的监督机制，促使几百亿预算有效执行。

2.4.4　思考与建议

欧盟 CAP 经历了漫长的调整演变过程，围绕保障农民收入等主要目标，从曾经的鼓励生产，到后来的限制生产，再演化到目前的依靠市场机制来引导生产和促进农业可持续发展，同时强化脱钩的直接支付措施，各个时期的改革都较好地实现了预期目标。而且，CAP 基本上每七年调整一次，在广泛参与、充分讨论的基础上，有着长远规划和清晰的框架，较好地保证了政策的稳定性、连续性、整体性和协调性。更重要的是，尽管 CAP 制定过程中可能有不同看法，但一旦形成政策，便能得到成员国及其地方政府、农民合作组织、农场主、合作社、农业企业等各个方面的拥护和执行。CAP 政策制定执行过程及其背后体现的发展理念调整，对于我国完善农业补贴政策具有重要的参考借鉴价值。

在中央"重中之重"战略思想和"多予少取放活"方针的指导下，我国农业补贴从无到有、由少到多，成为农业支持保护的重要手段，对促进农业发展、调动农民生产积极性发挥了重要作用。但是，随着补贴种类增多，资金规模扩大和操作方式多样化，尤其是农业发展形势变化和落实新发展理念对调整农业政策不断提出新的更高要求，亟待加强农业补贴制度顶层设计，科学划分补贴类别，明确界定功能定位，严格规范操作方法，进一步提高农业补贴的指向性、精准性和实效性。为此，提出以下建议：

2.4.4.1　明晰农业补贴制度整体框架

我国许多农业补贴政策是在不同时期"挤牙膏式"出台的，缺乏对政策目标、政策工具的系统规划，补贴政策小而散、碎片化的特点比较突出。借鉴欧盟经验，我国农业补贴政策既要适应农业发展大趋势和落实新发展理念，又要有阶段性的时代特征，满足当前时期我国农业发展的实际需求。建议将农业补贴政策归纳整理为以下五类：

（1）基本收入补贴。保障农民收入是农业政策的重要目标。CAP 政策工具调整变化，始终围绕这一目标来展开。我国没有名义上的农民收入补贴，但一些补贴政策实际上已经变成收入类直接补贴，如原来的种粮直补、良种补贴和农资综合补贴，以及近年来将其整合后形成的农业支持保护补贴。农业收入增长需要更加稳定的政策支持，与生产数量、产品价格脱钩的基本收入补贴就是很好的"绿箱"政策。基本收入补贴的功能定位是：调节城乡收入差距，增加农民转移性收入，提供农民收入安全保障，提高特殊地区农民收入水平。操作的基本思路是：ⓐ综合性收入补贴。目前农业支持保护补贴大部分已变成收入补贴，应将其变成普惠制的农民收入补贴，与耕地面积挂钩，补贴给承包农户。ⓑ农业生产收入保障补贴。总结目标价格补贴制度改革的经验，对三大粮食品种、棉花、油料（含大豆）、糖料作物，按照种植面积给予生产者一定的收入补贴，数额确定可参考目标价格、市场价格、成本变化等因素，要既能鼓励生产者根据市场信号发展生产，又不至于导致疏于管理、坐等补贴的道德风险。大致测算，我国这几项作物种植面积之和约为18亿亩，如果平均每亩补贴200元，大概需要3 600亿元。ⓒ特定区域农民收入补贴。加大转移支付力度，增加对老少边穷地区和生态脆弱地区农民的收入补贴，缩小区域间农民收入差距。加强对渔业资源衰退、水域生态环境恶化地区渔民的收入补贴，保障他们的基本生活水平。

（2）生产补贴。欧盟CAP很少针对农场某项具体生产活动制定政策项目并给予直接支持，因为欧盟农场平均规模在15公顷，德国农场平均规模达46公顷，农场还是有些实力的，而且欧洲农业基础设施普遍较好，农场不需要在这方面投入太多。而我国普通农户甚至一些新型农业经营主体，由于自身实力不强，再加上农业基础设施普遍较差，需要政府在生产方面给予支持。因此，农业生产补贴的功能定位是：引导和支持农业生产经营者推广使用先进技术、装备、品种，加强农业基础设施建设和管护，改善农业物质装备水平，降低农业生产成本，提高农业综合生产能力。操作的基本思路是：ⓐ投入品补贴。主要对良种、农机、燃油、肥料等重要投入品实行专项补贴，原则上直接补助生产者，可采取先购买后补助、直接奖补等方式。ⓑ关键技术补贴。针对稳产增产防灾减灾关键技术，重点是"一喷三防"、地膜覆盖、深松整地、集中育秧、膜下滴灌等，实施常态化、制度化的补贴，强化重大关键技术集成推广应用。主要采取先实施、后补助的办法，直接补给生产经营者。对于采用资源节约型、生态友好型农业技术以及农业废弃物综合利用技术，加大奖补力度。ⓒ农民培训补贴。结合新型职业农民培育工程、青年农场主计划等培训项目，建立国家出资购买农民培训成果的公益性补偿制度，通过政府购买学分等形式解决培训费用和享受培训补贴。ⓓ农业基础设施建设补贴。主要对土地整治、农田水利、田间道路等农业基础设施建设实施补贴，实行先建后补、以奖代补、以工代赈等方式，重点向粮食主产区、新型经营主体倾斜。ⓔ基础设施管护补贴。对农田水利、仓储设施、场库棚、集中沼气等农业基础设施采取物业化管理的运营方式，向受益者收取一定的使用费用，政府对运营主体给予适当补贴，以保证正常的维护和运转。ⓕ信贷保险补贴。通过财政补贴的杠杆作用，引导金融资源流向农业农村，在农业担保补贴、农业贷款贴息、营销贷款补贴、农业贷款风险补贴、农业保险保费补贴等方面，完善或出台相关政策，并加大补贴力度。

（3）生态补贴。欧盟在历史上经历过农业污染加剧、生态环境恶化的问题，后来经过政策引导和支持，促进农业可持续发展的理念逐渐深入人心，新一轮改革更是突出强制实施较高比例的绿色直接支付，农业生产与自然环境实现了高度和谐。近年来，我国农业资源环境约束加剧，数量减少与质量恶化问题并存，改善生态环境、促进农业可持续发展非常迫切，任务非常艰巨。所以，生态补贴的功能定位是：引导采用资源节约型、环境友好型生产方式，促进农业资源合理利用与保护，推动加快转变农业发展方式。操作的基本思路是：ⓐ农业资源保护补偿。综合考虑生态保护成本和发展机会成本等，建立"谁保护谁受益、谁使用谁付费"的资源保护补偿机制。建立草原生态补助与畜产品价格挂钩的联动机制，奖补政策随畜产品价格变动而调整。设立耕地保护补偿资金，按照"取之于地、用之于地"的原则，从新增建设用地有偿使用费、土地出让金和耕地占用税中提取一定比例，专门用于耕地保护和质量提升。ⓑ农业资源休养生息补贴。综合运用行政和市场手段引导农业资源休养生息，实现农业资源永续利用。建立地下水超采地区农业节水奖补机制，重点支持调整种植结构节水、设施农业节水、使用抗旱品种节水。制定以阶梯水价为主要内容的用水奖惩制度，提高农业用水效率。实施转种补贴，引导南方部分重金属污染地区种植重金属吸附能力弱的作物。在部分生态脆弱和污染严重的地区实施适度休耕补贴，可在试点基础上逐步扩大范围并提高补贴标准。完善退耕还林、退牧还草补助政策，加大休渔禁渔、增殖放流等补贴力度。

（4）青年农民补贴。欧盟同我国一样，普遍面临农民老龄化的问题，为了支持和吸引青年农民从事农业，CAP 将青年农民计划列入强制措施，对青年农民给予较长期限的额外补贴。我国实施的青年农场主计划主要是开展培训，而且培训数量不能满足需求，在政策上对青年农场主也没有特别支持措施。造就现代职业农民应以青年为主，青年农民补贴的功能定位是：在普惠制农业补贴的基础上，对符合一定条件的青年农民经营的家庭农场、专业大户、合作社等农业生产经营单位给予更多支持，吸引青年人从事农业，改善农业经营者结构，提升经营水平。操作的基本思路是：对 40 岁以下青年农民设定相关条件，满足条件的可以获得一定比例、一定期限的额外补贴，以支持青年农民开展参加职业培训、改善农业生产经营条件等活动；同时，成立公益性专业组织，帮助青年农民制定详细可行的职业发展规划，并建立对青年农民使用财政补贴资金和财政贴息信贷资金进行指导和监督的有效机制，确保资金用于职业规划项目的实施。

（5）再分配补贴。财政补贴应该更多地注重公平，因此欧盟各成员国都同意削减大农场补贴，有的还设定封顶补贴，并增加对中小农场的补贴，如比利时只对第一个 30 公顷给予补贴，德国只对第一个 46 公顷给予补贴，且其中额外 16 公顷补贴标准低于第一个 30 公顷的标准。我国农业补贴实施中的"垒大户"现象比较突出，补贴数量往往与经营规模挂钩，专业大户、农业企业获得补贴往往较多，家庭农场的补贴相对较少，小农户的补贴更少，这就导致了不公平。因此，再分配补贴的功能定位是：缩小不同规模经营主体所获补贴差距，更好体现补贴资金分配的公平性，更多支持以家庭农场为主的经营主体，引导适度农业规模经营发展，并对规模偏小农户给予必要支持。操作的基本思路是：在存量补贴资金中调整出一定的比例，用于增加对家庭农场、普通农户、一般专业户等中小规模经营者的补贴，总体上减少并阶梯式限制对大规模经营主体的补贴，可设定补贴封顶政策。在补贴的调整比例上，可以根据不同补贴的功能有一定区别，如收入补贴和生态补贴的调整比例可以高一些，生产补贴的调整比例可以相对低一些。在倾斜对象的支持力度上也可以有适当差别，对家庭农场的支持力度可以大一点。

鉴于我们考察的重点内容是 CAP 的直接支付政策，所以着重对我国农业补贴政策的完善方向进行讨论。当然，补贴政策只是农业政策的一个重要组成部分。从我国农业发展需求出发，除了需要完善补贴政策，还需要完善其他一系列政策，如投入政策、主产区利益补偿政策、科技政策、市场贸易政策等。

2.4.4.2　完善农业政策制定和执行机制

对农业政策而言，其质量水平和执行效率的高低，在很大程度上取决于有没有一个很好的机制。从 CAP 来看，每一轮改革都要提前几年谋划和讨论，程序严格规范，参与主体包括方方面面，经过充分沟通协商和多次修改完善，最终成为被各方高度认可和认真执行的政策。尽管这一过程需要的时间长一些，但效果很好。而我国一些农业政策往往是在特定形势下临时甚至是仓促出台的，没有经过充分讨论协商，在结果上表现为一些打补丁式的小政策，不成体系、没有合力，有的甚至是冲突的，也有在执行中不接地气的情况。因此，有必要借鉴欧盟的做法，建立一套比较完善的农业政策决策与执行机制。要建立必要而充分地制定政策程序，应该特别关注中间环节的讨论和协商，注意倾听农民意见，广泛征询各方看法，注重发挥农民合作经济组织在意见收集、沟通反馈、政策宣传、指导执行等方面的重要作用。有必要定期制定政策规划，提前研究今后一个时期农业农村发展形势与任务，提前谋划农业政策体系框架，实现政策的可预见性、系统性、协调性、稳定性，为政策有效执行打下基础。有必要进一步完善政策执行机制，在中央政府制定全国农业政策基本框架的基础上，明确划分各级政府在执行政策方面的具体职能，赋予地方政府特别是省级、县级政府更多的自主权，区分政策的性质类型，对某些政策允许地方结合实际在实施中有更多的选择权和灵活度，让政策实施更接地气。同时，鼓励地方政府在基本框架下出台更符合当地需求的政策。

2.4.4.3　加强相关基础性工作

欧盟 CAP 的实施是以非常扎实细致的基础性工作为支撑的。例如，信息平台比较完善，各方面信息互联共享，其中地块信息系统里面的平面图上，一棵树、一丛灌木、一个水塘、一片草地、一栋房屋等，都显示得清清楚楚，并及时更新；农场主申请补贴所填写的表格，内容详细到出乎意料的程度，数据库建设稳步推进。而且，为避免土地所有者不种地又领取补贴，保证补贴发给实际生产者，有的成员国制定了详细严格的法律。这些工作为政策的有效实施提供了保障。我国农业政策实施中面临的一个很大问题是基础数据不清晰，导致补贴依据的计算非常困难，核实数据的成本高得难以承受，如果简化处理又容易引发重重矛盾；同时，农民的土地承包权相对较强，而集体的土地所有权和土地转入方的土地经营权相对较弱，不利于优化配置土地资源和提高农业竞争力。因此，有必要将我国农业政策实施的基础性工作做得尽可能扎实。要切实做好农村土地承包经营权确权登记颁证工作，把土地权属彻底明晰并建图入库，建立一个互联互通的信息平台。要完善农村土地制度相关法律法规和政策，在"三权"分离基础上，以保护土地经营权、稳定农业生产能力为核心目标，细化"三权"权能，重点保护农业生产者利益，对承包权适当限制，维护土地经营权的稳定，抑制土地流转租金的随意过快上涨，将补贴尽可能向适度规模经营生产者倾斜。借鉴欧盟只补贴"活跃农民"的做法，设立相应的识别条件，对拥有土地承包权但不种地的农民不再给予有关补贴，引导其转让土地承包权。

2.5 英国农业支持政策

当前我国处于传统农业向现代农业转型的关键时期，绿色发展成为农业发展的主题，特别是"一带一路"倡议下，在坚持绿色发展的前提下，如何做好我国粮食安全和农产品有效供给，是我国农业发展面临的主要问题之一。英国作为起步较早的发达国家，已经整体实现农业现代化。该国长期以来秉承绿色发展理念，实施健全的政策支持体系，对我国促进现代农业发展具有重要的借鉴意义。学习了解英国推进农产品有效供给、促进现代农业绿色发展的举措，将会为我国"一带一路"背景下农业现代化政策的制定提供借鉴。2017年7月23日至8月11日，代表团赴英国执行循环农业综合利用技术培训任务。通过参观、走访、参加讲座、文献查阅等多种形式，对英国农业政策有了初步的了解，现总结分析如下，以期对我国农业支持政策的制定有所启示和借鉴。

2.5.1 英国农业支持政策现状及特点

2017年英国脱欧已经处于进行时，但仍处于欧盟国家的英国，在农业方面实施的仍旧是欧盟的共同农业政策（Common Agricultural Policy，简称CAP）。该政策实施以来对欧洲，对英国农业的发展发挥了重要作用，随着社会经济条件的变化，其目标在逐步改革调整之中。

2.5.1.1 农业管理实施大部制，资源整合力度强

英国农业管理部门全称是环境、食品与农村事务部（Department for Environment Food & Rural Affairs，简称DEFA），主要职责是保护自然生态，支持世界领先的食物和农业产业，促进农村经济可持续发展。其职责广泛，在公众日常生活中发挥着重要作用，从入口的食物，呼吸的空气到饮用的水都是其管辖范围。其目标是释放食物和农业、自然和乡村的经济潜力，保护环境，防范洪水、动植物病害及其他灾害。该部现有两千多名工作人员，包括政策制定者、科学家和研究人员，大部分人员工作地在伦敦，但是

也有在英格兰地区的约克、布里斯托尔及其他区域的。尽管，DEFA 仅直接在英格兰工作，但与威尔士、苏格兰和北爱尔兰的自治政府有紧密的工作联系，通常在和欧盟及国际谈判中发挥领导作用。

2.5.1.2 农业政策制定以人为本，注重引导

CAP 政策 1962 年颁布，是面向国内的农业政策，遵循以下三方面的原则：一是欧盟内部农产品实施共同价格，在统一的市场内自由流通；二是优先选择来自国内的农产品，而不是选择有进口关税的产品；三是通过共同的农业财政计划加强欧盟内部的金融一体化。

当前 CAP 政策制定的首要出发点就是在变动较大的市场条件下确保农民的合理收入，抓手是农民，农民作为政策惠及的主体，获得了稳定的收益，维持了农村的繁荣发展。欧盟国家共有 2 200 万农民和农业工人，是最大产业部门——农业食品产业部门的核心力量。依赖于农业的食品加工、食品零售和食品服务为社会提供了 4 400 多万个就业岗位。

CAP 包括两部分的资金来源，一是欧洲农业保证基金（European Agricultural Guarantee Fund，EAGF）主要支持对农民的直接支付以及对农产品市场的调控支持；二是欧盟农村发展基金，支持欧盟的农村发展计划（The European Agricultural Fund for Rural Development，EAFRD）。

欧盟各国政府根据 CAP 制定适合本国的政策。该政策以经营土地规模和农业结构对农民生产行为进行补贴。农民要想获得补贴就必须按照政策要求进行生产。欧盟的农民以直接补贴的形式得到补贴，每公顷平均补贴为 266 欧元（约 2 128 元人民币，每亩补贴折合人民币约为 141.9 元），该项补贴占到欧盟当前农业补贴的 72%。欧盟共同农业政策直接补贴包括一系列的政策，包括气候和环境友好型的农业实践绿色直接补贴，应对老龄化的年轻农民补贴；另外根据农户的申请要求，还有中小农户提升补贴、自然环境恶劣补贴、小农户补贴、纳入清单需要维持一定产量和生产水平的农产品补贴等。

2.5.1.3 CAP 在变迁中不断调整政策目标

根据政策目标 CAP 约可分为五个发展阶段：第一阶段 1962—1980 年，以提高生产力与农业所得为主要政策目标；第二阶段 1980—1990 年，以解决生产过剩问题及确保农民所得为改革目标；第三阶段 1990—2000 年，以应对 WTO 乌拉圭回合多边协议，开启农业补贴转型为直接给付的政策方

向；第四阶段 2000—2007 年，落实单一给付计划以确保农民稳定所得及强化农村发展为目标；第五阶段 2007—2013 年，以应对国际高粮价，结合 CAP 健康检查，释放欧盟农业产能，转向市场导向的共同农业政策为目标。

2.5.1.4　CAP 投入总额及占欧盟预算支出的比例呈下降趋势

CAP 实施以来，其支持目标变化的同时，占欧盟预算支出的比例在过去 25 年来大幅减少，从 1985 年的 73% 减少到 2015 年的 39%。尽管欧盟在不断地扩张，但是支出比例还是减少了。CAP 占欧盟支出份额趋势减少，主要是由于 CAP 的改革和其他欧盟政策支出份额的增加导致的。从图 2-5 中可以看到，从支出金额来看 CAP 最高值发生在 1997 年，2005 年和 2006 年也很大，按 2011 年不变价计算，接近 600 亿欧元。2012 年以后，减少到 500 亿欧元左右。

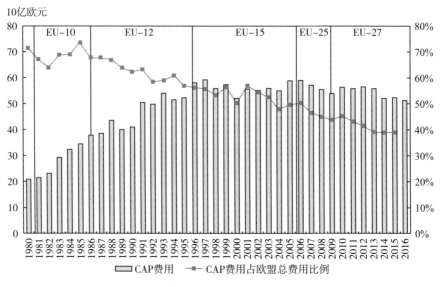

图 2-5　CAP 费用与欧盟总费用（2011 年不变价）

2.5.1.5　CAP 支出经历了价格补贴为主到与生产挂钩的直接补贴到现在不与生产挂钩的直接补贴为主的阶段发展

随着政策目标的调整，CAP 支出结构发生重大变化。在 20 世纪 80 年代，CAP 支出主要在于通过市场机制的价格支持政策（干预和出口补贴），在 80 年代末由于农产品过剩，比例大幅增加，由于 1992 年 CAP 改革，市场价格支持减少，由直接支付方式的生产者支持代替，同时增加了农村发展计划的支持。2000 世纪议程继续了改革的进程。农村被列为第二支柱。伴随 2003 年改革，大多数的直接补贴与当前的生产脱钩，补贴的依据是农民的历史收入。农村发展的支出继续增长。2008 年健康检查延续了 CAP 改革的路径，进一步减少了市场支持。CAP 支出数额稳定，尽管整体上 CAP 扩大了支出，但是占 GDP 的比例实际上是降低的，从 20 世纪 90 年代的 0.66％下降到 2016 年的 0.38％（图 2 - 6）。

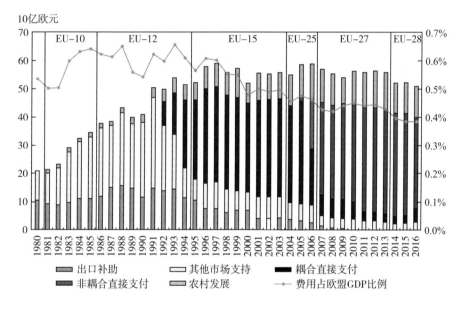

图 2 - 6　CAP 费用与 CAP 改革路径（2011 年不变价）

资料来源：CAP expenditure：European Commission，DG Agriculture and Rural Development (Financial Report)．GDP：Eurostat. Annual expenditure in 2011 constant prices by applying a 2% yearly constant deflator/inflator.

2.5.1.6　英国官方对 CAP 的立场

英国在"对共同农业政策的看法"（A Vision for the Common Agricultural Policy）列出它所希望看到的 CAP 在未来 10 到 15 年的改革和变化，认为 CAP 在目前的形式是无效率的，且越来越不适应全球化挑战的需求。英国要求将农业整合进入欧盟竞争政策和巨额减少第一支柱和市场干预的活动，并显著减少 CAP 预算。英国政府希望看到一个集中在第二支柱措施的 CAP，以维护环境与促进农村可持续发展为中心。由于英国大农场难以符合现行 CAP 的补贴标准，因此现行 CAP 在英国所发挥的效用有限，英国希望彻底改革 CAP，以大幅削减 CAP 的支出释放资金用于其他领域。而法国是 CAP 补贴的最大受益者，因此法国反对大幅削减 CAP 的支出。由于 CAP 的支出约占欧盟总支出的 40%，构成欧盟极大的经济负担，因此 CAP 未来"减轻监管负担的需求"已在欧盟形成共识。综言之，预期欧盟未来 CAP 的目标应是保证粮食生产、对自然资源进行可持续性管理、并维护农村地区的平衡发展与繁荣和保护生物多样性。CAP 中的两个支柱——直接补贴措施和农村发展措施将不会改变，惟未来对农民的直接补贴将不只是依循历史实绩的做法而会朝更客观与更公平的方向修正。

2.5.1.7 CAP 政策受到英国农民的支持，但是脱欧带来的不确定性让农民感觉到未来的艰辛

英国可利用农地面积为 1 736 万公顷，占国土面积的 71%。在英国直接从事农业的劳动力为 42.1 万人，农业与食品行业从业人员合计为 164.9 万人，占英国劳动力总数的 13.2%。2016 年，英国 CAP 补贴中直接补贴 39.73 亿欧元，直接补贴占 76.4%，支持占 2.2%，农村发展占 21.4%。这次代表团英国走访的四个农场，不管是仅有 50 公顷以培训为主的 Mash hill Farm 还是面积达到 1 500 公顷的 Gilston Estate 农场，都种植了四种以上的作物采用轮作，并在作物收获后种植绿肥作物保障农田的全年覆盖。据农场管理人员介绍，他们总收入的 20%～30% 来源于欧盟的农业补贴。农场每年大多可以保障 20% 左右的利润，但是他们也明确表示如果没有补贴的话，很难实现盈利。根据英国官方的农业统计，2016 年，英国减税后农民获得的农业直接补贴为 31.48 亿英镑，占当年农民 36.1 亿英镑收入的 87.2%。当前的农业补贴大多来源于欧盟，随着英国脱欧进程的推进，走访的四个农场及进行交流的农业专家，无不对脱欧后农业发展的前景感到担忧。农民担忧农产品生产是否可以盈利，特别是苏格兰地区农产品多为原粮或者加工层次较低，另外政府对农业的补贴存在争议，尽管英国政府也在极力宣传英国政府会为此买单，但是农民仍旧很担忧。农业专家担忧脱欧后，当前的合作研究可能会收到一定的影响。

2.5.2 英国农业支持政策对我国的启示

一是政府农业补贴要有强烈的引导性。英国农业发展从过去强调产量进

入到当前更加重视保护环境、人类健康和动物福利的发展阶段，欧盟共同农业政策为主导的农业支持政策框架体系发挥了决定性作用，该体系对农户的生产行为做出严格的规定，农民要想得到补贴必须遵循政府制定的规则。欧盟给予农民补贴的目的是让农民在市场价格变动中始终获得稳定安全的净收入，补贴金额并不与产出挂钩。农民得到补贴的前提条件是必须遵守人类健康、动物福利、植物健康和环境等方面的严格规定。所以，代表团走访的不同类型的四个家庭农场，每个农场在介绍农场产业发展的过程中都提到生态环境保护，每个农场都严格实施四种以上作物的轮作，保持土地的常年绿色覆盖，并种植缓冲带。这并不能表明农户本身有多高的环保意识，而是要获得补贴必需要遵守的规定。

二是政策框架设计要具备可操作性。该补贴政策具备详尽的操作办法，规定了农民的申请流程，如何种植管理等。每年农民和土地所有者，可以根据自身土地生产情况，到农业部网站注册，按照政策的要求，通过国家授权的机构获得直接补贴。在 CAP 财务管理的基本规则是欧盟负责 EAGF 和EAFRD 的管理。然而，欧盟本身通常不直接给受益人拨付款项。根据共同管理的原则，拨付款任务委托给各成员国，后者通过国家或者区域支付机构来完成该项任务。这些支付机构在从欧盟预算中申请任何支付之前，必须根据欧盟规定的一套标准进行认证。然而，支付机构不仅负责向受益人付款，在开展这项任务之前，他们必须自己或通过委托机构确保自身满足援助申请的资格。执行的确切检查要遵循不同部门的条例规定，不同部门的检查也存在差异。

三是农业支持政策争取打通终端市场。经济发展带来的环境问题，在农业领域重点表现为秸秆和农业废弃物的利用。我国秸秆和废弃物的利用长期以来一直是农业发展面临的严峻问题，虽然各级政府也在积极支持秸秆利用，但收集储存运输一直是限制企业能否盈利持续运营的重要因素。秸秆利用既要想着补企业，又要想着补储运，还要想着补农户，所以很难实现市场化运营。而在英国，秸秆发电作为绿色能源是电厂生产运行必需的前置条件，所以秸秆发电是可以实现盈利的。因此不存在我们提到的收储运问题，电厂可以按照市场价格收购秸秆，虽然近年来秸秆价格变化较大，但是企业仍旧是可以实现盈利的。

2.5.3　借鉴英国农业支持政策的若干建议

一是进一步明确农业的管理部门，改变当前推诿扯皮、相互掣肘的管理模式。农业农村部是我国农业的行政管理部门，但其实质只是管理农业的生产过程。从宏观方面看，农业规划计划归口发改委，大的农业投资项目更是多由发改委直接管辖，也有大量的农业项目资金由财政部直接管理和实施。从生产资料方面看，农业生产的土地归国土资源部管辖，大型水利设施归水利部，农产品加工为食品归食品卫生管理局管辖。农业农村部实质的定位就是农业生产部。而英国农业管理部门上管空气，下管水，中间管农地，农业及农产品都在其管辖范围。

二是我国农业政策制定从以粮食安全为主导和重视产业忽视人的作用，调整为以确保农民合理收入为主要出发点，结合我国大国地位的实际，在绿色发展前提下保障口粮安全和主要农产品有效供给。我国当前的农业政策由确保产量到产量质量并重，一直到当前强调绿色发展，没有一项不是在强调产业的发展，而一直以来缺少对产业从业人员的足够重视。建议我国借鉴欧盟共同农业政策的制定目标，根据当前我国发展阶段，将我国农业政策的支持目标调整为以确保农业从业人员在市场变动下保障合理的收入。

三是政策的制定必须具备可操作性的细则。我国农业政策有国务院及各部委制定的国家级的规划和支持政策，也有部门规章，地方的相关支持政策，但是大多强调管理部门的调控作用，而对农业从业人员如何落实国家的政策缺乏落地的操作。据不完全统计，2016—2017年各部委颁布的关于农业的政策规划超过100项，但是很多难以落地。建议在国家层面借鉴欧盟的做法，进一步提高政策的可操作性。

四是政策支持生产的产品要纳入政府支持重点。秸秆及畜禽粪便等废弃物的利用，各级政府的支持很多，但是由于秸秆利用不赚钱，畜禽粪便没有形成产业，因此严重限制了其消纳和处理，对环境造成了很大的压力。因此，建议国家在制定类似政策时，更多的要考虑产品是否有市场，秸秆绿色发电、废弃物处理等必须纳入发电厂和养殖场的前置条件，作为绿色发展政策的重点产品。

2.6　日本农业补贴政策

日本是世界上主要的农产品进口国之一。进入 21 世纪以来，日本的农业同样面临诸多挑战，由于日本的地理和地形限制，能够用于耕作的土地仅有 480 万公顷，户均占有的土地面积也较小，仅为 1.5 公顷；不仅如此，农业人口减少、农业劳动力高龄化等问题也困扰着日本。为了保护本国农业，日本采取了高补贴、高保护的农业政策。但是这种高补贴、高保护的政策很有可能导致了目前日本农业竞争力低下，农业设备不够先进等状况（OECD，2009）[①]。

近年来，日本政府逐渐将农业政策的重心向提高农业竞争力方向转移，通过一些向大农户的直接补贴、改革土地制度等方式来提高农户规模。

尽管日本的农业仍然以小规模的农户居多，但是通过 50 年的发展与改革，逐步从战后的落后居民走向了现代化，本章主要介绍日本农业政策的变迁，日本的农业补贴概况，着重介绍大米的一些保护与补贴政策，并对日本农业政策的效果进行评估，日本的农业补贴政策经历了几十年的变化，这其中既有值得我们学习的经验，也有值得我们借鉴的教训。

2.6.1　日本农业政策的变迁

日本的农业政策大体上可以分为三个阶段：

战后到 1960 年左右。这一时期，日本面临战后粮食严重不足的困境，主要的政策目标是提高粮食产量，主要实施的是粮食增产奖励政策、分配种植面积和粮食供给量。

1961 年到 1999 年左右。进入 20 世纪 60 年代之后，粮食不足得到缓解，农工收入差距扩大、消费者消费偏好发生变化、贸易自由化压力逐渐加大。这一时期的政策目标从粮食增产向缩小城乡收入差距、发展农业转变。主要是扩大有选择性的农作物生产，如畜产品、果蔬等，提高农业生产率，

---

　① OECD. Evaluation of Agricultural Policy Reforms in Japan 2009 ［EB/OL］．［2015 - 08 - 01］．http：// www. oecd. org/japan/42791674. pdf.

通过价格和流通政策稳定农产品价格，确保农户所得，并通过结构政策扩大农业经营规模和现代化程度。《农业基本法》在这一时期建立，并制定了一系列相关法律，保护农业生产。

1999年至今。经历了几十年的发展和变革，日本农业在20世纪末已经基本实现现代化，但是食物自给率下降，耕地面积减少，农业从业人口高龄化，国际贸易自由化压力日益增大，对日本农业又提出了新的课题。这一时期的日本农业政策的核心从"农业"向"食品"转移。1999年日本制定了新的农业基本法，即《食物、农业、农村基本法》，主要政策目标是稳定粮食供给、充分发挥农业农村的多功能性、确保农业的可持续发展，并在2005年颁布《食物、农业、农村基本计划》等政策。

2.6.2　日本农业补贴概况

按照OECD对农业支持政策评估，一国的农业补贴分为三大类：按照对生产者支持（PSE）的补贴、对消费者支持（CSE）的补贴和对一般服务支持（GSSE）的补贴进行分类。由于日本的消费者支持（CSE）政策的评估值一直是负值，因此日本的农业补贴只包括PSE补贴和GSSE补贴两类，具体见图2-7。

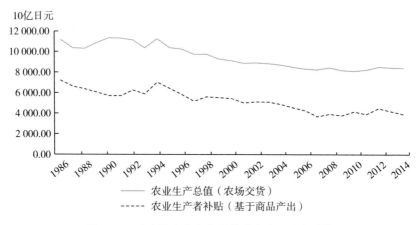

图2-7　日本的农业生产者补贴和农业生产总值
资料来源：OECD PSE数据库。

尽管近年来，日本农业生产者支持的金额有所下降，但是这一支持在OECD国家中，是单一国家中最高的，具体见图2-8。

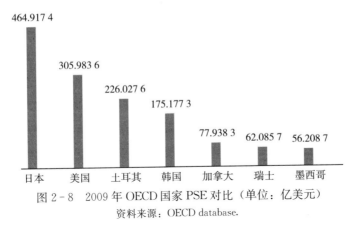

图 2-8 2009 年 OECD 国家 PSE 对比（单位：亿美元）

资料来源：OECD database.

不仅在支持金额上日本在 OECD 国家中排在前列，对生产者支持的补贴占农业总收入的比例（PSE%）日本也都远远高于其他主要国家，仅仅低于挪威、瑞士等欧洲国家，具体见表 2-23。

表 2-23　主要 OECD 国家的 PSE%

单位：%

	2003 年	2005 年	2007 年	2009 年
日本	57.46	53.85	46.44	47.80
欧盟	33.56	30.41	24.07	23.53
OECD	29.21	27.75	22.00	22.38
美国	15.04	15.26	10.02	9.78

资料来源：OECD 数据库，Producer Support Estimate and Related Indicators by Country 2010。

虽然 2003—2009 年日本对生产者支持的补贴占农业收入比例（PSE%）有所降低，与欧盟、美国和 OECD 国家相比，补贴水平还很高。与此同时，日本对一般性服务支持的补贴比例（GSSE 占 TSE 的比例）虽有所提高，仍然低于美国和 OECD 国家。2005—2009 年日本对一般性服务支持的补贴比例为 18.2%，均低于美国的 40.6% 和 OECD 国家平均数 20.6%。

日本非常重视对国内农业生产的支持和保护，为农业生产提供了大量补贴，据统计，日本设立的农业补贴高达约 470 种，日本农业因此被称为"宠坏了的日本农业"[①]。日本农业补贴涵盖了农田保护、灾害防治、基础水利、

---

① 新华网日本频道. 日本如何优化农业补贴：470 种补贴无微不至 [EB/OL]. （2015-04-06）[2015-04-06]. http://world.people.com.cn/n/2015/0407/c157278-26804295.html.

森林病虫害防治等各个方面，包括对机械、设施等硬件补贴，也包括对协议会、推进会、调查项目和实证项目等软件补贴。

日本的补贴有许多种方式，所用名称不同，用途也有所不同，其中"补助金"是对国家指定事务或事业的支付，具有奖励或促成性的支付金，例如农用道路建设补助金等；"负担金"是指国家对一定的义务或事业而承担的义务性支付，在法律上明确指定由国家负担的支付金，例如义务教育费国库负担金等；"交付金"是具有特定目的的支付金，国家的义务负担部分较多，其中也有促成性的部分，例如大豆交付金，最近骤增的产地建设交付金等；"补给金"是在一定的经费出现不足时，对不足部分的支付金，例如对农业现代化资金利息的补贴等；"助成金"是对特定的事项，为帮助达成目的而支付的经费，例如农业研究机构的研究经费补贴等。

日本政府早期的农业政策是从增加农产品产量逐步向稳定农业生产经营发展，从 20 世纪 90 年代后期开始，引入以产品为基础的收入稳定政策，这一政策是根据早先用于蔬菜水果的收入稳定政策演变而来的。当市场价格低于滑动历史平均价格的时候，这一政策将用于补偿农民因此产生的损失。目前这一政策适用于大米、大豆、牛奶、蔬菜、水果以及其他农产品[①]。此外，包括大米在内的许多农作物和畜产品都得到了由日本政府提供的保险补贴支持。当农民遇到风险，种植收获受到影响，养殖遇到疫病打击，都会获得保险赔偿。政府不仅提供保费补贴，还在地方保险基金无法承担赔偿的时候提供再保险。

除了农业支持政策之外，日本还通过关税配额制度保护其国内敏感脆弱的产品，如大米及米粉制品、小麦及面粉、乳制品和糖类，日本仅允许很小的配额进口以上几种产品，在配额内的关税较低，一旦超出配额，日本政府设置了极高关税，以抑制相关产品的进口。

2.6.3　主要的大米政策

众所周知，日本最主要的农产品是大米，多数政策也都是以保护本国的

---

① 王永春，王秀东．日本的农业补贴——水稻 [J]．世界农业，2009（12）：27 - 29．

水稻种植、生产而制定的。日本的农业补贴项目主要分为以下几个方面：生产者配额、收入稳定政策、水稻种植引导政策、农业保险补贴以及其他。除了生产者配额是为牛奶生产专门制定的以外，其他政策都与水稻的种植息息相关。

水稻的生产得到日本政府最大程度的支持与保护，在过去的 50 年里，日本政府通过其补贴与保护政策严格控制大米的产量、产地以及流通。基于食品管理法（Food Control Law，FCL），日本的大米市场流通管理制度包含了包括市场准入、贸易流通、价格稳定等在内的方方面面的政策。该制度规定大米的生产者只能将所产大米根据大米预计成本按照设定价格卖给国家。最初大约在 20 世纪 60 年代，政府部门在估测生产成本中的劳动力成本时，是按照非农工资来进行核算的，随着非农行业的快速发展，工资水平不断上涨导致了大米的生产价格快速上涨。而与此同时，大米的消费者价格又远低于这一生产者价格，于是日本政府不得不通过大量补贴来平衡两者之间的价格差，这无疑加重了政府负担。

为了避免大米生产过剩情况的出现，日本政府还出台了一套水稻生产引导政策（Rice Diversion Program），在这一计划中，政府将农户的土地从种植大米转变为其他作物，并对这些转换的土地进行分配，政府再根据这些转变种植用途的土地对农户进行补贴。即为了让农民不种植过多的水稻，从而种植其他作物而支付的补贴。其中的水稻生产引导补贴会根据农民的耕地不同和所选择替代水稻的作物补贴而发放不同程度的补贴。不仅如此，即便当农民种植水稻之后，所种的水稻并不作为直接食用的大米出售，而是用来做肥料、饲料或者工业，同样可以获得这份水稻生产引导补贴。日本政府通过控制种植水稻的面积从而控制大米的产量。

2.6.4　当前日本农业补贴政策情况

日本的农业是以高成本、高补贴闻名的，日本政府对于农业的投入也是十分巨大的。新时期日本的农业支持补贴政策也与早先略有不同，近年来日本的农业政策通常以稳定农业经营生产、提高农业与农村地区活力为主要计划，以提高农业产业化程度、提高农业从业者收入以及提高本国的食物自给率为主要目标开展的，其投入十分可观。以 2015 年日本农林水产省的预算为例，当年预算预计达到 2 兆 3 090 亿日元，折合人民币 1 152 亿元。

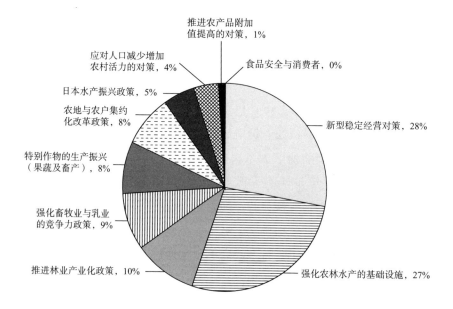

图 2-9　2015 年日本农林水产省预算走向

资料来源：日本农林水产省平成 27 年（2015 年）预算概要 . http：// www. maff. go. jp/j/budget/index. html.

占比最高的新型稳定经营对策是主要针对大田作物的补贴（图 2-9）。其中用于旱田的补贴为 2 072 亿日元，而水田作物的直接补贴则高达 2 770 亿日元（主要指水稻）。此外针对大米的直接补贴为 760 亿日元。应对种粮农户的收入应对政策补贴为 802 亿日元，另有 385 亿日元用于应对日元贬值可能对农户收入产生的影响和 5 亿日元用于农户收入保险方面。

2.6.5　日本农业补贴政策的效果变化与评价

在以后的半个世纪中，随着日本经济的发展，二三产业日益强大，日本政府更加重视对农业的补贴和支持政策，使得日本的农业结构、农民收入、农产品贸易、食品自给率等都发生了很大变化。

从农户类型的变化看，专业农户所占的比例越来越小，兼业农户越来越多。其中，兼业农户包括第一种兼业农户和第二种兼业农户两种。第一种兼业农户是指以农业收入为主，非农业收入为辅的农户；第二种兼业农户是指以非农业收入为主，农业收入为辅的农户。

表 2-24 显示了日本专业农户向兼业农户演变的过程。1955 年专业农户还占日本农户总数的 1/3 以上，2005 年专业农户就已经减少到农户总数的 1/4 以下。在兼业农户中，大多数人的收入以非农业收入为主。第二种兼业农户占总农户数的比例由 1955 年的 27.5% 增加到了 2005 年的 61.7%。

表 2-24　日本农户数量变化情况

单位：万户、%

年份	农户（含兼业）	专业农户	专业农户所占比重	年份	农户（含兼业）	专业农户	专业农户所占比重
1960	606.7	207.8	34.25	2002	302.8	43.9	14.50
1965	566.5	121.9	21.52	2003	298.1	44.3	14.86
1970	534.2	83.1	15.56	2004	293.4	44.1	15.03
1975	495.3	61.6	12.44	2005	284.8	44.3	15.55
1980	466.1	62.3	13.37	2010	252.8	45.1	17.84
1985	437.6	62.6	14.31	2011	156.1	43.9	28.12
1990	383.5	47.3	12.33	2012	150.4	42.3	28.13
1995	344.4	42.8	12.43	2013	145.5	41.5	28.52
2000	312	42.6	13.65	2014	141.1	40.6	28.77

资料来源：日本农林水产省统计局。

尽管农业从业人口和农户数量都在减少，但是每户的规模却在日益扩大，种植业尤其以北海道地区的规模扩张更快。除了受到严格保护的大米之外，日本的畜产品的生产规模扩张速度也十分迅速，具体见表 2-25。

表 2-25　日本农户的规模变化

	1965 年	1975 年	1985 年	1995 年	2005 年	2014 年
地区						
北海道（公顷/户）	4.09	6.76	9.28	12.64	16.45	21.06
北海道以外地区（公顷/户）	0.79	0.8	0.83	0.92	0.95	1.32

（续）

	1965 年	1975 年	1985 年	1995 年	2005 年	2014 年
农产品						
大米（公顷/户）	0.58	0.60	0.61	0.85	0.96	1.12
奶牛（头/户）	3.4	11.2	25.6	44	59.7	71.4
肉牛（头/户）	1.3	3.9	8.7	17.5	30.7	42.9
生猪（头/户）	5.7	334.4	129	545.2	1 233.3	1 872.3

资料来源：日本农林水产省数据库。

对于日本农业补贴政策的评价主要来自各国学者特别是日本本国学者的文献评价，还有来自国际组织的政策评估，且对日本所实施的农业补贴政策也褒贬不一。日本的主要农业政策通过高关税、高补贴来保护本国农业生产。

二战后，通过几十年不断变革的补贴保护政策，日本的农业不断从传统模式向现代模式转型（OECD，2009）[1]；农业从事人口逐年下降，农户的规模正在不断扩大；农户的户数在逐年下降，专业农户相对保持稳定，农业专业化分工更为明确；而且通过各种补贴和保护政策，农户的收入也较为稳定，与城市居民的收入相当。

尽管日本的农业补贴政策为日本农业现代化实现提供了巨大帮助，但是高补贴与高保护的农业补贴政策并不能完全解决日本农业所面临的危机，甚至有学者评价日本的大米的保护政策形同虚设（Takahashi 2009[2]，Takahashi 2012[3]），这种高补贴、高保护的政策同时也造就了日本国内农产品的高价格。这种农业保护集中在大米、小麦和牛奶这三种农产品上，以至于日本本国的农产品价格可能是国际市场价格的 6 倍甚至更高。

尽管日本采取了高补贴的保护政策，令日本的农业一定程度上实现了现

---

① OECD. Evaluation of Agricultural Policy Reforms in Japan 2009 [EB/OL]. [2015 - 08 - 01]. http：//www. oecd. org/japan/42791674. pdf.

② Daisuke Takahashi. Evaluation of the Japanese Rice Policy Reforms under the WTO Agreement on Agriculture. 2009. Paper presented at the 27th International Association of Agricultural Economists Conference Beijing, China.

③ Daisuke Takahashi. The Ditributional Effect of the Rice Policy in Japan，1986—2010 [J]. Food policy，2012（37）：679 - 689.

代化，但是不能改变日本食物自给率不断下降的现状。日本热量基础的食物自给率在 1961 年还高达 78%，到了 1995 年就已经降低到 43%，并在此后的 20 年间始终保持在 40% 左右。而其中除了家庭主食用大米的自给率可以达到 100% 以外，小麦、大豆等谷物的自给率甚至仅在 10% 左右，具体见表 2-26。

表 2-26　日本主要食物自给率的变化

单位：%

		1995 年	2005 年	2006 年	2007 年	2008 年	2009 年	2010 年	2011 年	2012 年	2013 年
分品种自给率	大米	104	95	94	94	95	95	97	96	96	96
	家用主食用大米	100	100	100	100	100	100	100	100	100	100
	小麦	7	14	13	14	14	11	9	11	12	12
	豆类	5	7	7	7	9	8	8	9	10	9
	大豆	2	5	5	5	6	6	6	7	8	7
	蔬菜	85	79	79	81	82	83	81	79	78	79
	水果	49	41	38	40	41	42	38	38	38	39
	肉类（不含鲸鱼肉）	57	54	56	56	56	57	56	54	55	55
	鸡蛋	96	94	95	96	96	96	96	95	95	95
	牛奶及乳制品	72	68	67	66	70	71	67	65	65	64
主食用谷物自给率		65	61	60	60	61	58	59	59	59	59
热量供应自给率		43	40	39	40	41	40	39	39	39	39
生产额供应自给率		74	69	68	66	65	70	69	67	67	65

资料来源：日本农林水产省数据库。

2.7　发达国家农业政策演变

2.7.1　农业支持政策的转型

发达国家都是对农业高补贴的国家，其中日本和欧盟的补贴力度更大，但各国的支持政策都逐渐减少对农产品价格的直接干预，减少价格支持政策，向提升本国农产品竞争力的政策目标转变。且发达国家的农业补贴政策是有立法依据的，根据当时的整体环境不断修正相关的农业法律，具体见表 2-27。

表 2 - 27　发达国家农业支持政策演变的时间划分

美国农业支持政策	紧急价格支持政策（1929—1948 年）	价格支持与保护形成制度化（1945—1996 年）	从价格支持向直接补贴、风险管理转变（1986—2015 年）
日本农业支持政策	粮食增产奖励政策、分配种植面积（1945—1960 年）	经济高速发展阶段价格和流通政策稳定农产品价格（1961—1999 年）	经济衰退期逐步减少价格直接干预，谨慎改变对大米的政策（1999 年至今）
欧盟农业支持政策	实现农产品供给充裕价格干预政策（1962—1992 年）	第一轮 CAP 改革降低农产品价格支持（1992—2002 年）	新一轮 CAP 改革：减少和废除部分产品的价格干预和生产配额注重农村发展（2003 年至今）

资料来源：由笔者整理而成。

以美国为例，美国是世界上农业补贴政策体系最完善的国家之一，美国农业补贴的长期目标是稳定和提高美国农民收入、平衡农产品市场供求、稳定农产品价格、保持美国农业可持续发展、保护环境、不断提高美国农产品的国际竞争力。

2.7.2　农业贸易政策的转型

贸易自由化的大趋势不会改变，各国的贸易政策越来越多地受到 WTO 等贸易协定的约束。

美国是世界上主要的农产品出口国，其主要的贸易政策的目标是遏制海外农产品进口、保护国内农产品市场的同时开拓海外市场。美国采取的贸易政策，一方面是遏制进口。由于美国是世界上关税税率最低的国家之一，美国主要采用的控制进口的补贴措施是反倾销手段来抵抗来自其他国家的产品冲击。另一方面，美国采用 WTO 中的 AOA 引入临时关税，采用非关税壁垒手段来抑制进口。美国历次农业法案的变化均与其对外拓展农产品市场的国际竞争战略变化相挂钩，其法案中项目虽然繁杂，但本质都是为了解决美国农产品相对过剩问题。日本是世界上最大的农产品进口国之一，其贸易政策的变化与日本的贸易谈判同步。1993 年底，乌拉圭回合农业谈判在市场准入、出口补贴和国内支持等三个领域的农产品政策上达成框架协议，并计划在 1995—2009 年期间予以实施。新一轮的多哈回合谈判除了围绕市场准入、出口补贴和国内支持等方面政策进行减让之外，还将有关"非贸易关注"等事项列入了议题。随着日本加入 TPP，日本国内的贸易保护政策正在逐渐减让，正在逐渐取消一些应对贸易带来冲击的价格保护措施。

2.7.3　环境保护政策的转型

无论是美国、日本、英国都意识到农业可能带来的环境污染问题，也意识到农业可以成为开展环境保护的重要抓手。

为解决在农业生产活动中造成的环境污染问题，美国政府采取了各种政策措施，希望通过发展绿色农业来改善农业污染问题。主要采取了绿色农业补贴政策、杀虫剂规制政策、资源保护政策和环境立法政策。

在这一方面，日本与英国有着类似经历。二者前期政策都是为了追求粮食及相关农产品增产，体现出较为严重的农业生产主义。在意识到农业对生态环境的负面影响后，从 20 世纪 70 年代开始，循环型农业开始在日本崭露头角。英国也是在认识到环境问题后，加强了对秸秆等农作物废弃物的资源化利用。

2.7.4　发达国家对中国农业政策转变的启示

无论是美国、日本还是英国，其农业各方面的政策①经历了漫长复杂的过程，从 20 世纪 30 年代的罗斯福新政到二战结束后再到进入 21 世纪的今天，近 90 年间，农业支持政策随着其不同时期的农业目标也在不断调整，其农业政策的具体措施是根据各国的实际情况而开展的，并不一定适用于我国的具体情况，但是其设定政策的方式和方向，值得我们借鉴和研究。

第一，政策目标明确。美国、英国和日本农业补贴支持政策是在不断调整中发展和完善起来的。如美国，自 1933 年美国国会通过《1933 年农业调整法》，几乎每隔几年就修订旧法案出台新法案，先后通过 10 部农业法案。这些法案基本上都是围绕着对经营主体、农业环境、产品供给的保护与扶持展开的。这些法案依据美国现有财力进行修订和完善，中和民主党和共和党两方的利益，与美国的农业发展现状和美国财政现状相符。再如

---

①　包括保护政策、贸易政策、环境政策、食品安全政策等各方面政策。

日本，在不同时期，农业政策的目标不尽相同，但是每一个时期都有一个明确的目标，或者是提高粮食产量或者是稳定农民收入。当前，中国应将农民收入和粮食安全作为今后一段时间农业补贴的双重政策目标，毫不动摇予以坚持。

第二，政策要有前瞻性和引导性。当前，从世界范围看，各国逐渐感受到农业农村现代化过程中的巨大环境压力，农业补贴正从政府干预市场向"政府引导＋市场配置资源"转变，从价格补贴向生产能力提升、产品质量保障和绿色生态转变，我国应及早转变政策的重心。

第3章 我国农业补贴政策体系及现状研究

党的十八大和党的十九大都明确提出，促进工业化、信息化、城镇化、农业现代化同步发展。党的十九大进一步强调，把解决好三农问题作为全党工作重中之重，坚持农业农村优先发展。而当前在我国，农业发展速度远远落后于以工业为中心的现代产业生产率的提高，农业总体呈现落后趋势。鉴于农业的"弱质性"，加大对农业的支持力度是当前及今后的基本趋向。在工业化快速发展、城镇化进程加快的形势下，农村劳动力转移、农村土地规模经营是必然趋势，培育新型农业经营主体，确保有人种地，提高劳动生产率是基本要求，优化新增农业补贴方式，向适度规模经营主体倾斜是政策方向。在此背景下，本章对我国农业支持保护政策体系、中央农业补贴资金变化情况，以及地方落实补贴政策情况做了相关介绍和分析，归纳总结了在当前土地规模经营趋势下我国农业补贴政策面临的主要问题。

3.1 我国农业补贴政策体系

从20世纪80年代开始，经过30多年的探索与实践，我国逐步建立起资金投入、生产补贴、价格支持等为主要内容的农业补贴政策体系（表3-1）。特别是2004年以来，党中央、国务院坚持工业反哺农业、城市支持农村和"多予、少取、放活"方针，出台了一系列强农惠农富农政策措施，有效促进了粮食生产总量实现历史性的"十二连增"（2004—2015年），2015—2019年连续 5 年稳定在 13 000 亿斤 * 以上水平，稳定了农业经营收益。

表 3-1 我国农业补贴政策框架（非穷尽列举）

支持方式		补贴政策	WTO 分类
价格支持		最低收购价政策	
		临时收储政策	
对生产者的 直接支付	挂钩补贴	农产品目标价格政策	"黄箱"
		种粮直补政策	
		农资综合补贴政策	
		良种补贴政策	
		农机购置补贴政策	
		农业支持保护补贴（粮食适度规模经营）	
	脱钩补贴	农业支持保护补贴（耕地地力保护）	
		农业保险支持政策	
一般服务支持		农业综合开发项目①	"绿箱"
		农业基础设施建设②	
		农技推广体系建设③	
		动植物疫情防控体系建设④	
		粮食安全储备支出⑤	
		种子工程⑥	
		劳动力转移培训阳光工程⑦	
		新型职业农民培育工程	
		农业防灾减灾稳产增产关键技术补助政策	
		测土配方施肥补助政策	
		耕地保护与质量提升补助政策	

资料来源：笔者根据《2015 年国家深化农村改革、发展现代农业、促进农民增收政策措施》分类整理。其中，①～⑦来源：程国强. 中国农业补贴：制度设计与政策选择 [M]. 北京：中国发展出版社，2011：60.

注：表中现有农业补贴政策措施系非穷尽列举。

3.1.1 资金投入

1978 年十一届三中全会以后，农村改革推动农村经济快速发展，并带

---

* 1 斤＝500 克。

动和促进中国经济体制改革全面展开，这对中国经济高速增长提供了有力支持。从 20 世纪 90 年代开始，国家财力逐渐增强，国家出台多项政策文件，要求加大对农业的投入。1993 年《农业法》将"国家农业投入"专门列为单独一章，明确规定"国家财政每年对农业总投入的增长幅度应当高于国家财政经常性收入的增长幅度"。21 世纪以来，在"多予少取"方针指导下，国家用于三农的支出不断增加。党的十八大、十九大以来，三农成为国家投资优先安排的重点领域，相关投入支持保护的方式得到不断优化。

1979—1985 年，国家财政用于农业的支出曾出现比重下降的态势，但从 1986 年开始，国家积极调整农业投入政策，如规定农业投入比重和增长幅度、建立农业发展专项基金等，使得国家财政用于农业的支出呈现回升态势。1998 年，亚洲金融危机爆发，国家实施积极的财政政策，并以此为契机出台一系列强农惠农政策。当年国家增发 1 000 亿元国债，其中"安排水利建设 270 亿元，加上原有中央预算内投资，水利建设年度投资达到 350 亿元"[1]。水利建设投资对于改善农业生产条件，提高农业抵御自然风险能力发挥了重要作用。此后，国家用于农业的支出持续增加。

进入 21 世纪以来，三农问题作为全党工作重中之重的共识形成，在党中央重农思想和强农政策的号召与指引下，农业支出不断增加，面向三农的投入力度不断加大。2006 年，在我国具有长达 2600 年历史的农业税全面取消。各类农业支持保护政策不断出台并日益完善，覆盖了小麦、玉米、水稻、大豆、棉花等重要农产品，刺激粮食生产连年丰收、农民收入连年增长。党的十八大之后，国家用于农业的支出稳定增加。"十二五"期间，国家相继启动全国新增 1 000 亿斤粮食生产能力建设规划、全国牛羊肉生产发展规划、糖料蔗主产区生产发展规划等重大建设规划，继续支持生猪、奶牛等畜牧业规模化养殖场建设，累计中央预算内农业投资超过 1 400 亿元。根据国家发改委公开的统计资料，中央预算内投资资金规模于 2012 年进入 4 000 亿～5 000 亿元区间，其中 2012 年为 4 026 亿元、2013 年为 4 376 亿元、2014 年为 4 576 亿元、2015 年为 4 776 亿元，与 2010 年的 3 926 亿元、

① 方言，等.完善农业支持保护政策体系研究［M］//陈锡文，韩俊.中国农业供给侧改革研究.北京：清华大学出版社，2017：50.

2011 年的 3 826 亿元相比，呈现出只增不减、连续增长的特点。其中，2011—2015 年，用于农业农村建设的资金比重连续五年超过 50%（图 3-1）。根据国家统计局公开数据，2012 年农林水事务支出跨过 1 万亿元门槛，其中 2012 年为 11 973.88 亿元、2013 年为 13 349.55 亿元、2014 年为 14 173.80 亿元、2015 年为 17 380.49 亿元、2016 年为 18 587.40 亿元、2017 年为 19 088.99 亿元、2018 年为 21 085.59 亿元，相关支出稳定在国家财政支出的 10% 水平。

2017 年党的十九大提出实施乡村振兴战略以来，三农成为中央预算内投资优先安排的重点领域。针对乡村振兴战略实施，国家发改委、农业农村部、财政部等部委接连出台指导性支持政策，将公共财政向三农领域进一步倾斜。这也从 2018 年农林水事务支出跨过 2 万亿元门槛这一事实得到印证。其中，根据国家发改委对外公布的消息，2018 年的全部中央预算内投资达 5 376 亿元，三农是七大集中支持建设领域之一。

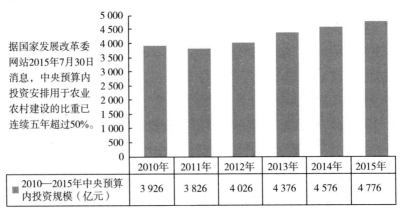

据国家发展改革委网站 2015 年 7 月 30 日消息，中央预算内投资安排用于农业农村建设的比重已连续五年超过 50%。

	2010年	2011年	2012年	2013年	2014年	2015年
2010—2015 年中央预算内投资规模（亿元）	3 926	3 826	4 026	4 376	4 576	4 776

图 3-1　2010—2015 年中央预算内投资规模

3.1.2　生产补贴

我国农业补贴政策大体经历三个阶段："工业化起步阶段的农业负保护政策；工业化进入快速发展时期的农业取予平衡政策；工业化中期阶段农业政策的全面转型"①。20 世纪 50 年代到 90 年代，国家基本政策取向是农业

---

① 朱满德，程国强．农业补贴的制度变迁与政策匹配 [J]．重庆社会科学，2011（9）：12-17．

支持工业、农村支持城市；20 世纪 90 年代开始，农业政策逐步向支持、补贴转型。21 世纪以来，我国进入了以工促农、以城带乡的发展阶段。我国的农业生产性补贴从 2004 年在全国范围推开，形成以种粮直补、农资综合补贴、良种补贴、农机具购置补贴（统称"四补贴"）为基础，以农业保险保费补贴、农业重点生产环节补贴、防灾减灾稳产增产重大关键技术补助等为补充的基本制度框架[①]。

3.1.2.1　农业"四补贴"

种粮直补。2004 年起，粮食直补在全国范围推开。据统计，2005—2015 年，中央财政共拨付种粮直补资金 1 661.50 亿元，年均 151.05 亿元；其中 2015 年拨付 140.50 亿元，比上年减少 10.50 亿元。

农资综合补贴。2006 年，国家要求对农民购买化肥、柴油、种子、农机等农业生产资料实行直接补贴。据统计，2005—2015 年，中央财政共拨付农资综合补贴资金 7 742 亿元，年均 703.82 亿元；其中 2015 年拨付 1 071 亿元，与上年持平。

良种补贴。2005 年，国家出台良种补贴，对农民选用优质农作物品种给予扶持，品种涉及小麦、玉米、棉花、花生，目的是鼓励农民使用作物良种，提高良种覆盖率。2006 年起，按实际播种面积给予补贴。据统计，2005—2015 年，中央财政共拨付良种补贴资金 1 760.72 亿元，年均 160.07 亿元；从 2014 年起，良种补贴资金开始下降，当年补贴金额 214.45 亿元，比上年减少 11.55 亿元，2015 年继续减少，当年补贴金额 203.50 亿元，比上年减少 10.95 亿元。

农机具购置补贴。2004 年，中央启动实施了农机具购置补贴。经过多年发展，该项补贴资金规模日益增大，补贴范围覆盖全国所有农牧业县（场），补贴对象为从事农业生产的个人和农业生产经营组织，截至 2018 年，补贴机具种类涵盖 15 大类 42 个小类 137 个品目。2019 年，国家又将畜禽粪污资源化利用机具品目列入补贴范围。据统计，2005—2015 年，中央财政共拨付农机具购置补贴资金 1 436.58 亿元，年均 130.60 亿元；其中 2015 年拨付 237.55 亿元，与上年持平。

---

① 张祚本，韩洁. 用农业补贴助力土地适度规模经营 [J]. 农村工作通讯，2015 (11)：33 - 34.

自 2004 年农业补贴在全国范围推开至 2015 年农业支持保护补贴政策实施，我国农业"四补贴"资金总体上呈增加趋势，由 2005 年的 173.70 亿元增至 2015 年的 1 652.55 亿元。其中，农资综合补贴变动幅度最大，主要经历了 2005—2007 年、2007—2008 年、2010—2012 年三个较为快速的增长阶段。在第一阶段，从 2005 年投入 0 亿元快速增加至 2007 年投入 276 亿元；在第二阶段，从 2007 年的 276 亿元增至 2008 年的 716 亿元；在第三阶段，从 2010 年的 716 亿元增至 2012 年的 1 078 亿元（图 3-2 和表 3-2）。

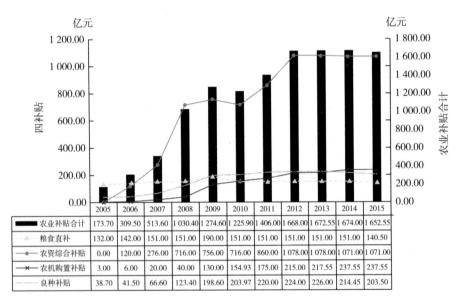

图 3-2　2005—2015 年农业"四补贴"总量变动情况
资料来源：根据农业农村部、财政部、国家发改委等相关信息收集整理的数据作图。

从新增农业补贴情况看，农业"四补贴"总量持续增加，但增幅于 2008 年达到最高值后开始回落；粮食直补从 2010 年以后不再增加，2015 年比上年回落 10.50 亿元；农资综合补贴是新增农业补贴的主要构成部分，特别是在 2008 年，新增农资综合补贴达到 440 亿元，占当年新增农业补贴的 85%，2008 年以后，新增农资综合补贴呈波动式下降趋势；农机购置补贴和良种补贴在 2009 年是新增农业补贴的主要构成部分，分别占到 36.86% 和 30.79%，2009 年以后也呈现出波动式下降趋势（图 3-3 和表 3-2）。

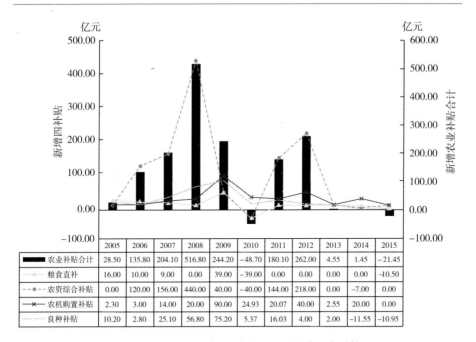

图 3-3　2005—2015 年新增农业"四补贴"变动情况

资料来源：根据农业农村部、财政部、国家发改委等相关信息收集整理的数据作图。

表 3-2　2005—2015 年农业"四补贴"资金变化情况

单位：亿元

项目	2005		2006		2007		2008	
	补贴额	比上年	补贴额	比上年	补贴额	比上年	补贴额	比上年
粮食直补	132.00	16.00	142.00	10.00	151.00	9.00	151.00	0.00
农资综合补贴	0.00	0.00	120.00	120.00	276.00	156.00	716.00	440.00
农机购置补贴	3.00	2.30	6.00	3.00	20.00	14.00	40.00	20.00
良种补贴	38.70	10.20	41.50	2.80	66.60	25.10	123.40	56.80
农业补贴合计	173.70	28.50	309.50	135.80	513.60	204.10	1 030.40	516.80

项目	2009		2010		2011		2012	
	补贴额	比上年	补贴额	比上年	补贴额	比上年	补贴额	比上年
粮食直补	190.00	39.00	151.00	−39.00	151.00	0.00	151.00	0.00
农资综合补贴	756.00	40.00	716.00	−40.00	860.00	144.00	1 078.00	218.00
农机购置补贴	130.00	90.00	154.93	24.93	175.00	20.07	215.00	40.00
良种补贴	198.60	75.20	203.97	5.37	220.00	16.03	224.00	4.00
农业补贴合计	1 274.60	244.20	1 225.90	−48.70	1 406.00	180.10	1 668.00	262.00

（续）

项目	2013		2014		2015	
	补贴额	比上年	补贴额	比上年	补贴额	比上年
粮食直补	151.00	0.00	151.00	0.00	140.50	−10.50
农资综合补贴	1 078.00	0.00	1 071.00	−7.00	1 071.00	0.00
农机购置补贴	217.55	2.55	237.55	20.00	237.55	0.00
良种补贴	226.00	2.00	214.45	−11.55	203.50	−10.95
农业补贴合计	1 672.55	4.55	1 674.00	1.45	1 652.55	−21.45

资料来源：根据农业农村部、财政部、国家发改委等相关信息收集整理。

3.1.2.2 农业支持保护补贴

为增强农作物良种补贴、种粮农民直接补贴和农资综合补贴等三项补贴政策的指向性、精准性和实效性，加大对粮食适度规模经营的支持力度，提高补贴政策效能，促进农业可持续发展，国家从2015年开始对其进行调整完善，将其合并为"农业支持保护补贴"，并于2016年在全国范围推开。

3.1.2.3 农业保险保费补贴

2007年以来，财政部实施了中央财政农业保险保费补贴政策，向包括规模经营主体在内的投保者提供保费补贴。根据财政部公开的数据，2007—2015年，中央财政相关保费补贴资金支出累计超过780亿元，面向14亿户次农户提供了风险保障，额度超过7万亿元；且出现连年增长势头，2016年继续增长至158.30亿元，2017年增长至179.04亿元，2018年增长至199.34亿元。这大大增强了农业生产抵御灾害的能力。2019年10月12日，《关于加快农业保险高质量发展的指导意见》正式出台，该意见由财政部、农业农村部、银保监会、林草局4部门联合发布。意见中明确提出了农业保险的主要目标，指出"到2022年，稻谷、小麦、玉米3大主粮作物农业保险覆盖率达到70%以上，收入保险成为我国农业保险的重要险种，农业保险深度达到1%，农业保险密度达到500元/人"。

在国家相关政策的强力扶持下，我国农业保险实现了快速发展。根据银保监会统计数据，2007—2018年，我国农险保费收入额度由52亿元增加到572亿元，覆盖的参保农户数量由4 981万户次上升至1.95亿户次，农业风险保障规模由1 126亿元扩大到3.46万亿元（图3-4）。

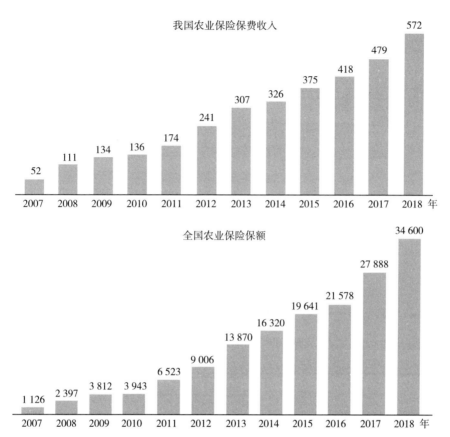

图 3-4　2007—2018 年我国农业保险保费收入及保额情况（单位：亿元）

资料来源：http://finance.sina.com.cn/stock/relnews/cn/2019-10-30/doc-iicezzrr5911755.shtml（新浪网）。

3.1.3　价格支持

从 2004 年开始，我国粮食获得连续丰收，2004—2006 年，三年内粮食累计增产 1 335 亿斤，粮食价格下行压力逐年加大，如何调控粮食市场价格，继续稳定粮食生产，避免重蹈谷贱伤农的老路，成为决策者面临的主要问题。在很长一段时间，国内粮价决定机制主要通过政府制定最低收购价和临时收储价决定。但是，随着最低收购价和临时收储价的不断提高和市场供求关系的变化，小麦、稻谷、玉米的最低收购价和临时收储价高出市场均衡价格，造成市场扭曲。特别是从 2012 年以后，粮食产品发生国内外价格倒挂和库存积压。国内粮食定价机制亟须改革。

粮食最低收购价政策。该政策始于 2004 年，当年国家出台《早籼稻最低收购价执行预案》。由国家规定稻谷的最低收购价格并在粮食播种季节前公布，当粮食市场价格比最低收购价格还低的时候，中央储备粮管理总公司等政策执行主体就会启动收购，以最低收购价格购买农民手中的粮食，以稳定市场价格。2006 年，小麦被纳入这一政策范围。从政策启动一直到 2015 年，稻谷和小麦的最低收购价呈现不断上涨的趋势。如稻谷，2004—2015 年，早籼稻、中晚籼稻和粳稻的最低收购价分别从 70 元/50 千克、72 元/50 千克、75 元/50 千克增至 135 元/50 千克、138 元/50 千克、155 元/50 千克。又如白小麦，2006—2015 年，最低收购价从 72 元/50 千克增至 118 元/50 千克。2015 年以后，国家相继调减最低收购价。如早籼稻从 2016 年开始调减，2019 年降至 120 元/50 千克；中晚籼稻和粳稻从 2017 年开始调减，2019 年分别降至 126 元/50 千克、130 元/50 千克。又如小麦，从 2018 年开始调减，2019 年降至 112 元/50 千克。详见表 3-3。

表 3-3 2004—2019 年稻谷、小麦最低收购价（三等）

单位：元/50 千克

年份	稻谷			小麦			
	早籼稻	中晚籼稻	粳稻	白小麦	红小麦	混合麦	小麦
2004	70	72	75				
2005	70	72	75				
2006	70	72	75	72	69	69	
2007	70	72	75	72	69	69	
2008	75	76	79	75	70	70	
2009	90	92	95	87	83	83	
2010	99	97	105	90	86	86	
2011	102	107	128	95	93	93	
2012	120	125	140	102			
2013	132	135	150	112			
2014	135	138	155	118			
2015	135	138	155	118	118	118	
2016	133	138	155				118
2017	130	136	150				118

（续）

年份	稻谷			小麦			
	早籼稻	中晚籼稻	粳稻	白小麦	红小麦	混合麦	小麦
2018	120	126	130				115
2019	120	126	130				112

资料来源：根据 www.ndrc.gov.cn（国家发展和改革委员会网站）等相关信息收集整理。

　　粮油临时收储措施。从 2008 年开始，东北主产区的大豆、玉米和湖北、四川等 17 个油菜主产区的油菜籽进入临储收购范畴。多年来，国家通过该政策，对棉花等农产品价格实施了政府托底保障，详见表 3-4。

　　表 3-4　2004—2014 年玉米、大豆、油菜籽、棉花临时收储价格

单位：元/50 千克

年份	玉米	大豆	油菜籽	棉花
2004—2007	70			
2008	75	185	220	
2009	75	187	185	
2010	90	190	195	
2011	99	200	230	990
2012	106	230	250	1 020
2013	112	230	255	1 020
2014	112	（目标价格）	255	（目标价格）

资料来源：根据 www.ndrc.gov.cn（国家发展和改革委员会网站）等相关信息收集整理。

　　目标价格政策。2014 年后，国家以棉花、大豆为对象实施了目标价格试点。发改委把新疆作为棉花目标价格政策的唯一试点区域，取消了在新疆连续实施 3 年的临时收储政策，并于 4 月 5 日与财政部、农业部联合发布 2014 年棉花目标价格为每吨 19 800 元。目标价格水平的确定，根据"成本＋基本收益"的方法来实现，试点期为 2014—2016 年。而黄河流域和长江流域的内地棉区，采用定额补贴，标准为新疆补贴标准的 60%，每吨 2 000 元为上限。2017 年，国家完善了目标价格形成机制、定价周期，目标价格水平每三年重新核定一次，2017—2019 年新疆地区棉花目标价格为每吨 18 600 元，如定价周期内棉花市场发生重大变化，报请国务院同意后可及时调整目标价格水平。对于大豆，东北地区大豆生产实行目标价格补贴试点政策，试点期暂定为三年。目标价格按农民种植大豆总成本＋基本收益确定，一年一定；补贴依据是国家统计局统计的分省大豆总产量及目标价格和市场价格的价差；补贴方式当年补上年。

玉米、大豆价补分离政策。2007 年以来，国家实行了玉米临时收储政策，实施范围包括东北三省和内蒙古。在相当长一段时间内，我国国内玉米阶段性过剩特征明显，玉米临储库存曾一度高达 2.5 亿吨，不仅占用国家大量财政资金，同时每年也需付出巨额库存成本。据专家程国强测算，每吨玉米每年库存成本 252 元，2.5 亿吨玉米库存费用需 630 亿元。据此，发改委从 2016 年开始改革玉米临储政策，更多依靠市场来调节玉米价格。这被认为是中国农业供给侧结构性改革正式启动。2017 年，发改委又调整了大豆目标价格政策，与玉米一起实行"市场化收购"加"补贴"机制。

3.2 地方落实农业补贴政策分析

在中央强农惠农富农总体政策框架指导下，各地因地制宜，积极探索农业补贴落地方式。

3.2.1 农业资金投入

海南省 2018 年投入农业综合开发补助资金 19 999 万元，全省共实施土地治理项目 17 个，财政总投资 39 264 万元；其中高标准农田建设项目 16 个，建设面积 12.53 万亩；小流域治理项目 1 个，治理面积 0.50 万亩；扶持产业化发展财政补助项目 17 个，项目总投资 9 370.88 万元，其中财政补助资金 4 570 万元、项目单位自筹资金 4 800.88 万元；产业化发展贷款贴息项目 14 个，财政贴息资金 1 997 万元，撬动企业贷款 58 450.80 万元；按因素法设定公式计算分配资金，将 900 万元工程管护资金全部下达市县，引导市县逐步完善工程管护机制，管护效果明显。

海南省琼海市通过综合利用中央资金、省级资金和市级资金，积极支持农业绿色发展、乡村振兴和美丽乡村建设。

投入情况。2019 年琼海市乡村振兴、美丽乡村建设中绿色发展、农业绿水资金总投入 46 132 万元，其中中央资金 1 714 万元、省级资金 6 929 万元、市级资金 37 489 万元。主要用于农村生活垃圾治理、农村生活污水治理、退塘还林、农业投入品废弃物综合利用、槟榔烘干绿色改造等项目。

支出情况。截至 2019 年 7 月，累计支出 17 495 万元，其中中央资金 34 万元、省级资金 3 591 万元、市级资金 13 870 万元，支出占比 37.92%。

结余情况。资金结余 28 637 万元，其中中央资金 1 680 万元、省级资金 3 338 万元、市级资金 23 619 万元。

3.2.2 农业"四补贴"

粮食直补。各地落实该项补贴资金时，基本按照承包地面积，通过"一卡通"直接发放到承包户手中。如青岛市，2013 年小麦种植面积 164.026 万亩，每亩补贴 126 元，2013 年共发放小麦直补款 20 667.3 万元；2014 年落实小麦种植面积 160.19 万亩，发放小麦直补款 20 183.94 万元。江苏省 2015 年粮食直补核定面积 3 101.9 万亩，每亩补贴 20 元，下达补贴资金 6.2 亿元。

农资综合补贴。农资综合补贴的核发过程比较复杂，一些省在核实该项补贴金额方面做了大量工作，确保补贴准确有效。如山东省农业厅通过卫星遥感获取农资综合补贴面积数据，与上报面积进行对比。2013 年，通过该种方式，该省发现超报面积 153 706.29 亩。对此，山东省农业厅、财政厅发布《关于清缴 2013 年农资综合补贴资金的通知》，扣除遥感误差，对超报面积资金予以清缴回收。

良种补贴。按"稳定面积、提高单产、优化结构、改善品质"的原则，各地积极落实良种补贴政策。如山东省农业厅、财政厅 2014 年专门出台了《山东省 2014 年中央财政农作物良种补贴项目实施方案》。方案推介了 53 个小麦品种、12 个玉米品种、5 个水稻品种、42 个棉花品种、35 个花生品种，计划补贴小麦良种 5 544 万亩（含国营农场）、玉米良种 5 893.7 万亩（不含青岛）、水稻良种 175.357 万亩、棉花良种 977.933 万亩、花生良种大田 621.429 万亩（此外，还有花生良种繁育 62.142 9 万亩）。在落实过程中，山东省做到了因地制宜、因种制宜，大大促进了良种更新速度。

农机具购置补贴。各省根据本地实际情况，积极落实中央政策。如黑龙江省农垦总局制定《2014年农业机械购置补贴工作实施方案》，明确实施范围及规模、补贴机具及补贴标准、补贴对象和补贴资金的兑付方式等，落实2014年第一批中央财政农机购置补贴资金5亿元，其中新型农机具补贴资金9 220万元、农机具购置补贴资金40 780万元。同时，还积极探索补贴资金倾斜政策，提出补贴资金向粮食作物种植大场、畜牧养殖大场、国家现代农业示范区、全国农机化示范区、保护性耕作示范场适当倾斜。

3.2.3　耕地地力保护补贴

2018年，海南省补贴市县（区）19个（覆盖本省全部下辖地区），乡镇、农场、居向农业部门函报253个（全省共设立257个乡镇、农场、居，因乐东县函报11个、比设立少4个，故函报比设立总数少4个），下达补贴面积354.825万亩、收集函报面积315.97万亩，申报发放补贴农户和职工877 968户，补贴标准各市县（区）不一、全省平均158.35元/亩，全省全年实发补贴资金50 470.33万元。

3.2.4　农业保险保费补贴

浙江省于2006年开始试点工作。在实际操作中，浙江省坚持农业保险"保大灾、保大户、保主要品种"的原则，有效引导种粮（养殖）大户、专业合作社、龙头企业的发展规模。截至2013年，该省已经实施了22个农业保险品种，2013年农业保险保费规模为5.28亿元，保障金额为336亿元。2006—2013年，已累计赔付超过10亿元。各级财政累计拨付保费补贴14.41亿元，占总保费收入的82.63%。其中中央财政保费补贴3.82元，占财政补助保费的21.90%；省财政保费补贴5.54亿元，占31.76%；县级财政保费补贴5.05亿元，占28.97%。农户保费负担压力逐步下降，2006—2013年农户自交保费3.03亿元，仅占总保费的17.37%。大连市从2007年开展试点以来，农业险种和覆盖面不断扩展。2014年，仅大田作物一项，该市全年投保面积就达255.9万亩，旱灾赔款总额超过9 000万元，在抗旱减损中发挥了巨大作用。2014年全年，大连市受灾农民共获得理赔款超过1.4亿元。

2014—2018年，海南省共开展橡胶风灾保险、海胶集团专属橡胶保险、橡胶风灾指数保险、橡胶"保险＋期货＋扶贫"（以下简称"橡胶期货价格保险"）和橡胶收入保险五个险种，除海胶集团橡胶综合保险外，其余橡胶风灾类保险均由共保体经营（共保方含人保财险、平安财险、太保产险和安邦产险）。据统计，2014—2018 年，海南地区橡胶保险总签单数量 4 334 笔，参保量为 92 382 户次（其中，2018 年 69 591 户次），承保数量超过 721.98 万亩，价格险承保吨数超过 14.52 万吨，总保额 282.91 亿元，总保费 11.74 亿元，总赔款 64 047.89 万元，综合赔付率 55.28％。其中，价格收入类保险综合赔付率 81.77％。五年来中央补贴占比 28.19％，地方财政补贴占比 30.93％，其他补贴 1.12％，其余（39.77％）均由农户和胶企自行承担。

3.2.5　新型经营主体扶持政策

各地积极创新补贴方式，支持新型经营主体发展。如黑龙江省肇东市积极探索扶持政策，于 2013 年出台了《肇东市关于鼓励新型经营主体发展的扶持政策》，划定了 5 类补贴领域、12 个补贴项目，明确了相应的补贴额度。其中，重点扶持新型经营主体进行基础建设投资，用于土地治理、农机购置、场库建设等，详情如表 3-5 所示：

表 3-5　黑龙江省肇东市关于鼓励新型经营主体发展的扶持政策

类别	补贴项目	补贴额度
基础建设类	水田土地治理补贴	500 元/(亩·年)
	农机合作社贷款补贴	200 万元
	场库棚建设补贴	300 万元
新型经营主体类	标准化养殖场建设补贴	10 万元/(个·年)
	家庭农场和专业大户	2 万元/(个·年)
	农民专业合作社	5 万元/年
	农业企业	100 万元/年
金融保险类	原有 15 元/亩保费的基础上，增加 1 元/亩	1 元/亩
科技服务类	试点承担公益性科技服务的合作组织	20 万元/(个·年)
	试点承担经营性专业化科技服务组织	10 万元/(个·年)
高产创建类	高科技示范园区补贴	10 万元/(个·年)
	院县共建园区补贴	10 万元/(个·年)

资料来源：调研获取。

针对种粮大户，2015 年，四川省专门出台了种粮大户财政奖补方案，继续对种粮大户实行分档补贴，并明确要求"谁种粮补贴谁"、"多种多得，少种少得"。其具体补贴标准为：种植 30～100 亩（不含 100 亩），每亩补贴 40 元；种植 100～500 亩（不含 500 亩），每亩补贴 60 元；种植 500 亩以上（含 500 亩），每亩补贴 100 元。方案同时要求，享受补贴政策的种粮大户，其"耕种必须符合当地主要种植模式和技术要求，不得粗放种植"。

针对新型经营主体日益增加的土地流转成本，安徽省庐江县探索了土地流转奖励政策。该县出台的《庐江县促进国家现代农业示范区农业改革和建设的若干政策（试行）》规定，凡规范流转土地从事粮食、蔬菜等大宗农产品生产的各类经营主体，每亩租金在 500 元以上（含 500 元）且流转经营满三年、流转土地面积在 100 亩以上的，县财政按每亩 50 元给予一次性奖励。此外，该县还积极鼓励新型经营主体开展农业社会化服务。该县规定，对于经工商部门注册的经营主体，开展植保专业化统防统治或开展机插秧等新型农机服务面积在 1 000 亩以上的，以服务合同、相关材料检查结果为依据，每亩各补助 20 元。

3.3 我国农业补贴政策面临的主要问题

3.3.1 在资金投入方面

（1）中央财政支农资金比重明显提高但仍显不足。据有关数据统计，2007—2018 年，农林水事务支出由 2007 年的 3 404.70 亿元增长至 2018 年的 21 085.59 亿元，占中央一般公共预算支出的比重从 6.84％上升到 9.55％。出现数量与占比双增。但与三农庞大的资金需求相比，相关经费仍显不足，需要国家继续保持重农支农力度，进一步健全完善财政支农资金稳定增长机制，加大资金投入。

（2）未来资金投入增长面临较大困难。近年来，受错综复杂的国际环境影响，面对我国改革发展任务艰巨繁重、经济下行压力加大、相关财政收入增速放缓的现状，我国财政进一步树立了"过紧日子"的思想。这是我国经济发展中出现的一个"特殊阶段"。在这一阶段中，财政预算进一步收紧。可以预见，未来财政支农资金大幅高速增长的势头可能会受到一定影响。如何盘活存量资金，进一步发挥现有资金的使用效益，将是下一步研究和政策的着力点。

3.3.2　在生产补贴方面

（1）农业补贴标准低。虽然十年来农业补贴力度一直在加大，但从总量上看，补贴标准仍然偏低。粮食直补、良种补贴、农资综合补贴在粮食主产区的补贴金额不高，如2015年及以前（补贴改革前），安徽省、江西省、黑龙江省绥化市、湖南省衡阳县水稻种植平均每亩补贴大约100元、80元、74.51元和130元，吉林省水稻每亩补贴146.25元、玉米每亩补贴141.25元。从成本角度分析，每亩补贴金额占生产成本比例较低，对刺激农业生产的作用甚微。从收入角度分析，农业补贴收入占家庭收入的比重很低，一般情况下，农民种植经济作物的收入可以达到种粮收入的3～5倍，更不用说打工收入。

（2）农业保险保费补贴标准和保险金额低。农业的特性使得农业承担着自然风险和市场风险双重风险。农业保险对于帮助农民防范风险、保障收益有重要作用。农业保险保费补贴，是为了引导和支持农户参与农业保险。但是，当前农业保险普遍存在保费补贴标准和保险金额低，防范风险、保障收益效果不明显，农户参保积极性不高等问题。

3.3.3　在价格支持方面

（1）价格支持扭曲市场机制。最低收购价、临时收储价采取的都是价格下限。其问题在于，当市场均衡价格低于价格下限时，就容易出现"生产过剩"。国家不断提高农产品价格支持水平，导致小麦、稻谷、玉米等产品价格明显高于国外，特别是从2012年以后，国内外农产品价格倒挂，如玉米国内外价差曾高达600元/吨。同时，农产品产量与价格持续上升，种植户普遍遭遇不同程度的价低、滞销、卖难，下游加工企业则因原料成本过高而存在开工不足问题。

（2）财政负担不断加重。由于缺乏市场竞争力，替代品大量涌入国内，国粮普遍入库，导致库存积压。到2019年3月底，稻谷、小麦的政策性库存规模分别达到1.27亿吨和0.75亿吨。2018年，中央财政对政策性收购的稻谷、小麦的保管费用和利息支出达到 330 亿元。

党的十八大以来,面对我国经济发展进入新常态带来的深刻变化,2016年中央 1 号文件首次以中央文件形式提出"农业供给侧结构性改革"。① 同年出台的《建立以绿色生态为导向的农业补贴制度改革方案》要求"完善农业补贴政策,到 2020 年,基本建成以绿色生态为导向、促进农业资源合理利用与生态环境保护的农业补贴政策体系和激励约束机制"。② 政策目标的调整,为农业补贴政策改革指引了方向,以数量与质量并重、产出和效益并重、资源和绿色生态并重的政策工具、补贴方式的优化和创新将成为改革的主旋律。

---

① 中共中央 国务院关于落实发展新理念加快农业现代化实现全面小康目标的若干意见[EB/OL]. (2016 - 01 - 27) [2019 - 11 - 11]. http://www.gov.cn/zhengce/2016 - 01/27/content_5036698.htm.

② 财政部、农业部大力推进建立以绿色生态为导向的农业补贴制度改革 [EB/OL]. (2016 - 12 - 19) [2019 - 11 - 08]. http://nys.mof.gov.cn/zhengfuxinxi/bgtGongZuoDongTai_1_1_1_1_3/201612/t20161219_2484541.html.

第 4 章 我国农业支持总量变化特征及国际比较研究

4.1 我国农业支持总量变化特征分析

为了便于进行跨国比较，本研究采用 OECD 数据库农业补贴数据①。中国农业支持总量 20 多年来快速增长，从 1995 年的 171.91 亿美元增长到了 2018 年的 2 428.46 亿美元，增长了 13.13 倍，但 2016—2018 年连续三年小幅减少；同期中国农业支持总量占 GDP 比重总体呈波动上升，1995 年为 2.35%，1996 年之后下降并波动上升，2013 年、2015 年分别达到 2.51%、2.50%，2016 年之后再次连续下降，2018 年降到 1.77%（图 4-1）。

在中国农业支持总量快速增长过程中，呈现出明显的四个发展阶段：ⓐ1995—1999 年，农业支持总量快速下降阶段；ⓑ2000—2008 年，大幅波动小幅增长阶段；ⓒ2009—2015 年，波动中快速增长阶段；ⓓ2016 年以后小幅减少。

从我国农业支持总量构成看，不同类型的支持也呈现出较大的变化。首先，价格支持在农业生产总值中所占比重逐渐降低，从 1995 年的 94.45% 下降到了 2018 年的 77.87%，累计下降了 16.58 个百分点。这表明，我国农业生产中市场化程度越来越高；其次，一般性服务支持措施在 TSE 中所占比重呈现出先升后降的发展态势，1995 年到 1998 年这一指标快速上涨，但是在 1998 年之后则在波动中呈下降态势，到 2018 年该比值下降到了

---

① 若无特别说明，本部分研究中所有有关农业支持的数据均来自 OECD 数据库（http://stats.oecd.org）。

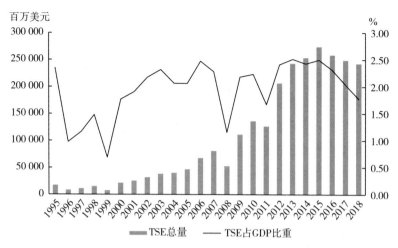

图 4-1 1995—2018 年我国农业支持总量及占 GDP 比重变化情况

资料来源：http：//stats. oecd. org。

16.58%；CSE 在消费者支出中所占比重也呈现出同样态势，1995 年到 1999 年对消费者的支持呈上升态势，2000 年之后消费者提供的转移支付缓慢波动上升，2018 年 CSE 在消费者支出中所占比重为 9.62%，即消费者支出中有 9.62% 为消费者向生产者提供的转移支付。第三，PSE 在农业收入中所占比重呈现出持续稳定增长态势，从 1995 年的 5.51% 增长到 2018 年的 14.32%，增长了 8.81 个百分点，见图 4-2。

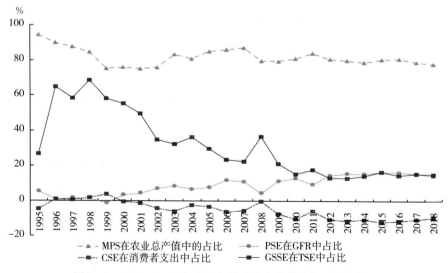

图 4-2 1995—2018 年我国各类农业支持措施相对变化情况

4.2 国外确定农业支持总量的经验研究

美国、欧盟和日本等发达经济体的农业支持政策已经有相当长的历史，有力支持了各经济体的农业发展，这些经济体的农业高度发达，农业基础设施比较完备，农业支持政策体系也相对比较完善，因此，借鉴欧、美、日等农业发达经济体的农业支持政策并进行比较研究，对完善我国农业支持政策具有重要的借鉴意义。

4.2.1 发达国家农业支持总量变化情况[①]

4.2.1.1 美国农业支持总量变化情况

近年来，美国农业发展势头良好，农业总产值从 2009 年的 2 845.02 亿美元增长到 2018 年的 3 325.42 亿美元，年均增长 1.75%（表 4 - 1）；从支持总量来看，美国对农业的支持呈上升趋势，但不同指标的变动趋势存在不小的差异（图 4 - 3）。PSE 从 2009 年的 297.66 亿美元增长到 2018 年的 443.07 亿美元，年均增长 4.52%；GSSE 从 2009 年的 82.63 亿美元增长到 2018 年的 92.01 亿美元，年均增长 1.20%；CSE 波动较大，2009—2013 年呈增长趋势，从 314.74 亿美元增长到 449.56 亿美元，2013 年后持续下降，到 2018 年下降为 300.64 亿美元；TSE 在呈波动增长态势，从 2009 的 740.99 亿美元增长到 2018 年的 993.39 亿美元，年均增长 3.31%。

表 4 - 1 2011—2018 年美国农业补贴政策调整主要指标变化

单位：百万美元

年份	2011	2012	2013	2014	2015	2016	2017	2018
农业总产值	379 486.13	396 605.97	394 250.83	406 355.40	376 170.98	355 467.07	368 848.37	332 541.74
MPS 在农业总产值中占比（%）	80.64	80.23	78.83	78.97	76.66	76.19	75.81	73.81
PSE	30 939.16	34 395.68	28 713.74	39 335.15	37 386.36	36 441.76	33 812.91	44 307.87

---

① 为简化篇幅，本部分研究中表格中数据从 2011 年开始，图中数据从 1986 年开始。

（续）

年份	2011	2012	2013	2014	2015	2016	2017	2018
PSE 在 GFR 中占比（%）	7.62	8.11	6.84	9.01	9.26	9.55	8.64	12.21
GSSE	5 751.00	6 093.87	10 198.18	7 720.14	8 690.00	9 823.86	10 936.96	9 201.42
GSSE 在 TSE 中占比（%）	7.01	6.95	11.71	8.23	9.36	10.58	12.04	9.26
CSE	39 645.37	39 881.88	44 955.72	36 776.70	35 326.12	35 047.61	32 950.33	30 064.04
CSE 在消费支出中占比（%）	15.38	14.61	17.43	13.43	13.90	15.39	13.45	11.74
TSE	82 049.56	87 639.80	87 120.81	93 769.70	92 811.03	92 811.94	90 835.18	99 339.02
TSE 在 GDP 中占比（%）	0.53	0.54	0.52	0.54	0.51	0.50	0.47	0.48

资料来源：OECD，PSE/CSE Database 2019。

注：PSE——生产者支持估计值；GSSE——一般服务支持估计值；CSE——消费者支持估计值；TSE——总支持估计值。

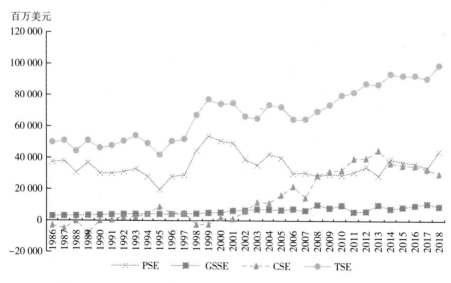

图 4-3　1986—2018 年美国农业补贴政策调整主要总量指标变动

从比例指标来看，2009—2018 年间均出现了一定的波动，PSE 在 GFR 中占比呈先下降再上升的趋势，2009 年占比为 9.59%，2018 年占比为

11.74％，占比最小的年份为 2013 年，占比为 6.84％；GSSE 在 TSE 中占比波动比较频繁，其中占比最高的年份为 2010 年，占比为 12.40％，占比较小的年份为 2011 年和 2012 年，占比在 7％左右，2018 年为 9.26％；CSE 在消费支出中占比波动下滑，最高的 2013 年为 17.43％，2018 年降至 11.74％，为 2009 年以来最低；TSE 在 GDP 中占比较小，近年波动也较小，在 0.47％～0.54％波动，详见图 4-4。

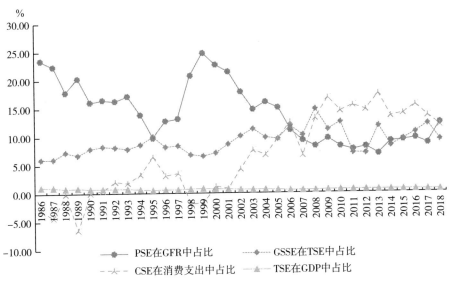

图 4-4 1986—2018 年美国农业补贴政策调整主要比例指标变动

4.2.1.2 欧盟农业支持总量变化情况

近年来，欧盟农业发展有所波动，农业总产值 2011 年为 5 069.83 亿美元，2012 年小幅下降，2013 年增长到 5 131.87 亿美元，之后，持续下降到 2016 年的 4 050.89 亿美元，2017 年之后恢复增长，2018 年达到 4 639.22 亿美元（表 4-2）；从支持总量来看，欧盟对农业的支持呈下降趋势，但不同指标的变动趋势存在不小的差异（图 4-5）。PSE 从 2011 年的 1 099.93 亿美元持续增加到 2013 年 1 224.49 亿美元，之后连续两年下降到 2015 年的 949.28 亿美元，之后又持续增加到 2018 年的 1 103.14 亿美元；GSSE 从 2011 年的 171.97 亿美元波动减少到 2018 年的 125.88 亿美元，年均下降 4.36％；CSE 波动较大，从 2011 年的 −131.06 亿美元减少到 2013 年的 −285.32 亿美元，2013 年后呈增长趋势，到 2017 年增长为 −162.51 亿美元，2018 年再次减少到－222.55 亿美元；TSE 先增后降再增，从 2011 年的 1 283.35 亿美元增加到 2013 年的 1 398.53 亿美元，之后持续减少到 2015 年 1 084.39 亿美元，之后两年持续恢复增长到 2018 年的 1 233.65 亿美元。

表 4-2 2011—2018 年欧盟农业补贴政策调整主要指标变化

单位：百万美元

年份	2011	2012	2013	2014	2015	2016	2017	2018
农业总产值	506 983.32	483 526.01	513 187.43	512 916.79	417 520.20	405 088.67	438 815.21	463 921.66
MPS 在农业总产值中占比（%）	75.01	75.61	75.48	74.55	73.97	73.12	73.91	74.55
PSE	109 993.09	112 626.25	122 448.64	104 824.81	94 928.36	97 482.52	99 622.74	110 313.93
PSE 在 GFR 中占比（%）	18.26	19.64	20.21	17.52	19.24	20.10	19.12	20.03
GSSE	17 197.49	16 794.16	16 345.16	15 021.63	13 156.51	11 691.95	11 749.54	12 588.31
GSSE 在 TSE 中占比（%）	13.40	12.94	11.69	12.48	12.13	10.67	10.51	10.20
CSE	－13 106.47	－22 125.20	－28 531.66	－18 511.68	－18 126.17	－16 967.32	－16 250.99	－22 254.69
CSE 在消费支出中占比（%）	－2.65	－4.64	－5.74	－3.88	－4.55	－4.41	－3.96	－5.05
TSE	128 335.10	129 777.06	139 853.09	120 350.44	108 438.52	109 606.28	111 824.99	123 365.05
TSE 在 GDP 中占比（%）	0.70	0.75	0.78	0.64	0.66	0.66	0.65	0.67

资料来源：OECD，PSE/CSE Database 2019。

注：PSE——生产者支持估计值；GSSE——一般服务支持估计值；CSE——消费者支持估计值；TSE——总支持估计值。

从比例指标来看，2011—2018 年间均出现了一定的波动，PSE 在 GFR 中占比呈增长趋势，从 2011 年的 18.26% 波动增长到 2018 年的 20.03%，年均增长 1.33%；GSSE 在 TSE 中占比总体呈下降走势，从 2011 年的 13.40% 下降到 2018 年的 10.20%，年均下降 3.82%；CSE 在消费支出中的占比从 2011 年的 －2.65% 下降到 2018 年的 －5.05%；TSE

在 GDP 中占比较小，在 0.65%～0.78%波动，其中 2011—2013 年在 0.7%
以上，最高的 2013 年占 0.78%，2014 年之后降到 0.7%以下，2018 年为
0.67%，见图 4-6。

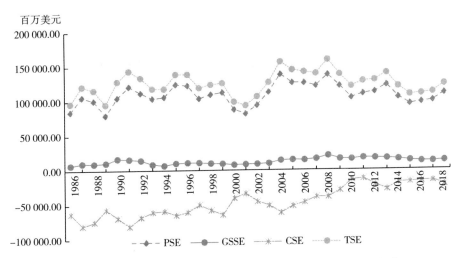

图 4-5 1986—2018 年欧盟农业补贴政策调整主要总量指标变动

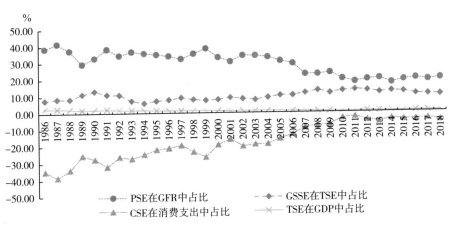

图 4-6 1986—2018 年欧盟农业补贴政策调整主要比例指标变动

4.2.1.3 日本农业支持总量变化情况

近年来，日本农业总体呈徘徊状态，农业总产值从 2011 年的 1 034.58 亿
美元波动下降到 2018 年的 823.23 亿美元，年均下降 3.21%（表 4-3）；从
支持总量来看，日本对农业的支持呈下降趋势，但不同指标的变动趋势有所

差异（图 4-7）。PSE 从 2011 年的 559.39 亿美元下降到 2018 年的 418.19 亿美元，年均下降 4.07%；GSSE 从 2011 年的 125.94 亿美元下降到 2018 年的 91.71 亿美元，年均下降 4.43%；CSE 波动较大，从 2011 年的 -611.81 亿美元波动增长到 2018 年的 -522.57 亿美元；TSE 从 2011 年的 685.43 亿美元波动减少到 2018 年的 509.97 亿美元。

表 4-3　2011—2018 年日本农业补贴政策调整主要指标变化

单位：百万美元

年份	2011	2012	2013	2014	2015	2016	2017	2018
农业总产值	103 457.99	106 812.66	86 751.72	79 018.40	72 708.54	84 579.70	82 670.24	82 322.65
MPS 在农业总产值中占比（%）	66.25	66.97	66.36	65.44	65.72	65.43	66.42	65.86
PSE	55 938.68	62 330.86	47 329.19	39 899.09	32 968.02	42 409.09	42 376.45	41 819.30
PSE 在 GFR 中占比（%）	48.15	52.83	49.56	46.05	41.31	45.87	46.89	46.74
GSSE	12 593.77	11 558.42	9 878.22	8 548.10	7 952.07	9 354.94	9 431.64	9 171.05
GSSE 在 TSE 中占比（%）	18.37	15.64	17.27	17.64	19.43	18.07	18.20	17.98
CSE	-61 180.54	-68 709.84	-51 560.04	-45 603.22	-39 555.38	-51 802.53	-51 945.60	-52 256.97
CSE 在消费支出中占比（%）	-42.22	-46.33	-41.31	-38.10	-36.84	-40.70	-41.60	-42.19
TSE	68 542.99	73 898.42	57 214.88	48 454.94	40 927.52	51 770.65	51 813.44	50 996.68
TSE 在 GDP 中占比（%）	1.11	1.19	1.11	1.00	0.93	1.05	1.06	1.02

资料来源：OECD，PSE/CSE Database 2019。

注：PSE——生产者支持估计值；GSSE——一般服务支持估计值；CSE——消费者支持估计值；TSE——总支持估计值。

从比例指标来看，2011—2018 年，PSE 在 GFR 中占比呈先升再降再升的趋势，从 2011 年的 48.15% 上升到 2012 年的 52.83%，到 2015 年下降到 41.31%，之后持续上升，2018 年达到 46.74%；GSSE 在 TSE 中占比小幅波动，从 2011 年 18.37% 波动下降到 2018 年的 17.98%；TSE 在 GDP 中占比较小，在 0.93%～1.19% 之间波动，最高的 2012 年占 1.19%，最低的 2015 年占 0.93%，2018 年为 1.02%，见图 4-8。

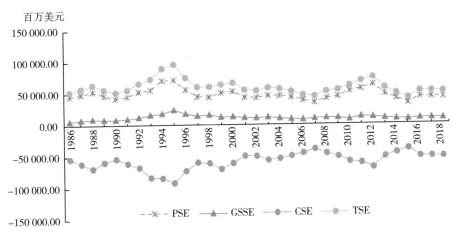

图 4-7　1986—2018 年日本农业补贴政策调整主要总量指标变动

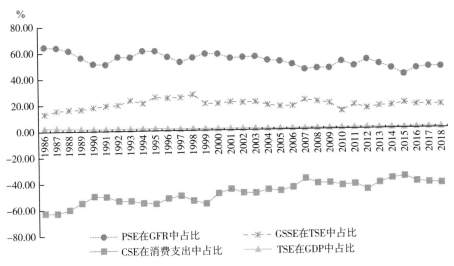

图 4-8　1986—2018 年日本农业补贴政策调整主要比例指标变动

4.2.2　发展中国家农业支持总量变化情况——以巴西为例

近年来，巴西农业经历了由平稳到下降的过程，农业总产值从 2011 年的 1 882.17 亿美元波动到 2014 年的 1 878.32 亿美元，之后整体下滑，2018 年为 1 527.46 亿美元，年均下滑 2.94%（表 4-4）；从支持总量来看，巴西对农业的支持呈下降趋势，但不同指标的变动趋势存在不小的差异（图 4-9）。PSE 从 2011 年的 117.50 亿美元下降到 2018 年的 22.92 亿美元，年均下降 20.82％；GSSE 从 2011 年的 41.51 亿美元下降到 2018 年的 22.21 亿美元，年均下降 8.55％；CSE 波动较大，从 2011 年的 -31.26 亿美元增长到 2018 年的 0.37 亿美元；TSE 从 2011 年的 178.97 亿美元下降到 2018 年的 56.88 亿美元，年均下降 15.11％。

表 4-4　2011—2018 年巴西农业补贴政策调整主要指标变化

单位：百万美元

年份	2011	2012	2013	2014	2015	2016	2017	2018
农业总产值	188 217.02	178 436.38	188 003.12	187 831.51	143 125.04	150 056.83	168 892.99	152 746.24
MPS 在农业总产值中占比（％）	80.68	83.10	81.34	80.61	82.02	81.75	84.49	87.58
PSE	11 749.93	6 494.13	6 648.45	7 550.18	3 801.72	5 947.98	4 122.33	2 292.24
PSE 在 GFR 中占比（％）	6.06	3.56	3.44	3.88	2.59	3.88	2.41	1.49
GSSE	4 151.45	3 764.03	3 930.67	3 784.21	1 988.05	2 226.58	2 271.14	2 220.71
GSSE 在 TSE 中占比（％）	23.20	31.24	32.16	29.32	28.73	24.31	29.69	39.04
CSE	-3 126.32	-525.14	-109.05	594.67	782.51	-1 567.81	-381.07	36.75
CSE 在消费支出中占比（％）	-2.17	-0.42	-0.08	0.46	0.84	-1.55	-0.38	0.05
TSE	17 897.00	12 047.83	12 223.14	12 908.27	6 919.52	9 159.63	7 649.64	5 687.80
TSE 在 GDP 中占比（％）	0.68	0.49	0.49	0.53	0.38	0.51	0.37	0.30

资料来源：OECD，PSE/CSE Database 2019。

注：PSE——生产者支持估计值；GSSE——一般服务支持估计值；CSE——消费者支持估计值；TSE——总支持估计值。

从比例指标来看，2011—2018 年间均出现了一定的波动，PSE 在 GFR 中占比呈下降趋势，从 2011 年的 6.06％下降到 2018 年的 1.49％；GSSE 在 TSE 中占比呈上升趋势，从 2011 年的 23.20％上升到 2018 年的

39.04%；TSE 在 GDP 中占比呈下降趋势，从 2011 年的 0.68% 下降到 2018 年的 0.30%，详见图 4-10。

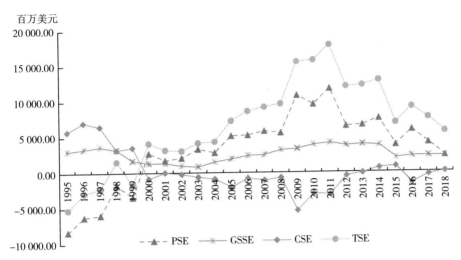

图 4-9 1995—2018 年巴西农业补贴政策调整主要总量指标变动

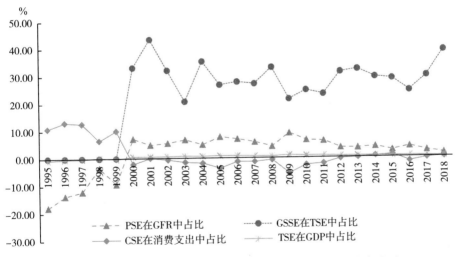

图 4-10 1995—2018 年巴西农业补贴政策调整主要比例指标变动

4.2.3 农业支持总量变化的国际比较分析

TSE 是衡量纳税人和消费者每年提供给农业部门的所有转移支付的总和，其在不同国家之间差异较大（表 4-1 至表 4-4），这与一国的经济发展规模、农业发展规模具有直接关系。因此直接对 TSE 进行比较并不具较强的必要性。TSE 在 GDP 中占比剔除了规模对农业支持量的影响，直观地体现了一国经济发展总量中对农业支持的力度，具有较强的比较性。

总的来看，近年来各国对农业支持的力度都有一定幅度下降。发达国家中欧盟降幅最大，美国较小，日本降幅最低。此外，发展中国家中巴西降幅很大（表 4-5）。这与近年来国际农业竞争的重点从以往生产成本补贴向国际综合竞争力提升的转变具有较强的关系，各国农业发展中市场化程度提升。

表 4-5　相关国家 TSE 在 GDP 中占比发展变化情况

单位：%

年份	美国	欧盟	日本	巴西
2009	0.51	0.81	1.04	0.93
2010	0.54	0.71	1.07	0.71
2011	0.53	0.70	1.11	0.68
2012	0.54	0.75	1.19	0.49
2013	0.52	0.78	1.11	0.49
2014	0.54	0.64	1.00	0.53
2015	0.51	0.66	0.93	0.38
2016	0.50	0.66	1.05	0.51
2017	0.47	0.65	1.06	0.37
2018	0.48	0.67	1.02	0.30
增长率	-5.71	-17.78	-1.87	-67.49

横向看：发达国家中美国支持力度最小、欧盟略高于美国，而日本最高。考虑到三个经济体农业发展的特点，这似乎与农业生产规模及生产特点具有较强的关系。美国拥有丰富的土地资源，以专业化大型农场为主。相对而言，欧盟与日本则土地资源相对稀缺，农业生产规模相对较小。而巴西不仅在支持力度上小于发达国家，而且近年来对农业支持的降幅也较为明显。或许巴西对农业发展的支持能力以及在国际规则上的跟随者角色是上述问题的一个解释。

从各个分项指标看，首先，美欧日 PSE 在农场总收入中占比均高于发展中国家的巴西，发达国家内部则是日本最高、欧盟次之、美国最低。从变化上看，在各个国家均呈现出不同的发展态势，美国波动增长，欧盟波动下降，日本基本稳定，巴西大幅下降（表 4-6）。

表 4 - 6　美欧日及巴西 PSE 发展变化比较

单位：%

年份		2009	2010	2011	2012	2013	2014	2015	2016	2017	2018	增幅
PSE 在 GFR 中占比（%）	美国	9.59	8.2	7.62	8.11	6.84	9.01	9.26	9.55	8.64	12.21	27.39
	欧盟	23.71	20.05	18.26	19.64	20.21	17.52	19.24	20.1	19.12	20.03	−15.53
	日本	46.56	51.62	48.15	52.83	49.56	46.05	41.31	45.87	46.89	46.74	0.38
	巴西	8.96	6.37	6.06	3.56	3.44	3.88	2.59	3.88	2.41	1.49	−83.34

在一般性服务支持项目上，则呈现出与 PSE 与 TSE 不同的态势，从增幅上看，巴西最大，欧盟次之。美国有小幅增长，日本出现一定幅度下降。但从 GSSE 在 TSE 中占比的横向比较看，日本和巴西较为相似，高于欧美，美国最低，见表 4 - 7。

表 4 - 7　美欧日及巴西在 GSSE 的比较分析

单位：%

年份		2009	2010	2011	2012	2013	2014	2015	2016	2017	2018	增幅
GSSE 在 TSE 中占比（%）	美国	11.15	12.40	7.01	6.95	11.71	8.23	9.36	10.58	12.04	9.26	−16.93
	欧盟	11.52	12.83	13.40	12.94	11.69	12.48	12.13	10.67	10.51	10.20	−11.45
	日本	19.73	13.79	18.37	15.64	17.27	17.64	19.43	18.07	18.20	17.98	−8.87
	巴西	21.42	24.64	23.20	31.24	32.16	29.32	28.73	24.31	29.69	39.04	82.31

从消费者支持看，美国比较注重对消费者的保护，但对消费者的保护力度在下降。而欧盟、日本的消费者则向生产者提供了大量的转移支付，但欧盟的力度在逐渐减弱。这表明，在消费者支持方面，美国、欧盟的政策转向有逐渐中性化的趋势，巴西对消费者由过去的负保护向正保护转变（表 4 - 8）。

表 4 - 8　美欧日及巴西 CSE 在消费支出中占比发展变化情况

单位：%

年份		2009	2010	2011	2012	2013	2014	2015	2016	2017	2018	增幅
CSE 在消费支出中占比（%）	美国	16.73	14.39	15.38	14.61	17.43	13.43	13.90	15.39	13.45	11.74	−29.82
	欧盟	−7.16	−3.52	−2.65	−4.64	−5.74	−3.88	−4.55	−4.41	−3.96	−5.05	−29.47
	日本	−41.14	−43.12	−42.22	−46.33	−41.31	−38.10	−36.84	−40.70	−41.60	−42.19	2.55
	巴西	−5.74	−2.65	−2.17	−0.42	−0.08	0.46	0.84	−1.55	−0.38	0.05	−100.91

无论是发达国家还是发展中国家,市场价格支持在农业生产总值中都占有重要的位置。虽然美国 2014 农业法案发生重大变化,但市场价格支持措施仍然对农业 GDP 产生很大影响,2011 年至 2018 年间占比有所下降,从 80.64% 下降到 73.81%(表 4-9)。欧盟市场价格支持对农业生产总值的影响总体略低于美国,但 2018 年超过美国。日本市场价格支持对农业生产总值的影响超过美国和欧盟。近年来巴西农业发展中,价格支持政策的影响要小于另外三个发达经济体。

表 4-9 美欧日及巴西市场价格支持在农业生产总值中占比比较

单位:%

年份		2011	2012	2013	2014	2015	2016	2017	2018	增幅
MPS 在农业总产值中占比(%)	美国	80.64	80.23	78.83	78.97	76.66	76.19	75.81	73.81	−8.47
	欧盟	75.01	75.61	75.48	74.55	73.97	73.12	73.91	74.55	−0.62
	巴西	66.25	66.97	66.36	65.44	65.72	65.43	66.42	65.86	−0.59
	日本	80.68	83.10	81.34	80.61	82.02	81.75	84.49	87.58	8.55

4.3 我国农业支持总量变化国际比较

近年来,我国农业支持总量(TSE)迅速增长,从 2009 年的 1 114.35 亿美元增长到了 2018 年的 2 428.46 亿美元,增长了 1.18 倍。但是,与其他国家相比,我国农业支持总量及政策体系呈现出一些特征:

第一,与美欧日及巴西相比,我国 TSE 特征明显,一是 TSE 占 GDP 的比重远高于上述国家,二是发展态势与上述国家也存在较大差异,国外这一指标在考察期内整体呈稳中有降的趋势,而我国这一比值波动较显著,从 2009 年的 218.05% 波动增长到了 2013 年的 251.25%,之后波动下降到 2018 年的 177.16%。

第二,我国 MPS 在农业生产总值中的影响高于美国、欧盟、日本,但低于巴西,但也呈下降趋势。

第三,2018 年,PSE 在 GFR 中的占比与美欧日及巴西等国家相比处于中等水平。

第四,巴西的 GSSE 在 TSE 中占比在考察期内增势较为明显,2018 年比 2009 年增长 82.31%，但我国大幅下降，降幅高达 28.75%。美欧日则呈小幅波动下降趋势。

第五，中国 CSE 在消费支出中的占比在增长，表明我国消费者支出中对生产者的转移显著增加，但力度明显低于日本，略高于欧盟。美国则注重对消费者的保护，巴西对消费者的保护力度较小，但 2018 年为正值。

因此，与其他国家相比，我国农业支持总量及相关政策发展趋势体现出较大的差异。但这种差异的存在并非特例，而是符合世界农业支持政策发展的一般规律，具有一定的必然性。

根据农业支持政策国际比较可知：ⓐ农业支持总量及政策体系结构与农业生产规模化存在着密切的关系：在发达经济体中，生产规模水平越高，TSE 占 GDP 比重、PSE 占 GFR 比重、GSSE 占 TSE 比重越低。ⓑ农业支持总量及政策体系结构与国际农业竞争规则具有密切关系，随着国际农业市场化发展趋势的强化，TSE（日本、欧盟、巴西）整体呈现出下降的趋势，从内部结构看，PSE（日本、美国、欧盟）占比趋于增加，CSE 趋向中性，GSSE 在 TSE 中占比呈现出下降的态势。ⓒMPS 在农业生产总值中仍然具有重要的影响。我国农业支持政策的制订，要根据国际农业支持发展的变化与发展轨迹及其中的客观规律，并结合我国三农实际情况来统筹考虑，同时要及时把握政策执行效果、及时调校政策导向。

第5章 我国农业补贴政策效果和政策效率研究

5.1 农业补贴方式对农地流转价格的影响

随着工业化、城镇化进程不断加快，我国农业发展面临新的形势和任务，要求加快构建新型农业经营体系，培育新型农业经营主体，发展土地适度规模经营。由于我国农村基本经营制度是以家庭承包经营为基础，作为新型农业经营主体的专业大户、家庭农场、合作社和农业企业，其经营土地主要来自土地流转[①]。2013—2014 年中央 1 号文件、党的十八届三中全会明确提出，鼓励和支持承包土地向专业大户、家庭农场、农民合作社、农业企业流转，发展多种形式的适度规模经营。当前，中国土地流转率已经超过 30%。随着"三权分置"的进一步推进，我国土地流转比率还会继续呈现快速增加趋势。

近年来，土地流转价格快速上涨，土地流转费用已经成为生产成本中的重要组成部分，并且成为规模经营主体所面临的突出问题。2014 年全国三种粮食作物平均的土地成本占总成本比重已超过 19%，课题组调研的 10 个地区的 280 个规模经营主体的土地成本比重占到 29.5%。对此，有的学者建议将农业补贴用于支付土地流入户的流转成本，以激发农户扩大农业生产规模的积极性（李梁平、赵丽桂，2015）[②]；有的学者认为按照农户的实际

---

① 韩洁. 农业补贴方式对农地流转价格的影响［J］. 农业部管理干部学院学报，2017（3）：70-76.

② 李梁平，赵丽桂. 农业补贴政策与农业适度规模经营关系探讨——以江西省 A 村为例［J］. 中南林业科技大学学报（社会科学版），2015，9（2）：94-98.

粮食播种面积进行补贴，会增加规模经营者的收益（冯锋等，2009）[1]。这些建议的提出，主要基于农业补贴可对成本降低、收益增加发挥作用。

实际调研表明：土地流转价格呈现明显的分层现象，专业大户（家庭农场）土地流转价格明显高于普通农户的流转价格。从转入价格和转出价格两个角度，对调研的 2014 年样本数据做统计分析，结果显示：专业大户和普通农户的转入价格分别为 572 元/亩和 367 元/亩；普通农户对本村普通农户、外村普通农户和专业大户（家庭农场）的转出价格分别为 381 元/亩、533 元/亩和 753 元/亩。可以认为，正是补贴方式的不当选择导致农地流转价格的不断攀升。

5.1.1　农业补贴方式对农地流转价格的影响路径

农地流转价格是权利的价格，取决于产权及其结构和流转的形式（邓大才，2007）[2]。在我国，多数情况下，农地流转是"经营权"的流转。本研究的"农地流转"，界定为发生于农户与农户之间，或农户与家庭农场、合作社、农业企业等经济组织之间的经营权流转，不包括农地承包权的交易和集体出租农地流转等情况；其中"农地"，界定为耕地，不包括园地、林地、牧草地和其他农用地。本研究仅考虑以下三种情况下的农地流转价格：ⓐ农地流转前后用途不变。因为农业结构调整将引起农地收益的变化，从而会影响流转价格的调整。ⓑ相同区位条件的农地流转。以排除区位地租的影响。ⓒ流转形式为转包和出租。因为转让属于农地承包权的交易和买卖范畴；互换实际是以货易货的形式，其流转价格一般等于农地收益；入股带有一定的投资性质，流转价格的形成机理较为复杂。

5.1.1.1　农地流转价格影响因素

在此前提下，当期农地流转价格主要受以下关键因素的影响：

（1）土地承包权。党的十一届三中全会以来，我国的土地承包制度经历了"两权分离"到"三权分置"的发展历程。法律赋予土地承包经营权以用益物权性质，而承包权与经营权的分离，使我国的土地规模经营产生一项新的成本，即地租，其中用益物权的性质决定了绝对地租的存在。

---

① 冯锋，杜加，高牟. 基于土地流转市场的农业补贴政策研究 [J]. 农业经济问题，2009，30（7）：22-25.

② 邓大才. 农地流转价格体系的决定因素研究 [J]. 中州学刊，2007（3）：44-48.

（2）上期农地流转价格。已经确定的地租水平，将成为下一轮地租谈判的基础（田先红、陈玲，2013）[1]。在粮食价格稳定上涨的形势下，当期农地流转价格一般等于或高于上期。

（3）农地净收益。农地净收益＝产值－成本＝价格×产量－（生产资料成本＋人工成本）。农地流转价格与土地净收益呈正相关关系，其中与农产品价格和产量正相关，与生产成本负相关。在其他条件不变的情况下，土地肥力、地块位置差异导致产量差异以及净收益差异，会产生级差地租。另外，农户对土地净收益的预期，也会影响农地流转价格的形成。

（4）流转市场供求。供求关系对农地流转价格形成的影响较为复杂，除上述因素和政策因素通过对供求关系影响进而对农地流转价格的形成产生作用外，流转市场供求双方的谈判能力也将影响农地流转价格的形成。交易双方博弈的结果不同，农地流转价格的水平也不同。因而，即使在同一地区，相同条件土地的地租水平也可能存在较大差异（田先红、陈玲，2013）[2]。

（5）政策因素。政策因素影响农地流转价格的路径包括通过影响土地净收益或流转市场供求而发挥作用。比如征缴农业税费或发放农业补贴，会减少或增加土地净收益，进而影响农地流转价格。

5.1.1.2 农业补贴方式影响路径

农业补贴政策主要通过农地净收益来影响农地流转价格，对农地净收益的影响则主要通过价格、产出和成本因素来实现（图5-1）。

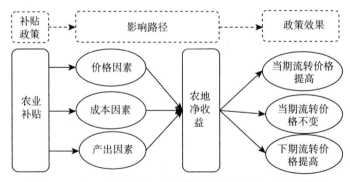

图5-1 农业补贴对农地流转价格的影响路径和政策效果

①② 田先红，陈玲.地租怎样确定？——土地流转价格形成机制的社会学分析［J］.中国农村观察，2013（6）：2-12，92.

进入 21 世纪以来，我国实施一系列强农惠农富农政策[①]，初步形成价格支持、直接支付和一般服务支持等方式相结合的农业补贴政策框架，其中直接支付又分为挂钩补贴和脱钩补贴。农业补贴方式不同，补贴对农地流转价格的影响路径和政策效果也不同（图 5 - 2）。

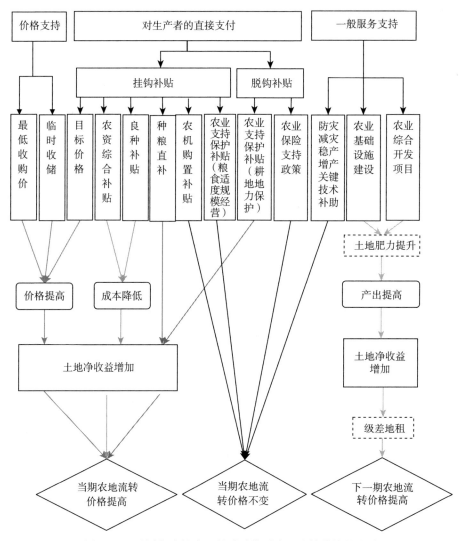

图 5 - 2　不同方式的农业补贴政策对农地流转价格的影响

---

① 韩洁，朱守银．新形势下农业支持保护政策问题与建议 ［J］．农村工作通讯，2016（23）：16 - 17.

（1）价格支持。主要包括最低收购价政策和临时收储政策。价格支持方式通过对市场均衡价格的干预，实现"价格下限"的托底作用，保护生产者免受价格波动带来的效益损失。在价格支持政策的作用下，2004年以来我国粮食产量与价格持续上升，2004—2015年早籼稻、中晚籼稻和粳稻最低收购价分别由70元/50千克、72元/50千克、75元/50千克增至135元/50千克、138元/50千克、155元/50千克，2006—2015年红小麦最低收购价由69元/50千克增至118元/50千克，等。粮食价格稳定上升促使农地流转价格随农地预期净收益的增加不断提高，国家发改委统计的2004—2014年三种粮食平均每亩土地成本由54.07元增至217.76元，课题组实际调研地区2011—2014年的农地流转价格由385.9元/亩增至554.4元/亩。相反，如果政府取消农产品价格支持政策，交由市场定价，农地流转价格将随市场价格波动发生变化，若市场价格下调，农地流转价格将随之下调。这在2016年6月对山东省某县的跟踪调研中获得实证。随着农业供给侧结构性改革的推进，玉米临储政策加快改革，先兆出现在2015年秋收，临储价格首次下调，从每千克2.2元降到每千克2元，并引发玉米市场价格的大范围下调，在不执行临储政策的河北、山东等地，玉米市场价曾跌至每吨1 600～1 700元（马肃平，2016）[①]，课题组调研的山东省某县家庭农场的玉米售价平均降至1.50元/千克，每亩收益因此下降450元左右，这引发当地农地流转价格的普遍下调，由2013—2014年亩均500千克小麦、1 200元（按当时小麦收购价格折现），下调至2016年亩均800元。

（2）对生产者的直接支付。直接支付方式下，农业补贴政策主要通过调节价格和成本因素，或者直接增加土地净收益而影响农地流转价格。其中，农产品目标价格政策是介于价格支持和直接支付的差价补贴方式，主要通过平抑价格波动确保产品收益、增加农地收益，会引发流转价格提高。农资综合补贴与良种补贴是对投入进行补贴的方式，主要通过降低生产成本增加土地净收益，也会引发流转价格提高。种粮直补是基于现期种粮面积的挂钩补贴，农业支持保护补贴中的耕地地力保护补贴是基于现期耕地面积或播种面

---

① 马肃平.农民喊赔，仓库爆满，企业叫亏破局玉米临储乱象［EB/OL］.（2016－06－06）［2017－09－28］. http：//www.infzm.com/content/117453/? qk6.html.

积但与种植类型、产量都脱钩的补贴，这两项政策都会直接增加土地净收益，并带动流转价格提高。此外，农机购置补贴、农业支持保护补贴中的粮食适度规模经营补贴和农业保险支持政策，致力于强化农业固定资产投入和自然风险防控，目的在于提高劳动效率和减少灾害损失，所采取的支持方式不直接干预农地要素市场的供求关系。

（3）一般服务支持。类似农业综合开发项目、农业基础设施建设等项目支持，由于对土地进行整理、改良，提升了土地肥力和耕作条件，土地产出水平会得到提高，由此将会产生级差地租。若级差地租发生在租约签订前，将会影响即将发生的农地流转价格；若发生在租约期内，将不会影响当期农地流转价格，由其产生的级差地租，在租约期内归经营者所有，但是租约期满、签订新的租约时，农地流转价格将会提高。因此，类似农业综合开发项目、农业基础设施建设等一般服务支持，将会带动下一期农地流转价格提高。这也正是土地所有者和农业资本家总是围绕土地租期长短进行斗争的原因，双方斗争的焦点是争夺连续投资产生的超额利润（焉香玲，2010）[①]。课题组调研的黑龙江省某些农区的土地流转期限基本为 1 年，合同签订频率为每年 1 次，充分反映了农地转出方为争夺级差地租所做的努力。另外，类似农业防灾减灾稳产增产关键技术补助政策，一般不会影响农地流转价格。

此外，值得一提的是，各地在发展规模经营的过程中，经常选择土地流转补贴这一政策工具，该项政策会直接影响农地流转市场供求关系，促进农地流转价格提高。

综上所述，能够对农地流转价格产生影响的农业补贴政策，存在一个共同点，即都会影响土地净收益或农地流转市场供求。但是，我们同时应该注意，在这些能够对农地流转价格产生影响的农业补贴政策中：价格支持和目标价格政策，其目的是增加农产品生产者价格，直接支付中的农资综合补贴和良种补贴，其目的是降低生产成本，政策目标都旨在增加生产者经营利润，但由于同时带动了农地流转价格提高，使其政策效果打了折扣，当补贴

---

① 焉香玲. 基于马克思地租理论的我国农民收益分配问题研究 ［J］. 经济纵横，2010（7）：13-16.

力度小于农地流转价格上涨幅度时，生产者甚至可能面临亏本困境；类似农业综合开发、农业基础设施建设等一般服务支持政策，虽然会影响下一期农地流转价格，但通过项目支持实现了土地质量的提升和土地产出率的提高，从长远看有利于国家粮食安全。

5.1.2 土地流转补贴政策对农地流转价格的影响

土地流转补贴是近年各地政府探索农业规模经营实现形式的过程中普遍采取的政策工具，目的是通过直接财政奖补方式鼓励土地经营权流转，加快推进规模经营。但是，此种补贴方式通过影响土地要素市场供求关系提高了农地经营权的流转价格。

基本前提：土地流转补贴会影响土地流转市场的供求关系，且由于土地资源稀缺和土地产权的原因，土地供给缺乏弹性。

研究假设：土地流转补贴能够调动土地流转积极性，从而影响土地流转的供给和需求。补贴转入方，转入方会增加土地需求；补贴转出方，转出方会增加土地供给。

5.1.2.1 补贴转入方的政策效应

没有补贴的情况下，土地流转市场的均衡价格为 $P1$，此时的土地流转数量为 $Q1$。如果政府对转入方（买者）进行补贴，转入方会扩大土地流转规模，需求曲线将向上移动，变化量等于补贴金额，并形成新的均衡（$P2$，$Q2$）。在新的均衡数量下，转入方（买者）的实际支付价格是 $P3$，且 $P3<P1<P2$。可见，补贴转入方，使得土地流转市场的均衡价格提高了，且幅度较大；实际上，转出方分享了大部分补贴收益，详见图 5-3。

5.1.2.2 补贴转出方的政策效应

没有补贴的情况下，土地流转市场的均衡价格为 $P1$，此时的土地流转数量为 $Q1$。如果政府对转出方（卖者）进行补贴，转出方会增加土地供给，供给曲线将向右移动，变化量等于补贴金额，并形成新的均衡（$P2$，$Q2$）。在新的均衡数量下，转出方（卖者）实际得到的价格是 $P3$，且 $P3>P1>P2$。补贴转出方，虽使土地流转市场的均衡价格有小幅下降，但补贴的大部分收益被转出方收入囊中，详见图 5-4。

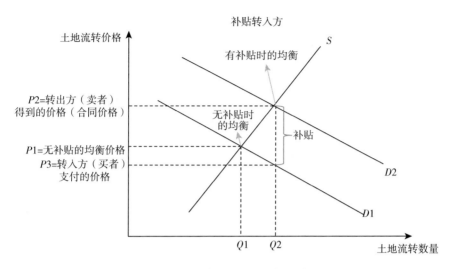

图 5-3　补贴转入方时的"负税效应"

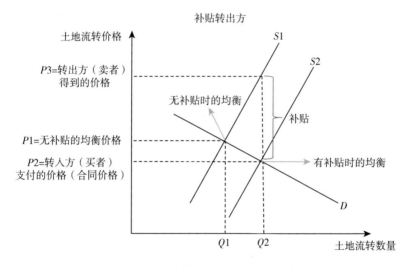

图 5-4　补贴转出方时的"负税效应"

　　综上所述，无论补贴转入方还是转出方，由于土地供给缺乏弹性，均会产生由转出方获得大部分补贴金额的"负税效应"，转出方得到的价格都等于转入方支付的价格与补贴金额之和（转出方得到的价格＝转入方支付的价格＋补贴金额）（图 5-5）。两种情况的区别在于，补贴转入方时，补贴后的均衡价格高于补贴前的均衡价格；补贴转出方时，补贴后的均衡价格低于补贴前的均衡价格（图 5-3 和图 5-4）。

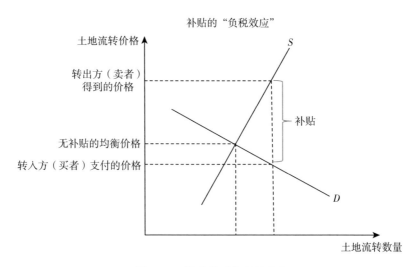

图 5-5　补贴的"负税效应"

2009 年以来，H 省 Y 市为鼓励土地适度规模经营，对规模经营主体流转土地进行直接财政奖补，但却导致当地流转价格持续增加。2009—2013年，该市土地流转价格逐年上升，分别为 700 元/亩、800 元/亩、850 元/亩、900 元/亩和 1 000 元/亩，最高的达到每亩每年 1 200 元。2013 年，该市 L 乡用于补贴土地流转的财政支出超过 1 200 万元，占乡财政收入的 1/4以上，种粮大户的财政补贴收入占其家庭纯收入比重超过 50%，农户转出土地价格高出自己经营农地收益的 30%。

5.1.3　按实际种粮面积补贴政策对农地流转价格的影响

基于现期种粮面积补贴，政策目标是鼓励粮食生产、稳定种粮面积、增加粮食生产者收益，补贴对象原则上应为粮食生产者。但补贴发放过程往往粗放，并未严格遵循补贴原则，而是有的发放给转入方，有的发放给转出方。当发放给转出方，该项补贴即背离政策设计初衷，成为转出方征收附加地租的依据，一旦转入方不种粮导致转出方失去补贴，"附加地租"便自动生效，转入方将另外支付等同于补贴金额的租金。由于此种补贴方式选择以土地为根本依据，而农产品生产依赖土地的特性决定了补贴也将对土地要素价格产生影响。在此种补贴方式下，不管发放对象是谁，土地要素价格都将产生扭曲。

若补贴发放给转入方，则在进行农地流转交易时，转出方必然将补贴金额作为新增农地净收益纳入租约价格的计算范畴，使对农地经营者的生产性补贴转化成地租。当转入方作出种粮决策时，政府将按照实际种粮面积发放补贴给转入方，而补贴金额将作为地租让渡给转出方，租约价格减掉补贴金额后的剩余租金将由转入方自己承担，这部分由转入方实际承担并支出的租金称为"实际价格"，此时的实际价格小于租约价格，农地流转的实际价格＝租约价格－补贴金额。当转入方不种粮，他将自己承担由于生产结构调整导致的财政补贴损失，以避免转出方的租金损失，此时的实际价格等于租约价格，并高于种粮决策下的实际价格。

若补贴发放给转出方，政策效果即偏离目标，本应对农地经营者的生产性补贴将直接转化成地租、成为农地经营者的新增土地成本。当转入方种粮，实际价格等于租约价格。当转入方不种粮，转入方将自己承担并支付等同于补贴金额的附加地租，以弥补转出方预期补贴收益，此时的实际价格大于租约价格，农地流转的实际价格＝租约价格＋等同补贴金额的附加地租。

综上所述，按实际种粮面积发放补贴，若补贴发放对象不同，租约价格也将不同。对比补贴发放给转入方和补贴发放给转出方两种情况的租约价格，一般前者高于后者，详见图 5-6（租约价格 A＞租约价格 B）。因为若补贴发放给转入方，转出方将通过提高租约价格来弥补补贴损失，使转入方实际承担并支出的租金（实际价格）至少等于补贴发放给转出方情况下双方订立的租约价格。实际上，与土地流转补贴相同，按实际种粮面积发放补贴也将直接影响要素市场，使土地经营权流转市场达到新的均衡，且转出方始终获取补贴的更多收益。

课题组调研的东部某市采取按实际种粮面积发放补贴的方式，补贴转入方和补贴转出方的情况均存在。按照上述原理分析，比较租约价格和实际价格的主要结果如下：

（1）补贴转入方的租约价格，高于补贴转出方的租约价格。根据调研数据，若补贴发放给转入方，租约价格平均为 1 078.2 元/亩；若补贴发放给转出方，租约价格平均为 733.3 元/亩，详见表 5-1。

（2）补贴转入方的实际价格，高于补贴转出方的租约价格。若补贴发放给转入方，种粮决策下的实际价格平均为 952.2 元/亩，不种粮决策下的实际价格平均为 1 078.2 元/亩，均高于补贴转出方时的租约价格（733.3 元/亩）。

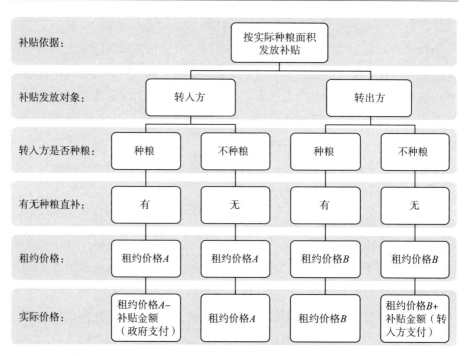

图 5-6　按实际种粮面积发放补贴对农地流转价格的作用机理

表 5-1　东部某市受访大户平均租约价格和平均实际价格

单位：元/亩

补贴发放对象	租约价格均值	实际价格均值	
		种粮	不种粮
转入方	1 078.2	952.2	1 078.2
转出方	733.3	733.3	859.3

资料来源：笔者根据调研问卷数据统计分析；租约价格按照一级地租金额录入。

5.1.4　研究结论与政策含义

5.1.4.1　研究结论

（1）我国特有的农地产权结构决定了对规模经营进行支持，农业补贴政策效应将会传导到要素市场，影响农地流转价格的形成和变化。农地制度的核心，即地权本身（姚洋，2000）[①]。改革开放以来，农地制度经历了从村

---

① 姚洋. 中国农地制度：一个分析框架 [J]. 中国社会科学，2000（2）：54-65，206.

集体所有权和农户承包经营权"两权分离"为特征，到所有权、承包权和经营权"三权分置"为特征的演变。根据法律规定，土地承包经营权具有用益物权性质，而承包权与经营权的分离，使我国通过流转土地经营权实现的规模经营产生了地租。在此种农地产权制度安排下，对规模经营进行支持，农业补贴政策的效应将会传导到要素市场，并影响农地流转价格的形成和变化。

（2）农业补贴政策主要通过农地净收益来影响农地流转价格。农地流转价格主要取决于农地净收益，且两者正相关。此外，农地流转价格还受到包括但不限于以下因素的影响：流转市场供求双方的谈判能力；上期农地流转价格；政策因素等。农业补贴政策主要通过农地净收益来影响农地流转价格，对农地净收益的影响则主要通过价格、产出和成本因素来实现。

（3）方式（政策工具）不同，补贴对农地流转价格的影响路径和政策效果也不同。价格支持、目标价格以及直接支付中的农资综合补贴和良种补贴，政策目标旨在通过增加农产品生产者价格和降低生产成本两种不同的路径来增加生产者经营利润，但补贴却同时带动了农地流转价格的提高，当补贴力度小于农地流转价格上涨幅度时，生产者甚至可能面临亏本的困境；类似农业综合开发、农业基础设施建设等一般服务支持政策，虽然会影响下一期农地流转价格，但通过项目支持实现了土地质量的提升和土地产出率的提高，从长远看有利于国家粮食安全。

（4）类似土地流转补贴、按实际种粮面积发放补贴等支持方式，无论补贴对象是谁，转出方始终获取补贴的更多收益。对土地流转进行补贴，无论补贴转入方，还是补贴转出方，效果都是相同的。由于土地供给缺乏弹性，补贴政策产生的"负税效应"，使得转出方分享了大部分补贴收益。两种情况下，转出方得到的价格都等于转入方支付的价格与补贴金额之和。两种情况的区别在于，实际操作过程中，补贴转入方时的租约价格往往高于补贴转出方时的租约价格。按实际种粮面积发放补贴，若补贴对象为转入方，虽然直观上可以减少转入方的部分租金支出，但转出方会随之调整租约价格，通过提高定价的方式来弥补补贴资金的损失，使转入方实际支付的价格（实际价格），至少等于补贴转出方时双方订立的租约价格。实际上，与土地流转补贴相同，按实际种粮面积发放的补贴也影响了要素市场的供求，使土地经营权流转市场达到新的均衡，且转出方始终获取补贴的更多收益。

（5）一个悖论：政府支持土地流转和规模经营，却恰恰让规模经营陷入困境。对土地流转的支持，特别是对大规模成方连片流转的补贴，成为推动土地流转价格高企的重要原因。尽管对大规模土地流转给予补贴，但由于推高了土地流转成本，导致大规模经营者并没有真正受益。与此同时，众多适度规模经营主体，由于得不到补贴政策惠顾，但同时要承担土地流转成本不断攀升的后果，更加剧其生产经营困难。如此，便产生如下悖论：政府支持土地流转和规模经营，却恰恰让规模经营陷入困境。

5.1.4.2 政策含义

价格干预和直接支付见效快，但同时可能引发农地流转价格提高，抵消部分甚至全部补贴收益，非治本之策。从长期看，支持农业规模经营发展，需要依靠公共基础设施建设、科研推广服务、新型职业农民培训等一般服务支持。因此，应改变目前对于土地流转给予支持补贴或者单纯抬高粮价的方式，而应该更多加大金融支持和风险防范支持，推动实用农业机械和相关技术的发展。

5.2 农业补贴政策对农民种粮积极性的激励效应

农业补贴政策对农民种粮积极性的激励效应已弱化。为了解补贴对于调动农民种粮积极性的作用有多大、农户在种粮时是否考虑农业补贴情况，课题组曾于 2015 年 8 月在黑龙江省开展了调研，共回收问卷 3 831 份，覆盖全省 13 个地市 47 个县。问卷统计结果显示，农民在种粮时对几项补贴的关注度比较低。总体上，完全不考虑和不太考虑种粮直补、农资综合补贴、良种补贴、农机购置补贴、目标价格补贴的农户比重分别为 52.1%、69.9%、62.6%、79.2%、77.7%。分具体品种，水稻种植户种粮时完全不考虑和不太考虑上述五项补贴的比重分别为 48.2%、75.2%、63.4%、77.9%、80.5%；玉米种植户的上述比重分别为 48.4%、62.7%、58.1%、73.7%、74.8%；大豆种植户的上述比重分别为 52.4%、61.5%、59.6%、75.5%、53%（注：水稻和玉米尚未实施目标价格政策，仅为意向调查），详见表 5 - 2 至表 5 - 5。

表 5-2　黑龙江调查农户种粮时考虑农业补贴有效比率

项目	粮食直补	农资综合补贴	良种补贴	农机购置补贴	目标价格补贴
有效答卷数量（份）	3 156	2 423	2 626	1 871	1 917
完全不考虑（％）	23.7	40.6	33.3	52.2	55.5
不太考虑（％）	28.4	29.3	29.3	27.0	22.2
略有了解（％）	14.8	10.2	12.0	11.8	12.4
时常关注（％）	14.4	8.6	9.7	4.8	4.7
经常关注（％）	18.7	11.4	15.7	4.2	5.2
合计（％）	100.0	100.0	100.0	100.0	100.0

表 5-3　黑龙江水稻种植户种粮时考虑农业补贴有效比率

项目	粮食直补	农资综合补贴	良种补贴	农机购置补贴	目标价格补贴
有效答卷数量（份）	667	476	555	413	380
完全不考虑（％）	20.2	44.5	31.9	50.8	59.7
不太考虑（％）	28.0	30.7	31.5	27.1	20.8
略有了解（％）	18.3	10.9	11.5	11.6	13.2
时常关注（％）	18.1	9.5	12.4	6.8	3.9
经常关注（％）	15.3	4.4	12.6	3.6	2.4
合计（％）	100.0	100.0	100.0	100.0	100.0

表 5-4　黑龙江玉米种植户种粮时考虑农业补贴有效比率

项目	粮食直补	农资综合补贴	良种补贴	农机购置补贴	目标价格补贴
有效答卷数量（份）	1 431	1 164	1 219	825	851
完全不考虑（％）	20.4	35.1	28.7	47.6	53.8
不太考虑（％）	28.0	27.6	29.4	26.1	21.0
略有了解（％）	14.3	10.9	11.6	13.2	12.1
时常关注（％）	15.3	10.1	10.7	6.7	5.8
经常关注（％）	21.9	16.3	19.6	6.4	7.3
合计（％）	100.0	100.0	100.0	100.0	100.0

表 5-5　黑龙江大豆种植户种粮时考虑农业补贴有效比率

项目	粮食直补	农资综合补贴	良种补贴	农机购置补贴	目标价格补贴
有效答卷数量（份）	328	239	277	180	249

（续）

项目	粮食直补	农资综合补贴	良种补贴	农机购置补贴	目标价格补贴
完全不考虑（%）	20.1	25.9	25.3	43.3	28.9
不太考虑（%）	32.3	35.6	34.3	32.2	24.1
略有了解（%）	12.8	9.6	9.0	8.9	18.5
时常关注（%）	16.5	12.1	12.3	7.2	12.0
经常关注（%）	18.3	16.7	19.1	8.3	16.5
合计（%）	100.0	100.0	100.0	100.0	100.0

此外，课题组多次调研中了解到，目前农机利用率较低甚至很低。合作社、种植大户为了获得补贴买了很多用不上的农机具，给自身带来很大的贷款压力，而农机补贴效率发挥情况则不太乐观。

农业补贴政策实施行政成本高。多年来，基层反映农业补贴政策是好政策，但由于项目多，政策实施成本极高。本研究以课题组调研的黑龙江省肇州县永乐镇新隆村（小型村）为例，说明该村良种补贴的具体执行成本。ⓐ雇车每天200元，8天计1 600元；ⓑ雇2个村民代表核实用工，每天100元，8天计800元；ⓒ每天中午便餐包括村会计1人与村民代表3人，每餐每人25元，8天计800元；ⓓ打印表格及种植卡45本，每本9元，计405元；ⓔ表格及种植卡装订25本，每本装订费17元，计425元；以上费用合计4 030元，每年核实两次总计8 060元。按全县104个行政村计，共需83.82万元，就按一次计，也得41.9万元。

另据调研的陕西省礼泉县测算，全县良种补贴执行期限一般为3个月，共计出动300多人，车90多辆次，印发宣传材料及有关资料5万多份，其中人员一项每天需18 000元（按每人每天生活补助费30元、公杂费30元计算，合计60元，出动300人），以10天计，需要18万元，粗略估计，执行成本在20万元左右。该县农机购置补贴工作执行成本年宣传费4万元、办公经费4万元、机具核查2万元，合计至少10万元。

第 6 章　我国农业规模经营现状及主体特征研究

　　据国家统计局数据，到 2018 年，全国家庭承包耕地流转面积超过 5.3 亿亩，超过承包耕地总面积的 1/3，在一些东部沿海地区，流转比例已经超过 1/2。全国经营耕地面积在 50 亩以上的规模经营农户达到 413.8 万户，经营耕地面积超过 3.5 亿多亩。同时，根据农业农村部《数说新中国 70 年农业农村巨变》数据显示，截至 2018 年底，全国农业生产托管服务面积为 13.84 亿亩次，比上年增加 52.72％。从事农业生产托管的服务组织数量达到 37 万个，比上年增加 18.4％。接受农业生产托管的服务对象数为 4 630.17 万个（户），比上年增加 23.33％，其中小农户数为 4 194.37 万户，占服务对象总数的 90.59％。农业规模经营呈现出旺盛的生命力。新型农业经营主体不断发展壮大。截至目前，全国依法登记注册的农民合作社达 220.6 万家，家庭农场 60 万个，联合社 1 万多家，辐射带动全国近一半的农户。新型农业经营主体日益成为我国农业适度规模经营的骨干力量，对推动我国农业供给侧结构性改革、实现农业农村现代化发挥着越发重要的作用。分析新型农业经营主体的经营现状及其特征，对政府创设和优化公共政策、提高政策执行效率、改善政策效果以及推进乡村振兴战略实施，具有重要的政策价值和实践意义。

6.1　对 20 世纪 50—90 年代五代农民当前收入的观察和思考——基于鲁东南 Z 市的调研

　　增加农民收入是我国农业农村现代化进程中的一个重大命题。为深入了解我国农民当前收入情况，2018 年 2 月 16—20 日，利用春节返乡之际，笔者走访了鲁东南 Z 市的部分农村居民，就农民收入问题开展了实地调研。

6.1.1　整体情况

Z 市位于山东半岛东南部，总面积达 2 100 多平方公里，常住人口为 110 多万人。该地属暖温带大陆性季风区半湿润气候，适宜农作物生长。全市耕地面积 160 万亩，盛产小麦、玉米、大豆、黄烟、花生、蔬菜、果品等农产品，多次荣获全国粮食生产先进县、全国生猪调出大县等荣誉称号。

近年来，Z 市以农村社区（全市农村调整为 200 多个农村社区，在社区中心村建设服务中心及村民聚居点）为纽带，立足粮食和畜牧，积极培育新型经营主体，大力推进规模化经营、社会化服务，走出一条独具特色的社区型农业现代化之路，为保障农民收入提供了有力支撑。据统计，2017 年 Z 市农村居民人均可支配收入达 18 670 元，远高于国家统计局公布的 2017 年我国农村居民人均可支配收入 13 432 元的全国平均水平。

此次调研，选取了 Z 市某农村社区 50—90 年代五代农民各一人。所调研对象概要情况如下（应受访者要求，其姓名以字母代替）：C，1951 年出生，初中文化程度，主业为务农。其三个子女或出嫁，或落户城市，或外出务工。其老伴常年在子女处照看小孩，仅在农忙时候回去帮忙。因此，大多数时间，种地的重担就落在了 C 一人身上。由于年纪越来越大，子女多次劝说 C 放弃种地。但是由于近两年土地流转价格较低，大户流转意愿不强，加之当地农业机械化程度较高，种地劳动强度不高，因此 C 一直不舍得放弃种地；F，1963 年出生，小学文化程度，主业为务农，两个儿子均已成家并外出打工，配偶因体弱多病仅能从事轻微劳动，家中仅夫妻二人和一个年幼的小孙子留守；X，1978 年出生，初中肄业，主业为打工，配偶搞肉牛养殖，二人育有一子一女，女儿已成年、未出嫁，儿子正上初中；W，1983 年出生，初中肄业，目前是自由职业（流动摊贩），配偶之前在超市做促销员（目前待业），二人已在城中贷款买房定居（户口在农村），育有一子一女，儿子已上小学，女儿尚年幼；Q，1997 年出生，初中文化程度，主业为打工，未婚。

分析上述调研对象的特征，从年龄阶段看，从 50 年代到 90 年代，这五代农民构成了当前我国农民（仅指有劳动能力及相应收入的成年人）的主体；从家庭情况看，有留守务农的，有外出打工的，家庭中有需要照看的病人，也有未成年的学生和幼儿；从收入来源看，有种地、养殖等务农收入，也有打工收入。整体看，对上述调研对象收入情况进行调研，对于了解我国农民实际收入情况，调整出台促进农民增收的政策措施，具有较强的借鉴意义。

6.1.2　所调查对象具体收入情况

通过走访座谈了解到，C、F、X、W、Q 五位农民 2017 年可支配收入主要由四部分构成。一是打工收入，C、F 因年龄较大，很难获得打工机会，已经无法取得相关收入。X、W、Q 都有着多年打工经历（W 已放弃打工），打工收入是目前 X、Q 的唯一收入来源；二是农业经营收入，C、F 虽然年龄已大但依然坚持种粮，这是其重要收入来源；三是家庭经营收入，W 打工多年后改行做小买卖，这是其唯一收入来源；四是农业补贴收入，C、F 因为坚持种地每年可以领取相应农业补贴，X、W、Q 则因放弃种地而与此无关。按统计指标划分，五位农民 2017 年收入情况如表 6-1 所示。

表 6-1　2017 年我国农村居民年人均可支配收入与此次调研对象可支配收入比较

单位：元

	全国	山东	Z 市	调研对象				
				C-50 年代	F-60 年代	X-70 年代	W-80 年代	Q-90 年代
总收入	13 432	15 118	18 670	5 342.85	4 636	39 600	45 600	28 800
工资性收入	5 498	6 069				39 600		28 800
经营净收入	5 028	6 730		4 761.6	4 136		45 600	
财产净收入	303	391						
转移净收入	2 603	1 928		581.25	500			

注：①上述调研对象均未通过土地流转、集体资产分红等方式获取收入，本次调研未涉及其个人存款及利息收入，因此财产收入均忽略处理。②上述调研对象收入统计中，均未扣除吃穿用度、人情往来等生活成本。

资料来源：根据调研制表。

6.1.2.1　50 年代 C 的收入情况

2017 年，C 种了 9.3 亩地，分为三个地块。这三块地中，承包地有两块，分别是 3.6 亩和 3 亩；从村集体租种的机动地一块，2.7 亩。其中，3.6 亩的地块属水浇地，正常年景可以浇上附近最大河流潍河上游墙夼水库放的水，能够确保旱涝保收；3 亩的地块是坡地，必须用抽水机浇地，遇到干旱年景，只能"望天收"；2.7 亩的地块就在村边，离家仅三四百米，虽然必须用抽水机浇地，但好在离家近，附近水井多，浇地方便。

据 C 反映，2017 年年景较好，他的 9.3 亩小麦和玉米都获得了丰收。其中，小麦亩产约 700 斤，售价 1.22 元/斤，总产值 7 942.2 元；玉米亩产约 1 000 斤，售价 0.82 元/斤，总产值 7 626 元。其农资、农机等投入成本为 650 元/亩，总计投入 6 045 元。刨去成本，2017 年 C 和老伴二人种粮纯收入为 9 523.2 元。此外，2017 年 C 和老伴农业补贴收入为 1 162.5 元（125 元/亩）。综上，C 与其老伴 2017 年家庭可支配收入总计为 10 685.7 元。按人均计算，C 在 2017 年的可支配收入为 5 342.85 元。需要指出的是，2014 年，玉米价格开始大幅下跌，由 1.02 元/斤降至 2017 年的 0.82 元/斤，这直接导致其种粮收入每亩减少 200 元。C 的种粮收入与成本详见表 6 - 2。

表 6 - 2　2017 年 C 种粮收入与成本明细（每亩）

项目	收入			成本						
	产量（斤）	价格（元）	产值（元）	种子（元）	化肥（元）	农药（元）	机耕（元）	机种（元）	机收（元）	水费（元）
小麦	700	1.22	854	40	130	10	60	40	50	50
玉米	1 000	0.82	820	40	130	10		30	60	
合计	1 700		1 674	80	260	20	60	70	110	50
						650				

资料来源：根据调研制表。

6.1.2.2　60 年代 F 的收入情况

F 目前种了 8 亩地，其种粮每亩产量及亩均成本与 C 相当。2017 年，其小麦总产值为 6 832 元，玉米总产值为 6 560 元，种地成本为 5 120 元。刨去成本，2017 年家庭种粮纯收入为 8 272 元（受玉米价格下跌影响，总收入较 2014 年减少 1 600 元）。此外，2017 年家庭农业补贴收入为 1 000 元（125 元/亩）。综上，F 夫妻二人 2017 年家庭可支配收入总计为 9 272 元。

按人均计算，F 在 2017 年的可支配收入为 4 636 元。

此外，前几年，F 所在村被纳入整村搬迁范围，所有村民不允许新建或翻盖房屋，按规定要求以宅基地置换社区中心的楼房。由于两个儿子面临结婚，F 不得已用宅基地置换了一套 90 多平方米的房屋，开始了"上楼"生活。目前，该村已消失，只剩两三家"钉子户"，其余都已复垦为农田。这两年，利用儿子们的打工收入，F 又在社区中心购置了一套楼房，面积 110 平方米，费用约 15 万元。

6.1.2.3　70 年代 X 的收入情况

X 初中肄业后一直打工，已有 20 多年。其中有几年是在本地一家农业产业化国家重点龙头企业从事肉鸡的切割工作。由于离家较远，X 放弃了这项工作，夫妻二人返乡先后尝试收秸秆、搞养殖等活计。后来，有一家食品企业入驻离其家 5 公里左右的农村社区中心。于是，X 就又开始了打工生涯，在该企业继续从事鸡肉制品的切割、穿串、分装工作，至今已有十多年时间。目前，X 每天工作 12 个小时，每月工资 3 300 元。由于其在该企业任车间小组长，故比一般打工人员每月多 500 元。2017 年，其打工年收入达 3.96 万元。此外，其配偶仍然从事肉牛养殖，但由于缺乏技术、不懂管理、对市场行情不够敏感等因素，其养殖及管理较为粗放，存在饲喂环境污染、牲畜疾病及死亡率过高、养殖成本居高不下等问题，导致养殖风险过高、效益低下。为了周转资金，其配偶将 X 相当一部分打工收入用作了养殖成本。

6.1.2.4　80 年代 W 的收入情况

W 有着 20 多年的打工经历。他曾在砖厂、出版社仓库当过搬运工，在 Z 市某农业产业化国家重点龙头企业干过几年流水线工人，在机械加工企业开过多年叉车、做过多年电焊工。10 多年前，W 全家举债凑了首付，为 W 在县城买了房子。这既解决了 W 在县城定居的问题，但同时也给 W 带来了不小的还贷压力。前两年，由于实体经济不景气，W 所在的机械厂经常没有订单、发不出工资，甚至出现拖欠工资情况。W 多次尝试换其他工作，但收入始终无法保障。在经济压力之下，W 放弃打工，选择从事流动摊贩这一"非正规职业"，夏秋卖水果，冬春卖烤肠。由于没有固定、合法的摊位，其收入不确定性极大。2017 年，其年纯收入约为 4.56 万元。

6.1.2.5 90 年代 Q 的收入情况

Q 初中毕业后先后做过三份工作。第一份是在药店卖药，由于离家太远、收入较低，做了两年后就辞职了；第二份是在 Z 县城一家制衣厂打工，这份工作每天平均要干 12 小时，Q 实在吃不消，做了不到一年就不干了；第三份，即目前这份工作，是在县城一个超市的蛋糕店工作，主要从事装饰蛋糕、打扫卫生等辅助性、打杂性工作，并不掌握和接触核心技术。2017 年，Q 每月工资为 2 800 元（无保险等社会保障），全年收入约 3.36 万元。由于离家较远，Q 在超市附近租了一间房子，每月房租为 400 元。扣除上述费用，Q 每月可支配收入为 2 400 元，2017 年全年可支配收入为 2.88 万元。

6.1.3 思考及对策建议

2004 年以来，在一系列惠农强农富农政策的扶持下，我国农村居民收入连年快速增长。党的十八大以来，我国农业农村发展取得了历史性成就、发生了历史性变革，农民收入实现新提升。党的十九大提出实施乡村振兴战略，其中明确提出生活富裕的总要求。可见，农民富不富一直是党和国家关心的重点。此次调研发现，目前有劳动能力的 50—90 年代五代农民，其收入受到粮食价格走低、自然灾害频发、基层治理走样、集体资产"沉睡"、打工收入不稳等五方面因素影响。必须针对这些问题对症施策，才能确保我国农民收入继续保持快速稳定增长的良好态势。

一是粮食价格连年走低严重影响农民收入和种粮积极性。调研发现，农民种粮收入（土地经营收入）严重偏低。目前，已经老去的 50 年代和 60 年代两代农民成为种粮主体，其体力和精力已很难适应当前农业供给侧结构性改革的要求，种粮仅仅是无奈之下的选择和对土地深厚感情的一种坚守。交流中，农民对近年来粮价的下调反应强烈。据了解，由于粮价下跌，农民种粮收入受到直接冲击。有农民表示，种粮已经挣不到多少钱，已不愿在种粮上面多花精力和成本。还有农民表示，以前农忙在城里打工的亲人总要回去帮忙，现在都没人回去了，少打一天工损失的钱比起那些粮食多出不少。不仅如此，粮价下调还带动土地流转价格下跌，对土地流转产生一定影响。调研发现，当地相当一部分流转出的土地用于种植黄烟，这部分土地的地力和基础设施条件较好，流转价格也较高，每年达 600 元/亩。而相同条件的土地，如果流转出去用于种粮，每亩仅 150～200 元。因为种粮不挣钱，一些种粮大户主动流转土地、扩大规模的意愿不强；而同时，农民觉得每亩 150～200 元的流转价格太低，不如自己勉强维持种地合算，自己种还能拿些补贴，因此也不愿意将土地转出。

在当前农业供给侧结构性改革深入推进，粮食价格持续走低的大背景下，提高农民种粮收入、稳定农民种粮积极性意义重大。调研发现，当地种粮农民种植的冬小麦和玉米都是普通品种，也没有深加工。种粮要挣钱，必须转换思路——卖小麦不挣钱，可以卖面粉；卖玉米不挣钱，可以卖饲料。建议向"品种＋品牌"要效益，加大特色优质品种的推广力度，加强农产品产地加工和商品化，依托当地资源禀赋，创设各具特色的农产品品牌。同时转变种粮思路，加大粮改饲力度，加快青贮玉米产业发展。

二是农田水利等基础设施建设滞后致使部分农地粮食产量易受天灾影响。近年来，鲁东南地区旱情频发，对冬小麦生产造成巨大影响。此次调研，笔者在现场看到，由于一冬无雪，冬小麦长势不容乐观。前些年，旱情严重的时候，许多地块浇不上水，很多农民小麦亩产甚至跌至 400 斤。农民反映，有的地块本应是当地水库放水浇地，但是水库为了保证居民饮用水而拒绝放水。有的地块本应是机井抽水浇地，当地通过国土部门的基本农田整理项目建设了不少机井，但这些机井很多都没有通电。农民自己联系供电所，却被要求缴纳巨额电费。旱情发生时，很多农民盼水不来、望井兴叹，只能"望天收"。对此，必须进一步改善农田水利等基础设施建设，为种地提供更好的基础性保障。

三是农村基层存在个别借改革名义损害农民利益的现象。调研中，有的农民反映，当地搞农村社区确实是好事。一方面，许多服务在社区中心就可以办理，方便了农民的生产生活；另一方面，许多企业入驻社区中心，方便了农民就近打工，许多农民不必远出就能打工挣钱。但农民同时反映，一些基层干部为加快社区发展，强制农民放弃宅基地，置换社区的楼房。前些年，管控严厉的时候，当地各个村庄一律不允许农民新建或翻修住房，一经发现，马上派人拆除。此次调研发现，当地不足百户的多个小自然村已经消失不见，村民被迫选择"上楼"，成为没有宅基地的楼房居民。此举在当地造成恶劣影响，各种拆迁传闻不断出现，许多农民担忧哪一天就拆到自己头上来。当前，宅基地"三权分置"改革正在加快探索，当地此举在无形中剥夺了在即将到来的宅基地改革中这部分农民应该享有的福利。对此，要高度重视农村改革中农民利益的保护。其中，土地是核心，集体资产是关键。针对强制要求农民交出宅基地"上楼"的现象，要坚决制止。

四是当地农村集体产权制度改革相对滞后致农民集体资产收益偏低。当前，农村集体产权制度改革正在加速探索。但此次调研发现，当地相关改革滞后，很多农村集体资产是一笔糊涂账，村里有多少家底、这些家底如何使用等，农民对此知之甚少甚至一无所知，至于能否从中受益几乎可以忽略不计。在目前农民依靠体力劳动获取工资性收入增长乏力的情况下，尽快盘活农村集体资产，对于促进农民财产性收入快速增长意义重大。

建议在已有的试点经验基础上，将已有的一些被证明为当前及长远可行的成功经验，以文件形式尽快确定并推广。此外，加大农村集体产权制度改革宣传力度，让农民知道自己的集体资产权益，杜绝少部分人暗箱操作、中饱私囊，给个别违规现象戴上"紧箍咒"，推动农村集体产权制度改革"一边摸石头一边过河"，从而加快探索农村集体经济新的实现形式和运行机制，尽快激活乡村沉睡资产，扭转农民与集体资产收益"绝缘"的现状，唤醒农村巨额沉睡资产，让农民增收致富有更多"源头活水"。

五是受经济大环境影响农民打工收入也受到一定影响。调研发现，打工者普遍学历较低，很多都是初中肄业，没有接受过专业的技能培训，大多从事一些简单的体力工作。调研中，他们纷纷表示，这两年的工不如以前好打了。很多工厂缺少订单，有的时候一连几个月，每月只发不足千元的基本工资。与此形成鲜明对比的是，县城的物价、房价等不断上涨。据了解，当地县城平均房价已经突破 5 000 元/平方米，新楼盘房价已经超过 7 000 元/平方米，远高于农民工工资收入水平。许多农民工虽然选择在县城就近打工，但是负担不起高额的房价，不得已将老人与小孩放在农村老家，每月往返一次，过起"候鸟式"打工生活。此外，在县城买房，已经成为当地农村青年结婚的前置条件。如果没有楼房，就找不到媳妇，这给许多正值婚龄的男青年家庭造成了沉重负担，也阻止了他们融入城市的步伐。

对此，要积极为进城务工农民工提供更多更有力的支持。调研发现，当前许多农民工学历较低、技能不足，严重限制了他们在城市谋生立足的能力。建议加大农民工培训力度，让农民工都能有一技之长，以实现就业和创业。同时，针对当前城市房价增长过快的现状，建议金融部门能够面向入城务工的青壮年农民工出台优惠贷款购房政策，为其立足城市、融入城市提供有力的金融支撑。

6.2 "去库存"倒逼补贴政策改革，规模经营风险防控是重点——基于青岛平度规模经营案例分析

2016 年 6 月，笔者赴青岛平度调研，对 6 个乡镇的 10 余个家庭农场做了访问，发现他们普遍面临经营收益大幅下降甚至亏本的困境。

6.2.1　问题的提出：规模种粮普遍亏本，风险防控不到位

WJZh 家庭农场经营了 118 亩耕地，种植小麦和玉米。2013—2014 年种粮效益比较好，年亩均净利润 1 000 元左右；2015 年种粮亏本，每亩净赔 300 多元，经营 118 亩耕地赔了 3.5 万元。种粮不赚钱甚至亏本，在访谈的家庭农场中是普遍情况。WP 家庭农场（经营 360 亩）、MX 家庭农场（经营 216 亩）、WD 家庭农场（经营 650 亩）、ZhYL 家庭农场（经营 300 亩）等数个家庭农场也都面临亏本困境，每亩亏本 450 元左右，WD 家庭农场经营 650 亩粮食、亏本达 30 万元。这种情况在平度成为一种现象，具有普遍性。

亏本的原因是什么？以 WJZh 家庭农场为例。考察总成本（含生产成本和土地成本）情况下该家庭农场的投入产出率，由 2013 年的 1.56 降到 2015 年的 0.84，生产率下降，经营亏本。进一步考察投入产出情况，2013—2015 年家庭农场的土地成本保持不变均为 1 000 元左右，生产成本变化幅度不大基本稳定在 1 100 元，产值则呈明显下降趋势，特别是 2015 年比上年下降了 40.1%（图 6-1、表 6-3）。

进一步地，笔者分别对小麦和玉米的单产与价格做了分析。①小麦。2014 年以来小麦单产持续下降，2014—2016 年分别比上年下降 11.1%、10.0% 和 6.3%；价格总体呈下降趋势，2013—2016 年，由 1.25 元/斤降到 1.18 元/斤。产值和净利润持续下降，2013 年以来小麦亩均净利润由 915 元

降至470元（图6-2、表6-3）。②玉米。2014年以来玉米单产持续下降，2015年下降幅度最大，比上年下降了40%；2015年价格发生骤降，由2013年、2014年的1.13元/斤降至0.70元/斤。产值和净利润连续两年下降，2015年玉米亩均净利润由上年的1 180元降至110元、下降了90.70%（图6-3、表6-3）。

通过上述分析发现，构成产值的两大因子单产与价格均呈明显下降趋势，特别是2015年玉米单产和价格下降幅度很大，是当年粮食生产亏本的直接原因。而亏本的根本原因则是风险防控措施不足，不能有效应对自然风险与市场风险导致的产量损失和效益损失。

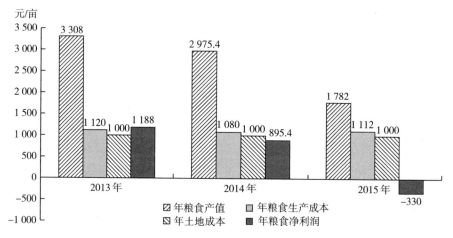

图6-1 WJZh家庭农场年粮食成本收益情况

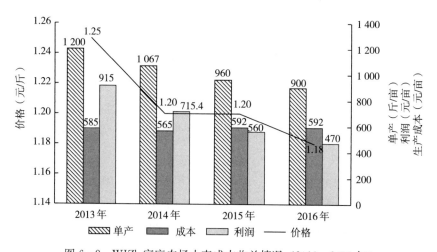

图6-2 WJZh家庭农场小麦成本收益情况（2013—2016年）

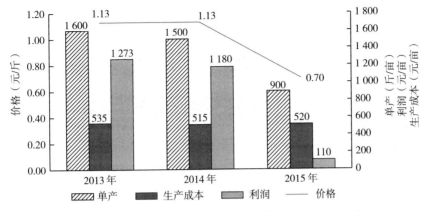

图 6-3 WJZh 家庭农场玉米成本收益情况（2013—2015 年）

表 6-3 **WJZh 家庭农场粮食成本收益情况**（2013—2016 年）

粮食		2013 年	2014 年	2015 年	2016 年
小麦	单产（斤/亩）	1 200	1 067	960	900
	价格（元/斤）	1.25	1.20	1.20	1.18
	产值（元/亩）	1 500	1 280.4	1 152	1 062
	生产成本（元/亩）	585	565	592	592
	利润（元/亩）	915	715.4	560	470
变化率（比上年）	$\Delta Q/Q$		−11.1%	−10.0%	−6.3%
	$\Delta P/P$		−4.0%	0.0%	−1.7%
	$\Delta V/V$		−14.6%	−10.0%	−7.8%
	$\Delta C/C$		−3.4%	4.8%	0.0%
	$\Delta NP/NP$		−21.8%	−21.7%	−16.1%
玉米	单产（斤/亩）	1 600	1 500	900	
	价格（元/斤）	1.13	1.13	0.70	
	产值（元/亩）	1 808	1 695	630	
	生产成本（元/亩）	535	515	520	
	利润（元/亩）	1 273	1 180	110	
变化率（比上年）	$\Delta Q/Q$		−6.3%	−40.0%	
	$\Delta P/P$		0.0%	−38.1%	
	$\Delta V/V$		−6.3%	−62.8%	
	$\Delta C/C$		−3.7%	1.0%	
	$\Delta NP/NP$		−7.3%	−90.7%	

（续）

粮食	2013 年	2014 年	2015 年	2016 年
年粮食产值（元/亩）	3 308	2 975.4	1 782	
年粮食生产成本（元/亩）	1 120	1 080	1 112	
年土地成本（元/亩）	1 000	1 000	1 000	600
年粮食净利润（元/亩）	1 188	895.4	－330	

资料来源：根据调研制表。

6.2.2 规模经营市场风险分析："去库存"倒逼价格改革，市场风险凸显

玉米临储政策是一项价格支持政策，是政府为保护生产者采取的价格控制手段，是对市场均衡价格的干预。最低收购价、临时收储价采取的都是价格下限。玉米临储政策在实行之初是为了保护玉米种植户免受价格波动带来的效益损失。但价格下限的问题在于，当市场均衡价格低于价格下限时，就容易出现"生产过剩"。

近年来，为解决玉米"生产过剩"问题，"市场化收购"加"补贴"的新机制应运而生。《中共中央 国务院关于落实发展新理念加快农业现代化实现全面小康目标的若干意见》（2015 年 12 月 31 日）明确提出，"按照市场定价、价补分离的原则，积极稳妥推进玉米收储制度改革，在使玉米价格反映市场供求关系的同时，综合考虑农民合理收益、财政承受能力、产业链协调发展等因素，建立玉米生产者补贴制度。"[①] 这意味着政府将玉米生产者价格的定价权重新交归市场。但是两种政策的区别在于，临储政策长期以来起着"晴雨表"和"温度计"的作用，对整个国内玉米市场普遍具有"指导价"意义和"托底"作用，而价补分离的补贴政策将仅适用试点地区，非试点地区的玉米生产者将自己承担价格下降带来的效益损失。

从临储政策的设立到取消，整个过程充分体现了政府与市场关系的处理对农业生产的影响。这次临储政策改革，是农业供给侧结构性改革的重要举

---

① 中共中央 国务院关于落实发展新理念加快农业现代化实现全面小康目标的若干意见 [J].中华人民共和国国务院公报，2016（6）：7-17.

措，是将农产品定价权交归市场的试水，是捋顺政府与市场关系的探路。在这种改革背景下，玉米生产者将重新面临市场风险。玉米临储政策改革的先兆出现在 2015 年秋收，临储价格首次下调，从每斤 1.1 元降到每斤 1 元，并引发玉米市场价格的大范围下调，在不执行临储政策的河北、山东等地，玉米市场价已跌至每吨 1 600～1 700 元（0.80～0.85 元/斤）（马肃平，2016）[1]，笔者调研的青岛平度家庭农场的玉米售价平均 0.75 元/斤。如何平抑价格波动、减少效益损失、防范市场风险，是今后一段时期非试点地区玉米生产者面临的主要问题。

6.2.3　规模经营自然风险分析：灾害防御能力不强，自然风险增大

随着农业经营规模的扩大，农业自然灾害对生产的破坏力和造成的经济损失也随之增大。从经营主体抗风险能力看，基础设施、农业保险和灾害救济是最重要的自然灾害抵御系统和风险管理措施。

水利设施是主要的自然灾害抵御系统。但是长期以来，我国农田水利年久失修、超期服役现象严重。2014 年下半年以来，青岛平度连续三年干旱，规模经营农户只能自己投资打井，WJZh 已投资 9 万多元打了 4 眼井，深度都在 200 米以上。但是由于 WJZh 家庭农场所在地店子镇西部为地下水缺乏地区，4 眼井虽然深 200 多米，仍然抽不出水，只能花钱买水浇灌，可以观察到水费占其农业生产成本的比重明显提高（图 6-4、图 6-5）。对水利设施的投资需求，代表了平度规模经营农户的普遍需求，特别在干旱年景，水利设施建设的需求更加强烈。

水利、仓储、烘干等农业基础设施建设以及良种、农机、农药等先进技术的应用，对规模经营主体防范干旱、涝灾、病虫害等自然灾害的意义更加显著，政府应着重加强对其的支持力度。LCX 经营 2 000 多亩耕地，政府投资 700 多万元，支持其建设高标准农田、粮库、水井、烘干塔、储物棚以及农机、良种、肥料投入等。LCX 购置农机具享受 40% 的补贴比例，高出普

---

① 马肃平. 农民喊赔，仓库爆满，企业叫亏破局玉米临储乱象［EB/OL］.（2016-06-06）［2016-06-07］. http：//www. infzm. com/content/117453/？qk6. html.

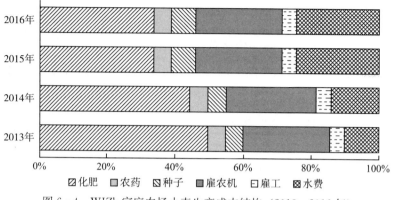

图 6-4　WJZh 家庭农场小麦生产成本结构（2013—2016 年）

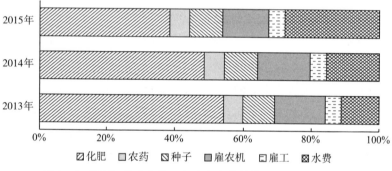

图 6-5　WJZh 家庭农场玉米生产成本结构（2013—2015 年）

通农户 10 个百分点；享受深松补贴，补贴后每亩地油费不到 20 元；政府为其免费提供 2 年、500 亩优质良种，合计 5.5 万元，免费提供生物可降解农膜，最多时补助 100 亩、合计 0.9 万元。这些政策支持对于 LCX 防范农业风险、提高生产质量、增加农业效益发挥了关键作用。

随着规模经营主体风险管理意识的增强，对农业保险的关注度在提高。但是我国农业保险落后于农村经济发展，赔付力度不大，对农业生产收益的保护较弱。农户普遍认为当前的农业保险作用不大。WJZh 家庭农场 2013 年参加玉米保险每亩自费投入 3 元，遭遇涝灾后每亩收到赔付金 12 元，占不到生产成本（按 500 元计）的 2.5%。LCX2010 年播种 120 亩黑小麦，因为倒春寒冻死，保险公司共赔付 1.3 万元，合每亩 108 元，虽然保额稍高，但仍然占不到生产成本（按 600 元计）的 1/5。规模经营农户普遍认为农业保险的保额至少应该"保本"，才能起到防范风险的作用。

6.2.4　规模经营贷款风险分析：主体经营不善，还款压力巨大

贷款风险体现在两个方面：金融机构面临的风险是产生呆账坏账，贷款主体面临的风险是到期不能还款，导致信用评价风险和再生产能力不足。笔者主要从贷款主体角度分析规模经营贷款风险问题。

LCX 在经营家庭农场的同时，从 2013 年酝酿肉牛养殖计划，资金短缺成为现实问题，解决融资难题的主要途径是银行贷款。贷款方式主要为担保贷款，包括信用担保、三户联保、抵押担保等。2013—2015 年累计贷款 765 万元、其中以土地经营权抵押贷款 100 万元，目前已还贷款 200 万元。在资金融通环节遇到的主要问题体现在偿还贷款压力大。很多缺乏市场经验的肉牛养殖大户经营不善，连连亏本，LCX 已经连赔三年，导致资金链断裂，还款压力巨大。她于 2014 年以 16.8 元/斤的价格购入 800 斤重小牛，以 11.6 元/斤、1 400 斤重卖出，加上养殖成本，每头牛每天养殖成本 15 元，按平均每天长 3 斤肉计算，从 800 斤养到 1 400 斤需 200 天、3 000 元，算下来基本没有盈利空间。虽然以合作社名义贷款可以享受贴息政策，一定程度上可以缓解贷款压力，但仍然有限。2014 年贷款贴息按基准利率 4.35％ 计算，与当时银行利率 9.8％ 尚有 5.45 个百分点的差距，而且贴息只有 3 个月。当地流传一句话"跟谁有仇，叫谁养牛"，LCX 也直言"被牛咬了"。

对牛的青睐来自自身兴趣和政策引导。一直以来，LCX 的配偶对肉牛养殖都情有独钟，当 2014 年 3 月政府部门发文补贴肉牛养殖时（养殖 100 头牛补贴 50 万元，养殖 300 头牛补贴 100 万元），该家庭的养牛决策就此敲定了。政府部门主导的肉牛养殖补贴，对于引导当地产业结构调整发挥了一定作用。补贴政策下发后，很多养殖大户骤然形成。但是这种直接补贴方式的选择并未使养殖大户获得预期收益，补贴效益被牛贩子截流了。牛贩子看到养牛有补贴，即将每头牛价格提高了 2 000 元。按照补贴政策，养殖规模为 100 头时，平均每头牛补贴 5 000 元；规模达到 300 头时，平均每头牛补贴 3 000 多元。随着养殖规模的递增，牛贩子截流补贴红利的占比也在递增，由 40％ 到 60％。与此同时，规模较小、不能享受补贴的养殖户却要承担补贴带来的肉牛价格提高的成本。总而言之，由于直接补贴方式，肉牛养殖成本提高，经营风险加大。对此，优化补贴方式，建立贷款风险的分散、

转移和补偿制度具有现实必要性。

6.2.5 未来补贴政策改革的目标和重点：提升规模经营抗风险能力

面对玉米种植户和肉牛养殖户等规模经营户的亏损困境，如何进一步优化补贴政策设计，既促进产业的发展又保护农民的利益？

首先，从补贴政策改革的目标看。当前补贴政策之所以需要改革，是因为所采取的补贴方式扭曲了产品市场和要素市场的供求平衡，如价格支持和直接补贴政策不仅抬高了产品价格和要素价格（如土地租金），还进一步影响到国际竞争力和国内产业安全（如下游产业链的健康发展）。青岛平度家庭农场的经营状况从微观视角映射出不恰当的政府干预对正常市场秩序的扰乱。未来农业补贴政策改革，应着力摆正政府与市场的关系，充分发挥市场对资源配置决定性作用的基础上，优化农业补贴方式，在确保产品市场和要素市场健康发展的前提下保护农业生产者利益。

其次，从补贴政策改革的重点看。在规模经营日益发展的形势下，经营农业将同时面临自然风险、市场风险和贷款风险，风险意识的培养和手段的丰富将愈加重要。未来农业补贴政策改革，应将重点放在提升规模经营农户抗风险能力上：探索价格指数保险政策，提高规模经营主体应对市场风险的能力；加强基础设施建设项目支持力度，探索气象指数保险、农业巨灾保险政策，提高规模经营主体应对自然风险的能力；支持建立贷款保险制度，有效分散贷款风险，确保规模经营主体的再生产能力。

6.3 粮食规模经营、农民收益与土地产出率——黑龙江肇东种粮大户 LG 案例研究

LG，黑龙江省肇东市种粮大户，家庭人口 6 人，其中劳动力 1 人，在家专业务农。LG 生于 1967 年，初中文化水平，21 岁时开过酒厂，从事过粮食批发和食品杂货，干了 3 年左右，挣了 100 多万元，这笔钱成为他改良盐碱地的启动资金。他从 1996 年开始改良盐碱地，已有 20 余年，先后获得"全国种粮大户"、全省"青年五四奖章"等荣誉称号。

6.3.1 土地规模经营历经三个重要阶段

LG 自己家的承包地只有 28 亩、2 块，是 6 口人的地，其规模经营主要通过土地流转来实现。1999 年以前，LG 的种植面积常年保持在 3 000 亩以上。2014 年，其粮食种植面积达到 12 000 亩，其中最大块 3 800 亩。目前 LG 共经营旱田 7 000 亩，全部位于肇东市，涉及昌五镇和洪河乡 2 个乡镇 4 个村；经营水田 4 800 多亩，其中肇源县 3 800 亩、安达市 600 亩、肇州县 400 多亩，安达市和肇州县的 1 000 多亩水田由盐碱地改造而成（表 6 - 4）。

表 6 - 4　2014 年 LG 经营耕地面积和分布情况

耕地	位置	耕地类型
7 000 亩	肇东市（昌五镇、洪河乡）	旱田
3 800 亩	肇源县	水田
600 亩	安达市	盐碱地改造水田
400 多亩	肇州县	盐碱地改造水田

资料来源：根据访谈获取并制表。

LG 的土地流转主要呈现出以下特征：ⓐ土地流转价格不断增加。2011 年，LG 转入土地 750 亩，亩均价格 425 元，其中一半土地的转入价格为 400 元/亩、一半为 450 元/亩；2012 年，转入土地 3 000 亩，亩均价格 517 元，分别有 1/3 的土地转入价格为 600 元/亩、500 元/亩、450 元/亩；2013 年，转入土地 1 000 亩，亩均价格 550 元，其中有 2/3 的土地转入价格为 550 元/亩；2014 年，转入土地 2 000 亩，亩均价格 550 元。ⓑ土地流转期限以 1 年居多。2011 年转入土地期限全部为 1 年；2012 年有 90% 的转入土地期限为 1 年；2013 年和 2014 年，有 3/5 的转入土地期限为 1 年，其他的土地转入期限以 10 年以上居多，最多的为 14 年（到二轮承包期结束）（表 6 - 5）。土地流转期限短，这在当地具有普遍性。另外，据 LG 介绍，最初进行土地流转时，因为缺钱没办法签订长期流转合同，近几年手头有钱了，就开始长期流转土地。他给的流转价格一般比别人高出 150～200 元/亩，别人都愿意而且是主动转地给他。LG 说，现在种地有收益，有多少钱就买多少地，如果 2013 年不赔钱，2014 年就租 1.5 万亩地，将来要实现 20 万亩的土地经营目标。

表 6-5　LG 土地流转情况

年份	经营耕地面积（亩）	当年转入面积（亩）	亩均转入价格（元）	当年流转期限多数为几年
2014	12 000	2 000	600，550（占 2/3），500	1 年（占 3/5）；其他（占 2/5，10 年以上居多，max＝14，min＝4）
2013	10 000	1 000	600，550（占 2/3），500	1 年（占 3/5）；其他（占 2/5，10 年以上居多，max＝14，min＝4）
2012	9 000	3 000	600，500，450（分别占 1/3）	1 年（占 90%）
2011	6 000	750	450，400（分别占 1/2）	1 年

2011 年以前 5 000～6 000

资料来源：根据访谈获取并制表。

从 20 世纪 90 年代至今，LG 的土地规模经营经历了三个重要阶段：第一阶段，是 20 世纪 90 年代刚从事规模经营时，其常年经营面积维持在 3 000 亩左右。第二阶段，是 2011 年左右，其常年经营面积增至 6 000 亩左右。第三阶段，从 2012 年开始，其常年经营面积攀升至 1 万亩左右，每年转入土地面积均超过 1 000 亩，其中 2012 年 3 000 亩、2013 年 1 000 亩、2014 年 2 000 亩。

6.3.2　正常年景下种粮有利可赚

2013 年，LG 在肇东市的玉米为他赚进至少 300 万元。据对 LG 肇东市玉米种植情况的了解，近年来玉米播种面积不断增加，由 2009 年的 3 000 亩增加到 2014 年的 6 000 亩，翻了一番；亩产水平稳定且高于普通农户，常年维持在 775 千克左右，比普通农户高出 50 千克；销售价格相对平稳，2013 年以前均为 0.87 元/斤，2013 年平均价格为 0.87 元/斤，其中有 2/5 的玉米卖到 0.90 元/斤；亩产值稳定，常年维持在 1 348.5 元；种地有利润，粗略匡算下来，2013 年刨去生产成本 785.90 元，玉米每亩可赚得纯收入 562.60 元（表 6-6、表 6-7）。

表 6-6　LG 玉米种植面积、产量和收益情况（2009—2014 年）

年份	2014	2013	2012	2011	2010	2009
面积（亩）	6 000	6 000	4 600	4 000	4 000	3 000

（续）

年份	2014	2013	2012	2011	2010	2009
亩产（千克）		775	775	775	775	775
亩产值（元）		1 348.5	1 348.5	1 348.5	1 348.5	1 348.5
价格（元/斤）		(2/5) 0.90; (3/5) 0.85	0.87	0.87	0.87	0.87

资料来源：根据访谈获取并制表。

表6-7　玉米2013年亩均生产成本

单位：元/亩

地租	种子	化肥	农家肥（折价）	农膜	农药	生产用水电	雇（租）用机械	固定资产折旧及修理费	人工（包括雇工）	其他费用
550	20	90	0	0	16	0	61.5	1.8	28.6	18

资料来源：根据访谈获取并制表。

6.3.3　规模经营理念注重成本控制

剖析LG种植玉米的生产成本，主要包括地租、种子、化肥、农药、租（雇）用机械、固定资产折旧及修理费、雇工等。据测算，2013年其玉米亩均生产成本为786元左右（按上述内容测算），其中地租最高，占到约70%；其次是化肥、农机、雇工、种子、农药等，分别占11.5%、8.1%、3.6%、2.5%、2%（表6-7）。仔细观察其成本支出，发现其成本核算很精细：

化肥费用。一般情况下，种植玉米每亩需投入化肥90元左右。LG种植的玉米中，有2 000亩同时施用农家肥和化肥，其中化肥亩均30元、农家肥亩均40元，合计70元/亩。

农机作业费用。农机作业费占到玉米生产成本的8.1%，这主要由租用机械费和自有机械折旧费两部分构成，其中租用机械费占比较高，共61.5元、占到7.8%，主要包括：ⓐ灭茬、起垄、趟地、播种等，共6次，每次3元/亩，每年共18元/亩。ⓑ收获季节，一半土地租车，包括司机和油钱，共32元/亩，一半土地雇车，共55元/亩，收获费平均每亩43.5元。当前，

LG拥有4台小四轮，其中2010年购进1台，型号24，金额1.8万元；2011年购进1台，型号324，金额3.95万元；2012年购进1台，型号554，金额5万元；2013年购进1台，型号40，金额3.36万元；2014年新购置免耕播种机1台，金额4.7万元；配套农机具5.89万元，其自有农机具价值24.7万元（表6-8）。按折旧期为10年，土地面积7000亩测算，每年耕和种2次、共1.4万亩，折旧期内可耕种土地14万亩，平均每亩折旧费为1.8元左右。

表6-8 LG的农业机械购置情况

型号/品种	数量（台）	单价（万元）	金额（万元）	购置年份
24	1	1.80	1.80	2010
324	1	3.95	3.95	2011
554	1	5.00	5.00	2012
40	1	3.36	3.36	2013
配套农机具			5.89	
免耕播种机	1	4.70	4.70	2014
合计	5		24.70	

资料来源：根据访谈获取并制表。

雇工费用。目前LG雇用长工7个，其中肇东市3个，是小四轮司机，安达市2个，肇州县2个，月薪3600元，每年需支出约30万元。农忙时节需要雇十几个短工，每天平均工作10小时，日均工资100元，每年需支出7万~8万元。

种子费用。玉米每亩需要用种20元左右，比普通农户用种量少一半。

6.3.4 规模经营目标追求收入最大化

作为种植粮食的专业大户，LG的生产经营行为呈现出以下特征：

（1）追求总收益增加。与普通农户相比，LG种植玉米的生产成本中，多出"地租"一项，且该项成本支出占到生产成本的约70%，在2014年玉米收购价格差异相对较小的形势下，LG种植玉米的利润取决于成本支出和产量。据了解，其亩产较普通农户高出100斤，按市场价格0.87元/斤测算，每亩收益因为增产可增加87元左右，但同时生产成本因为地租就高出

550 元左右，核算下来，亩均利润较普通农户要低，但仍然"赚钱"。"种地有收益"，这是 LG 不断扩大粮食种植规模的主要依据，他的根本目标是通过扩大经营规模来追求总收益的增加。访谈中问到"根据您的想法、能力、条件，您家要种植多少亩粮食才能满足收入最大化的愿望"，LG 的回答是20 万亩。

（2）严格控制成本。LG 的成本控制意识强烈，主要表现在两个方面：一个是农机购置。LG2014 年的经营规模达到 12 000 亩，但在此前只有 4 台小四轮，耕和种两个环节，他从不雇用农机作业，只用小四轮耕地、播种。他算了一笔账，雇用农机作业每亩需要支出十几元，自己用小四轮耕地、播种，每亩才 3 元，他坦言收获机太贵，自己买不起，粗略匡算一下 LG 的固定资产折旧费，每亩仅 1.8 元左右。另一个是"租车"收获粮食。在收获季节，他一般通过"租车"形式收获粮食。在当地，每年的收获季节集中在一个月内，农忙时间大约十几天。一般地，LG 通过当地的农机专业合作社租车，费用为每台车 5 万元（可作业 3 000 亩，每亩摊 16 元多），加上司机工费和油费在内（每亩摊不到 16 元），折合每亩地费用约为 32 元。如果雇车，每亩需要 55 元，租车比雇车每亩可节省 23 元。LG 一般通过一半土地租车、一半土地雇车的方法收获，因此平均每亩收获费用约 43.5 元，比纯雇车节省 11.5 元。

（3）重视技术和品质。比如种子，他掌握了单籽种地等生产技术，实现亩均用种量减少一半，同时亩产比普通农户还高出 100 斤，实现了规模经济。此外，他的玉米收获比其他农户早 10 天，躲过了大雾天气，玉米水分少、品质高，达到 24 个水，比其他农户的 38 个水低了 14 个水，在销售时往往能卖出高价。

（4）雇用长工。与普通农户和稍小规模农户相比，LG 在雇工经营上特点鲜明，即除农忙时节雇用短工以外，还聘用了 3 位长工负责管理肇东市的 6 000 多亩玉米种植。这一特点的出现，笔者分析，主要原因在于其玉米种植规模过大，生产管理已突破家庭劳动力范围，需要借助长期雇用工人解决管理难的问题，这反映出其家庭经营模式在发生转变。同时，管理成本将会日益成为其种植成本的主要构成部分，并将最终影响其亩均产出和纯收入水平。

6.3.5 规模经营亟须政府支持

LG 在从事粮食规模经营的过程中，遇到一些困难和问题，主要表现在以下几个方面：

（1）贴息贷款力度需要加大。据 LG 反映，当地对经营规模达到 1 000 亩以上的种粮大户，可以给予 30 万元贷款并贴息，利息由 8 厘减为 4 厘；经营规模达到 3 000 亩以上的种粮大户，可以给予 50 万元贷款并贴息。LG 反映，他在肇东市的玉米种植面积已达到 7 000 亩，按照政策只能享受 50 万元的贴息贷款，仅占其总投资（650 万元）的 7.7%，自筹部分高达 600 万元。相比之下，经营规模 1 000 亩的大户可享受 30 万元贴息贷款，占其总投资（一般情况下为 90 万元）的 33%。从贷款比例上观察，随着经营规模的扩大，贷款比例呈下降趋势，这与种粮大户的资金需求呈反方向发展。LG 建议，贴息贷款政策应该每 1 000 亩划分为一档，每增加 1 000 亩，贴息贷款金额应增加 30 万元，这样其 7 000 亩的经营规模就可以享受 210 万元的贴息贷款，贷款比例可以达到 32.3%。

（2）农业补贴应向种粮大户倾斜。关于良种补贴。LG 反映，其开垦的盐碱地用于种水稻，政府应该给予良种补贴。认为国家将良种补贴补给承包户不合适，应该补给实际种地的。关于农机购置补贴。在黑龙江省，农机购置补贴向农机专业合作社倾斜，单体购机的补贴概率和比例低于农机专业合作社。LG 曾被评为种粮大户，获得奖励 5 000 元，购置了 1 台小四轮，用了很多年，但后来就没再享受过农机购置补贴。对此，LG 建议加大种粮大户购置农机的财政补贴力度，补贴标准应比照农机专业合作社。此外，目前该省农机购置品目只有指定品牌可以享受补助，农户自己认定的品牌往往不在补贴范围内。LG 建议应放宽农机购置补贴，农户自己选定的农机品牌也应纳入补贴范围。

（3）仓储设施和烘干设备需要加强。在当地，粮库一般在 12 月份收购玉米，但是东北地区 11 月份就雨雪交加，玉米容易霉烂，很难入库。如昌五镇玉米产量几十万吨，粮库收储指标仅为 3 万吨，收储要求高，如果有 5% 的霉粒（即 100 个粒中有 5 个粒发霉），国储即拒收，当地有 2/3 以上的玉米要卖给企业，比收储价格（0.87 元/斤）少 1 毛多钱。如果有仓储设施和烘干设备，就可以选择春节后卖粮，价格可以提高 8 分到 1 毛钱。

6.3.6　政府补贴土地规模经营要"理性"

在上文分析基础上，有 2 个问题需要讨论：

（1）规模扩大是否能够实现规模经济。根据与 LG 的访谈，发现随着其规模的扩大，种子投入呈现规模经济的趋势，而这主要源于 LG 在生产技术上的进步，他采取单籽种地的生产技术，节省了一半的用种量。另外，其固定资产的使用也呈现规模经济的趋势，随着经营规模的扩大，其拥有的农业机械分摊在每亩地上的折旧费用很低，据粗略匡算，每亩为 1.8 元。有迹象表明，LG 是一位理性生产者，他以粮食种植为主要收入来源，对成本收益的核算非常严格。在这种情况下，他于 2014 年新购进 1 台免耕播种机，除了规模扩大带来农机需求外，不排除规模扩大带来规模经济的因素。LG 关于"未来几年您家对粮食生产的打算是：继续扩大规模最重要的理由是什么"这一问题的回答是"能降低单位成本"，也是规模扩大带来规模经济的佐证。

（2）规模扩大是否能够实现土地产出率提高。访谈中问到"您认为，一块集中连片的耕地达到多少亩时，最适合家庭经营和农机作业"，回答是 100～200 亩。问到"您认为，在可以购买使用机械、雇佣短工，但不能长期雇工就能管理好的条件下，正常年景您这个家庭种粮面积达到多大规模时，粮食亩产会最高"，回答是 500 亩以上。这说明规模的盲目扩大并不一定能够实现土地产出率提高或者不降低，只有保持在适度经营规模区间，才能确保土地产出率不降低，而这一规模区间很有可能会抵触"收入最大化"的目标。比如，在上述回答的基础上，LG 还认为，当经营规模达到 20 万亩时，能实现其收入最大化的愿望，即使国家不给政策、资金、奖励支持，也仍然愿意种 5 万亩粮食，这两个经营规模都远远高于可使土地产出率达到最高的"500 亩"的经营规模。由此，我们尝试得出这样一个结论：如果 LG 关于土地产出率最高时经营规模的判断适用于整个肇东市，那么新增农业补贴向该地区种粮大户的流向，应该控制在 100～500 亩的经营规模区间，这可以在提高土地产出率的目标前提下增加种粮大户收入，实现双重政策目标。

6.4 要素、投资和创新驱动的土地规模经营实践——新疆呼图壁县种棉大户经营分析

WZh 家里有 6 口人——父母、两夫妻和 2 个女儿，他和妻子是家里的主要劳动力，都以务农为主要生活来源，2013 年农业劳动天数是 250 天，非农业劳动天数 60 天。

6.4.1 土地规模经营突出特点：土地流转集中连片

WZh，1979 年生人，中专文化水平，担任红柳塘村某片区负责人。在 2002 年结婚以前，他主要从事运输、物流和农副产品买卖。2002 年结婚以后，主要在家务农，常年种植面积 100~200 亩，同时也经销农产品和建筑材料。2008 年，WZh 买了一辆大客车，雇了一个司机，其妻主要跟车卖票（从呼图壁县到昌吉），自己则在家务农。2013 年他将车卖掉，夫妻二人以务农为主要营生。WZh2014 年的种棉面积已扩大到 1 200 亩，成立了"红运来农作物农民专业种植合作社"，自己任理事长。据 WZh 介绍，这个合作社起初是按家庭农场模式办的，但是因为当地还没有明确的家庭农场管理办法，所以就注册为合作社。

WZh 的规模经营思路早在零几年时就已产生。2001 年，适逢哈萨克族牧民下山定居，按人均 6 亩分到承包地（当地称为"本分地"），但是由于长期的游牧习惯，一些家庭仍然以放牧为生，这些哈萨克族家庭的承包地就成为 WZh 最初的土地转入来源。2002 年，WZh 家除了二轮承包分到的 36 亩本分地外，又从哈萨克族家庭转入 64 亩地，使经营面积扩大到 80 亩。从 2005—2010 年，WZh 家的经营面积常年保持在 300~400 亩。2013 年，经营面积略有下降，为 200 亩，但 11 月棉花收获后，WZh 以每亩 700 元的价格，又转入 1 块面积 1 000 亩的耕地，使 2014 年的棉花种植面积增至 1 200 亩（共 2 块，大块 1 000 亩，小块 200 亩，均为旱田，以棉花种植为主）（表 6-9）。结合当地土地流转情况，WZh 家的土地流转主要呈现以下几个特点：一是流转地块集中。他转入的 1 000 亩耕地是集中连片的一块地，而

受访的一些专业大户，转入地块则相对零散。二是流转期限较短。一般为 1
年。这在当地具有普遍性。三是流转价格较高。2013 年的转入价格为每亩
700 元，比同期其他农户的亩均转入价格（400～500 元）高出 200～300 元。
四是流转价格呈增长趋势。2012 年收获季后，WZh 转入 100 亩地，亩均
价格为 400 元；2013 年同期转入 1 000 亩地，亩均价格为 700 元，比上年
上涨 75%。分析其土地流转价格较往年和同期其他农户较高的原因，主
要在于其发展规模经营的路子是搞土地集中连片经营，流转难度较大，价
格也因此推高。由于 WZh 家经营的 1 000 亩地相对集中连片，管理、技
术比较先进，亩产、价格相对较高，已成为呼图壁县土地规模经营的先进
代表，呼图壁县将其作为全县唯一候选进行推荐，争取成为昌吉州土地规
模经营试点。

表 6-9　WZh 家土地流转情况

年份	经营耕地面积（亩）	当年流转面积（亩）	亩均转入价格（元）	流转期限（年）
2013	200	1 000①	700	1
2012	300	100	400	1

注：①当年 11 月份棉花收获后转入。
资料来源：根据访谈获取并制表。

6.4.2　土地规模经营思路的深化：订单农业

随着土地经营规模的扩大，WZh 家的棉花种植面积稳中有升，
2011—2013 年为 350 亩，2014 年有较大幅度增长，达到 1 200 亩，是上
年的 3.4 倍。棉花亩产总体呈攀升趋势，2011—2014 年，由 300 千克增
至 450 千克，2013 年出现回落主要原因在于当地普遍遭遇霜灾，但是亩
产仍高于其他种植大户。实行订单农业是棉花亩产可以增至 450 千克的主
要原因和保障。2014 年棉花播种后，WZh 与一家名为"呼图壁县天鼎有
限公司"的轧花厂签订订单。经公司核实面积后，双方签订订单数量
1 000 亩、450 吨，即每亩 450 千克，不约定价格，但约定人工采棉与机
采棉的价格差为 1.2 元/千克，公司派专业技术人员负责监督生产，确保
棉花的品质和产量。"订单农业"是 WZh 家土地规模经营思路的进一步延
伸和深化（表 6-10）。

表 6 - 10　WZh 家近年棉花种植面积、产量和收益情况

项目（单位）	2014	2013	2012	2011
面积（亩）	1 200	350	350	350
亩产（千克）	450	350①	390	300
价格（元/千克）		9	8.4	
亩产值（元）		3 150	3 276	

注：①2013 年当地遭遇霜灾，棉花亩产普遍下降。

资料来源：根据访谈获取并制表。

6.4.3　棉花规模化种植：劳动密集型产业

在新疆，棉花是主要种植品种，是劳动密集型产业，人工费可占生产成本的一半以上，一般情况下需要雇长工。2013 年，WZh 家棉花亩均生产成本 2 320 元，其中雇工费用最高，达到 1 175 元，占到总成本的 50.6%。雇工费用主要包括以下几个部分：ⓐ雇 10 个长工，按每亩 250 元支付管理费，具体负责扒苗、定苗、除草、打顶等田间管理；ⓑ播种、浇水雇用短工，每亩费用 50 元左右；ⓒ采棉时节，雇工需求最旺盛，原因主要在于当地以人工采棉为主，费用一般为每千克 2.5 元，2013 年 WZh 家亩产 350 千克，每亩采棉费用需 875 元。对于种植大户而言，第二大成本支出是地租，2013 年 WZh 家亩均转入价格 400 元，占到总成本的 17.2%；第三是化肥，2013 年亩均投入 280 元，占到 12.1%；第四是农药和雇用农机作业费，亩均分别为 130 元，分别占到 5.6%；最后是种子、农膜和水电，亩均分别为 80 元（3.4%）、65 元（2.8%）和 60 元（2.6%）（表 6 - 11）。

表 6 - 11　2013 年棉花亩均生产成本

单位：元/亩

地租	种子	化肥	农家肥（折价）	农膜	农药	生产用水电	雇用机械	固定资产折旧及修理费	人工（包括雇工）	其他费用	合计
400	80	280	0	65	130	60	130	0	1 175	0	2 320

资料来源：根据访谈获取并制表。

6.4.4 规模经营追求收益增加：亩均利润高于小规模大户

WZh 最初产生规模经营的想法是在零几年，适逢他刚刚结婚，准备结束从前在外闯荡的生活，转向在家务农为主。要通过种棉来养活家中老小6口人，在当地只有扩大经营规模才能实现。这在当地具有普遍性，另外有位种棉大户反映，一家如果没有 100 亩地，在当地都没法生活。WZh 规模经营的初衷是追求土地经营收益的增加和家庭收入的增加。观察其家庭收入构成，2013 年其家庭纯收入达到 50 万元，其中农业收入占 60%、约 30 万元，做小买卖的收入占 40%、约 20 万元。农业收入全部来源于种棉收入。2013 年，其棉花种植面积 350 亩，亩产平均 350 千克，平均每千克销售价格 9 元，亩均产值可达到 3 150 元，扣除亩均生产成本 2 320 元，亩均利润可以达到 830 元，全年实现总产值 1 102 500 元、总利润 290 500 元。

比较而言，WZh 家的棉花亩均利润高于"规模小点的种植大户"，但是低于"普通农户"。根据 WZh 的经验判断，在呼图壁县，经营面积 100～500 亩的农户可以称为"规模小点的种植大户"，100 亩以内的农户均可以称为"普通农户"。据了解，WZh 家的棉花亩产和价格均高于这两类农户。据测算，与经营面积 100～500 亩的农户（即"规模小点的种植大户"）相比，WZh 家的棉花亩产平均高出 20～30 千克，价格高出 0.20～0.30 元/千克，因此亩均产值高出 331.25 元，其中因为价格因素高出 106.25 元，因为产量因素高出 218.75 元，因为增量因素高出 6.25 元；因为地租使得 WZh 家的棉花亩均成本高出 250 元左右，假设其他成本一样（实际上，WZh 家的农资成本要低），粗略测算下来，WZh 家的亩均利润要高出 81.25 元。与经营面积 100 亩以内的农户（即"普通农户"）相比，WZh 家的棉花亩产平均高出 50 千克，价格高出 0.5 元/千克，但由于其人工费高出 280 多元，地租高出 700 元（按普通农户地租为 0 测算），粗略测算下来，WZh 家的亩均利润要低 455 元。结合上述分析，我们可以获知如下信息：ⓐWZh 家的总成本普遍高于这两类农户，且地租是主要原因。特别地，在一定规模范围内（固定资产投资差异小），对于不同规模区间的种植大户而言，地租以外的其他可变成本基本相近，总成本的变化主要取决于地租，而地块是否集中连片、地块等级、基础设施条件是否良好等则是影响地租的主要因素。ⓑWZh 家的棉花亩产和价格较高，是确保其利润水平介于这两类农户之间的主要原因，也是其扩大生产规模的驱动因素之一。而深入分析其棉花亩产和价格较高的原因，主要在于两方面：一是投资，呼图壁县水利局为其投资100万元建立首部水利设施，投资120万元发展智慧农业，实现电脑微控和全自动化管理，对设施化信息化的投入有利于保障棉花的亩产量和品质；二是地块集中连片，1000亩集中连片为1块地，具备很好的水利条件和机械作业条件，是棉花亩产水平较高的重要原因。

6.4.5　展望未来：希望实现规模经济

展望未来，WZh家棉花种植的目标是5 000～6 000亩，他认为随着规模的扩大，可以实现规模经济，主要体现在以下几个方面成本的下降：ⓐ机井。在新疆，"水"居农业生产的首位。随着规模的扩大和集中连片，平均每眼机井的灌溉面积增大、灌溉成本下降，有利于提高机井的使用效率和效益。WZh反映，一般地，1眼机井可以管1 000亩。ⓑ农资。农资可以直接到厂家按批发价购买。ⓒ农机。可以自己购买农机作业。目前租用一台农机的作业费为每亩130元，如果自己购买农机，每亩的作业费用可以降到100元，节省30元。此外，田间管理、病虫害防治等费用也会随之下降。

6.4.6　确保收益的关键：投资和技术

通过上文分析，笔者总结了以下3点内容，供讨论：

（1）土地流转问题是WZh家未来继续扩大经营规模可能遇到的瓶颈，这集中在土地流转期限和价格。据WZh反映，他签订的土地流转合同期限多数为1年。在此情况下，其经营规模的扩大很大程度上依赖于流转双方的信任，一旦转出方不再续签，不仅增加WZh寻找符合条件的下家的交易费用，而且其固定资产投资有变为沉没成本的风险。从土地流转价格来看，相比其他两类农户，WZh的种棉成本中，地租都是非常突出的，除了常规的市场因素外，当地政府对WZh的期望促使他集中连片流转，从而推涨了地租。

（2）追逐利润和总收益是以WZh为代表的专业农户的根本目标。从WZh务农和规模经营的历程不难发现，在种棉是其主要营生的情况下，只有扩大经营规模才能养活、养好一家老小，只要种棉有利润，他们就有扩大经营规模的能动性，追求劳动生产率而非土地产出率是大户们共同的目标。虽然 WZh 希望棉花单产提高，事实上也高出其他农户几十千克，但追求土地产出率并非其根本目标，而是实现其种棉利润最大化的路径之一。可以说，对于专业大户而言，土地产出率和劳动生产率是路径与目标的关系。

（3）投资和技术是 WZh 在经营较大规模的情况下仍能确保高产出的关键因素。呼图壁县将 WZh 家作为重点培养的种棉大户，由县财政支持、投资几百万元为其加强水利设施建设和应用物联网技术，实行精准化管理，以及 WZh 自己出高价流转集中连片的地块，提高机械化作业水平等，都是通过投资驱动和创新驱动提高亩产水平的集中体现。在扩大土地经营规模、提高劳动生产率的同时，通过加大固定资产投资、提高科技应用水平，是确保专业大户土地产出率不下降的一条有效路径，国家农业补贴也应重点支持专业大户强化设施装备建设和科技推广应用等。

6.5　土地规模经营主体特征分析

本节通过研究规模经营主体的特征，可以把握影响补贴政策效果的主要因素，为提出优化新增农业补贴方式的政策建议提供理论依据，这对培育新型农业经营主体，推进土地适度规模经营，加快构建新型农业经营体系，具有重要的政策价值。

6.5.1　规模经营主体的特征分析

6.5.1.1　农业收入比重高

对于承包户和其他小规模经营农户而言，家庭收入结构一般包括家庭经营性收入、工资性收入、转移性收入和财产性收入四部分，其中家庭经营收入和外出务工收入是占比最高的两部分，而在家庭经营收入中，农业收入占比很低，有的农户通过经营批发零售、开家庭作坊来增加家庭经营收入，收入来源比较丰富。专业大户和家庭农场以农业生产为主要营生，通过扩大土地规模增加总收益、提高劳动生产率，农业收入占家庭收入比重高，收入来源比较单纯。

在调研的 6 个国家现代农业示范区（黑龙江肇东、新疆呼图壁、甘肃甘州、河南永城、山东滕州、四川苍溪）、196 个专业大户（家庭农场）样本中，农业收入占家庭收入比重达到 100％、高于 90％、高于 80％、高于 70％、高于 60％、高于 50％的样本，分别占到总样本的 25％、42％、45％、52％、60％、68％（表 6－12）。

表 6－12　6 个示范区 196 个专业大户（家庭农场）的农业收入占比情况

条件	样本数（个）	占总样本的比例（％）
＝100％	49	25
≥90％	82	42
≥80％	88	45
≥70％	101	52
≥60％	118	60
≥50％	134	68

资料来源：根据调研数据统计并制表。

6.5.1.2　文化素质较高

与传统农户相比，专业大户（家庭农场）的文化水平相对较高，一般具有初中及以上文化水平，在调研的 6 个示范区 196 个样本中，初中文化水平占 53％，高中文化水平占 26％，还有 6％的受访者拥有大专及以上文化水平。社会经历也较丰富，有相当一部分专业大户户主或者家庭农场主外出务工经商超过一年，担任过干部，在企业当过管理人员或领办过企业等（表 6－13），视野开阔，头脑灵活。

表 6－13　6 个示范区 196 个专业大户户主（家庭农场主）的文化水平

条件	样本数（个）	样本比例（％）
初中	104	53
高中	51	26
大专及以上	12	6

资料来源：根据调研数据统计并制表。

6.5.1.3　成本控制意识强

决定农业经营利润的因素主要有三个：单产、价格和成本。在国家粮食最低收购价和棉花目标价格等政策支持下，粮食、棉花等农产品价格基本保持稳定，这是专业大户敢于扩大土地规模的一个重要因素，单产和成本是专业大户可以通过自己努力予以控制的因素。一般情况下，规模经营主体的总成本中地租是占比最高的，也是无法通过自身努力控制的，在转入土地时亩均利润空间就已被压缩，因此规模经营主体对成本控制一般持谨慎认真的态度，节约成本的意识很强，他们会通过降低化肥、农药等农业生产资料的购入价格，加强知识和技术更新，改善管理方式等办法，达到节约成本、实现规模经济的目的，以争取更多的利润空间。黑龙江肇东一位种粮大户，每亩成本比普通农户多出550元"地租"，占总成本的70%。在这种情况下，他表现出强烈的成本控制意识，通过精打细算增加利润空间。为控制成本，他下足了功夫。在农机投入上，由于大型农机价格太贵、保养麻烦，他仅仅投入不到25万元，购置了4台小四轮拖拉机和1台免耕播种机，用于肇东市7 000亩土地的耕种，每亩成本才3元，比雇农机耕种便宜至少7元钱。收获季节，他花5万元从农机专业合作社租1台收获机，可作业3 000亩，租金加上司机工费和油费折合32元/亩，比雇农机节省23元/亩。在农资投入上，他潜心钻研单籽种地等技术，亩均用种量比普通农户减少了一半，每亩减少20元支出；他采用化肥与农家肥混合施用技术，将每亩肥料投入由90元降低至70元。

6.5.1.4　追求总收益增加

追逐利润和总收益是规模经营主体的根本目标。从很多专业大户规模经营的历程不难发现，在种地是其主要营生的情况下，只有扩大经营规模才能养活、养好一家老小，只要种地有利润，他们就有扩大经营规模的能动性，追求劳动生产率而非土地产出率是规模经营主体共同的目标。虽然专业大户希望单产提高，但追求土地产出率并非其根本目标，而是实现其种地利润最大化的路径之一。可以说，对于规模经营主体而言，土地产出率和劳动生产率是路径与目标的关系。对黑龙江肇东31个专业大户的调研了解到，有65%的大户希望经营规模扩大到1 000亩以上，其中有23%的大户希望扩大经营规模到5 000亩（表6-14）。

表6-14　黑龙江肇东31个专业大户的经营规模愿望

条件	样本数（个）	样本比例（%）
100～300亩	4	13

（续）

条件	样本数（个）	样本比例（%）
300～500 亩	2	6
500～1 000 亩	5	16
1 000～2 000 亩	8	26
2 000～3 000 亩	4	13
3 000～5 000 亩	1	3
5 000 亩以上	7	23

资料来源：根据调研数据统计并制表。

6.5.2 规模经营主体的需求分析

6.5.2.1 扩大经营规模和提高连片程度

根据对规模经营主体的特征分析，追逐利润和总收益是其经营的根本目标，扩大土地经营规模是其提高劳动生产率、追逐收益最大化的基本路径。但是，单纯追求面积扩大不一定能够实现收益最大化，需要同时解决土地细碎化才能同步提高劳动生产率，实现规模经济，并可能实现土地产出率不下降甚至提高。

农业生产投入要素主要包括土地、资金、劳动力，其中资金具体表现为流动资产（如化肥、农药投入）和固定资产（如农业机械、灌溉水井）。在粮食、棉花等实际生产中，化肥、农药等流动资产主要用来提高土地生产力，对土地经营规模没有严格要求；而固定资产由于其不可分性，其利用效率与土地经营规模密切相关，仅当土地集中连片经营规模达到合适的"度"，农业机械、灌溉水井等固定资产才能发挥最大效能。因此，推进土地规模经营，只有解决土地细碎化问题，才可能不降低土地产出率。

我们的调研问卷结果显示出一致的结论，从专业大户和家庭农场情况看，82%的大户认为应该重新调整承包地，问及原因时，在262个回答中，有22%是"农户承包地块较多、细碎化程度较高，不利于土地流转"。在新疆呼图壁县，这个问题尤为突出，"农户承包地块较多、细碎化程度较高，不利于土地流转"是该地区种棉大户要求重新调整承包地的最主要原因。

6.5.2.2 投资长期固定资产和稳定土地经营权

规模经营主体的基本特征决定了他们需要进行农田基础条件的改善以提

高土地产出率，需要购买农机以实现资本替代劳动从而提高劳动生产率，这些长期投资又促生了规模经营主体对稳定土地经营权的需求。江西南昌某位种粮大户，2013年转入260亩土地种植水稻，当时政府对土地做过平整，但却推掉了耕作层，直接影响到当年中稻单产，他有一半水田的亩产仅有300千克，为此他个人投资10余万元重新进行了土地整理。他认为在这种情况下，土地流转期限短了不行，要长一些，因为期限短可能会导致投资不能收回。在黑龙江肇东，土地的经营规模与专业大户的收益水平密切相关，而当地的土地流转呈现出承包期限短的特征，流转合同期限基本为1年，对大户实现稳定的家庭规模经营构成了一定的瓶颈制约。调研统计数据显示，大户认为土地承包关系"长久不变"的时间期限平均为32年，其中黑龙江省肇东市、河南省永城市和甘肃省甘州区分别为45年、36年和33年，均超过二轮承包的30年期限，体现了大户对投资土地规模经营稳定性的诉求。

6.5.2.3 完善农业社会化服务

土地生产规模的扩大，必然伴随服务规模的扩大，对专业化、社会化服务提出新的要求。农业社会化服务建立在分工分业基础上，是规模生产的服务外包行为，通过服务的规模化、服务主体的熟练程度等分摊生产主体的长期平均成本，实现规模经济；同时也是生产主体的劳动外延，帮助生产主体解决因规模扩大带来的资本替代劳动问题，确保土地产出率。

6.5.2.4 农业科技创新

土地、劳动力、资本是三大农业生产要素。进行土地规模经营，直接目的是提高劳动生产率，通过扩大土地经营面积实现家庭农业劳动力的充分就业。但是，随着边际劳动生产率递减，进行土地规模经营的管理成本将会越来越高，可能面临土地产出率下降、规模报酬递减的问题，在这种情况下，需要在确保适度规模的前提下，通过技术进步提高土地产出率。此外，专业大户（家庭农场）从事规模经营，除通过产量提高实现收益增加外，优质优价也是增加收益的重要方法，因此，对农产品品质的追求也将促进规模经营主体对技术的渴望。

6.5.2.5 政策支持

专业大户、家庭农场等规模经营主体多数是在传统农户基础上分化产生，资金有限，农业贷款受到制约，加上农业生产本身具有自然风险、市场风险双重制约和比较效益低等特点，他们对政府赋予了防范风险、保障收益的期待。所有 6 个现代农业示范区的专业大户（家庭农场），没有政策支持情况下的经营规模愿望都远远小于有政策支持情况下的经营规模愿望。表 6-15 数据显示，有政策支持的经营规模愿望基本是没有政策支持的 2 倍。

表 6-15　有无政策支持情况下专业大户（家庭农场）最大经营面积比较

序号	示范区	满足收入最大化愿望的经营面积（亩）	无政策支持情况下的最大经营面积（亩）
1	黑龙江省肇东市	8 895	3 183
2	新疆呼图壁县	1 195	550
3	四川省苍溪县	242	101
4	山东省滕州市	839	293
5	河南省永城市	1 549	900
6	甘肃省甘州区	426	308

资料来源：根据调研数据统计并制表。

6.5.3　规模经营面临的制约因素分析

6.5.3.1　投资能力不足

资金积累先天不足。通过调研了解到，专业大户（家庭农场）多数脱胎于传统农户或农村经纪人，资本积累主要源于农业生产、初级流通增值，资金规模小、增长慢。在河南省新野县，受访的 99 个农户，2012 年平均经营收入为 74 395.63 元。虽然随着土地经营规模的扩大，农户的平均经营收入呈增长趋势，如 10 亩以下 20 105.96 元、10～30 亩 56 800 元、30～100 亩 117 400 元、100 亩以上 267 777.78 元，但投资能力特别是对固定资产、基础设施建设的投资能力仍然不足。在 2012 年，一台全新 90 马力* 的福田雷沃谷神麦客 GE25 联合收割机平均价格为 93 300 元，占到 100 亩以上大户平均经营收入的 34.8%、30～100 亩大户的 79.5%。从投资理性角度分析，这些大户进行投资的内生动力不足。同时，还直接影响农户转入土地的意愿

---

*　1 马力＝735 瓦特。

和能力，在受访的 99 个农户中，有 62 个农户想要维持目前的土地经营规模，其中 12 个农户是因为资金不足（有 10 个农户土地经营面积为 10 亩及以下）。

农业金融服务体系不健全。农业金融服务能力不足是制约大户拓展投资能力的又一重要原因。根据访谈，大户通过银行贷款发展农业生产的情况比较少。这主要源于当地农业金融服务体系不健全，缺乏农业金融产品，农村土地承包经营权、宅基地使用权抵押担保以及订单、仓单质押等机制不健全。

由于农业生产本身具有自然风险、市场风险双重制约和比较效益低的特点，生产主体一般是风险规避者，尤其在资金积累先天不足、农业金融服务体系不健全的情况下，生产主体投资规模经营的意愿更加受到限制。

6.5.3.2　土地经营权不稳定

土地流转期限短。这是制约经营大户进行长期投资的一个重要因素。在黑龙江肇东，土地流转期限以 1 年为主，基本 1 年 1 签。在新野县，建立在熟人社会基础上的土地流转情况较多，流入方随时面临被收回土地的可能；即使签订正式合同的土地流转情况，其期限一般也在 10 年以下。前一种情况是无契约约束，这本身就导致耕种行为仅限于代耕代种，不以实现规模经济和提高产出率为目标；后一种情况是有契约但期限短，即使流入方以实现规模经济和提高产出率为目标，投资也仅限于流动资产或者投资回收期较短的固定资产，对可能产生沉没成本的固定资产投资存在犹豫，这容易导致土地经营规模扩大而土地产出率下降。

土地流转市场不健全。如新野县农田耕作条件较好，人多地少，土地流转规模偏小，这些小规模的流转多数以口头协议为主，不签订合同，其行为仍然不规范，土地流转收益缺乏与市场挂钩的增长机制。

6.5.3.3　土地细碎化

土地细碎化是制约固定资产投资进而影响土地生产率提高的一个重要因素。根据对示范区种粮大户的访谈，当地多数大户的土地经营规模虽然扩大了，但是土地细碎化问题仍然没有解决。在河南省新野县，受访的 99 个农户土地经营总面积为 4 142.4 亩，土地总块数为 496 块，平均每块土地面积为 8.4 亩。不同分组的土地经营也存在不同程度的细碎化问题，虽然随着土地经营规模的扩大，细碎化问题有所缓解，但总体上每块土地的面积仍然偏小。如 10 亩以下平均每块土地面积为 1.85 亩，10～30 亩为 4 亩，30～100 亩为 6.16 亩，100 亩以上为 20.55 亩。受访的多数农户因为土地集中连片面积过小而放弃农田基础设施建设。问卷统计结果显示，土地经营规模在 30～100 亩的农户中，近年参加灌溉水源建设的占比不足 10%。一位大户反映，如果自己能够再流转 90 亩土地，就打一口井，否则不能收回成本。大户 CYQ 是为数不多的自己投资打井的代表，2012 年经营土地 247 亩、16 块，平均每块土地面积 15.4 亩，高于受访农户平均每块土地面积（8.4 亩），近年来根据生产需要自己投资进行了灌溉水源建设。在新疆呼图壁县和四川苍溪县，受访大户平均每块土地的面积为 90.77 亩/块和 2.99 亩/块，而当地按经验判断，土地经营面积应至少达到 500 亩和 20 亩才称得上规模经营，同时在当地最适合家庭经营和农机作业的集中连片面积应为 300 亩以上和 30～50 亩，这均高于当前的地块面积（表 6-16）。

表 6-16 新疆呼图壁和四川苍溪地块情况

示范区	平均每块土地的面积	当地规模经营面积（按经验）	最适合家庭经营和农机作业的集中连片面积
新疆呼图壁	90.77 亩	500 亩	300 亩以上
四川苍溪	2.99 亩	20 亩	30～50 亩

资料来源：根据调研数据统计并制表。

6.5.3.4 地租推动生产成本上涨

地租不断上涨，推动农业生产成本不断提高，是土地规模经营面临的主要制约因素之一。据对 10 个国家现代农业示范区、324 个专业大户（家庭农场）的样本统计分析，有 71% 认为当地近年土地流转价格越来越高，2011—2014 年土地流转价格平均为 343.11 元、451.44 元、536.08 元和 537.42 元（表 6-17），主要原因包括高效农业租地价格高农民攀比要价（占 25%）、农地经营效益好推动地租上涨（占 20%）、惠农政策多农民对土地收益期望高（占 12%）等（图 6-6）。2013 年，10 个示范区、324 个专业大户的平均每亩生产成本为 1 276.49 元，其中地租 466.56 元，占 36.55%。

表6-17　被调查地区的专业大户（家庭农场）平均土地流转价格

年份	土地流转价格（元/亩）
2011	343.11
2012	451.44
2013	536.08
2014	537.42

资料来源：根据调研数据统计并制表。

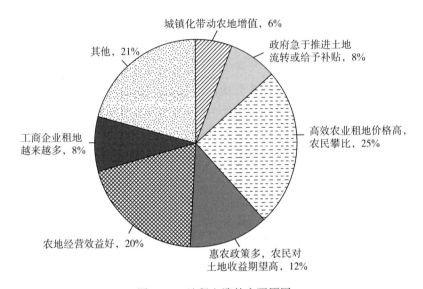

图6-6　地租上涨的主要原因

6.5.3.5　农业社会化服务功能不强

以河南省新野县为例。当前新野县的农业社会化服务功能还不强，具体表现在：统一配方施肥虽然已实现全覆盖，但实施的密度和手段仍需要加强；病虫草害统防统治面临机械化统防统治力量薄弱、"统"的功能不强等问题，主要原因在于资金不足、植保机械短缺；农机作业面临单个主体投资能力不足以及因为土地流转缓慢、土地细碎化等带来的农机作业效率低等问题。目前，在新野县，这是推进土地适度规模经营的主要制约因素之一。以农机作业服务为例，根据实践经验，一台90马力的小麦联合收割机一天作业面积可达到100亩，在土地过分零散的情况下，农机的作业效率会受到影响。

6.5.3.6　政策支持不足

农业政策支持总体不足。在新野县、肇东市乃至广大粮食主产区，由于土地细碎化、土地流转难等带来的土地不能集中连片、土地流转期限短等问题，使得流入方投资农田基础设施建设的意愿不强烈，存在产生沉没成本的风险，水利设施老化、机耕道建设滞后等问题，已成为发展土地适度规模经营的制约瓶颈，亟需政府投资建设高标准农田。在国家现代农业示范区一次试评价中，新野县的农林水事务支出占农林牧渔业增加值的比重仅占4.37%，低于基本现代化目标值（15%）10.6个百分点，高标准农田面积占耕地面积的比重仅为11.43%，低于基本现代化目标值（60%）48.6个百分点。

精准化政策措施不足。粮食直补、农资综合补贴均按照纳税地亩进行发放，通过"一卡通"直接打到承包户卡中，而从事土地规模经营的种粮大户虽然对粮食生产做出了贡献，但并不能享受到该补贴。在四川省苍溪县，由于外出务工农户比重较高，抛荒现象严重，"代耕"在土地流转形式中占据多数，一般没有土地租金，在此背景下，一些转入土地的农户认为，虽然没有向土地转出方支付租金，但由于直补资金打到承包户卡中，而没有打到种粮户卡中，因此视同缴纳土地租金，是大户期待农业补贴的一个侧影。从全国来看，目前的支持政策普遍呈现"哑铃状"，即针对全体农户和针对千亩以上的"明星户"的扶持政策居多，针对中等规模种粮户的扶持政策偏少。国家实行的"四补贴"政策，实际是对承包户的收入补贴，对生产的补贴缺乏针对性，是一种"撒胡椒面"的普惠制政策。同时，由于扶持项目和资金总量偏少，地方也存在树典型、"造明星"的心理，千亩甚至万亩以上的超大规模农户往往成为项目和资金的主要流向，对生产的支持效果也不明显。支持政策缺乏精准化、针对性，是普遍存在的现象，这些都呼吁政策瞄准机制的诞生。

6.5.4　规模经营主体的政策支持建议

基于上述思考，笔者认为对规模经营主体的政策支持应着重把握以下几点：

一是新增农业补贴应向适度规模经营主体倾斜。这能够实现确保土地产出率和农民收益的双重政策目标。比如在黑龙江省肇东市，新增农业补贴应重点向该地区100～500亩经营规模的种粮大户倾斜，在提高土地产出率的目标前提下增加种粮大户收入。

二是着力提高技术进步对土地产出率的贡献。要素驱动、投资驱动和创新驱动是提高土地产出率的三种方式。过去我们通过丰富的劳动力投入、精耕细作提高单产，却造成劳动生产率过低；通过多施化肥提高单产，却造成土壤板结、地力下降。要素投入对土地产出率的贡献在下降。未来土地产出率的提高，应主要依靠加大资本投入，强化基础设施建设以及加快科技创新、推广和应用，提高技术进步贡献率来实现。

三是重点支持固定资产投资。大户多数脱胎于传统农户或农村经纪人，资本积累主要源于农业生产、初级产品流通增值等，资金规模小、增长慢，投资能力特别是对固定资产、基础设施建设的投资能力不足。此外，土地流转期限短也是制约大户长期投资的重要因素。因为这个原因很多大户投资仅限于流动资产或者投资回收期较短的固定资产，对可能产生沉没成本的固定资产投资存在犹豫，这容易导致土地规模扩大而产出率下降。对此，政府应通过加大财政支持力度、促进完善农业金融服务，支持大户进行固定资产投资。

四是加快健全农业社会化服务。黑龙江肇东大户LG经营7 000亩玉米需要长期聘用3位工人进行管理，这说明在农业社会化服务体系不健全的情况下，大户需要借助长期雇工突破管理瓶颈。LG的家庭经营模式已发生转变，生产管理已突破家庭劳动力范围，管理成本对其生产成本的影响将会越来越大，当规模过大时，管理不善、经营粗放将可能影响其玉米单产和利润。实际上，土地经营规模的扩大，必然伴随服务规模的扩大。农业社会化服务通过服务对象的规模化、服务主体的熟练性分摊生产者的长期平均成本，能够实现规模经济；同时可以帮助生产者解决规模扩大带来的资本替代劳动问题，确保土地产出率。为此，政府应不断强化公益性服务，同时鼓励农机专业合作社等组织开展经营性服务，建立起多层次、立体型农业社会化服务体系。

第7章　承包地经营权流转与土地适度规模经营

　　农业适度规模经营是降低农业生产成本和提高我国农业竞争力的有效途径，是实现农村土地"三权分置"的现实选择，也是农业供给侧结构性改革的重要内容。发展多种形式的农业适度规模经营，应立足于我国国情，顺应工业化、信息化和城镇化加快发展的趋势，适应农村劳动力大量转移和农业生产条件不断完善的形势。由土地流转形成的适度规模经营，在农村劳动力大量转移的发达省市、沿海经济带或城郊等地区更易实现。土地适度规模经营形式，需重点关注土地生产率、劳动生产率及其关系处理等问题。

7.1　农村土地经营权流转发展现状

　　根据农业农村部《数说新中国70年农业农村巨变》资料显示，农村承包土地经营权流转从20世纪80年代开始出现并逐步扩展，近年来，随着社会经济的不断发展和我国农村农业经营模式变化，农村家庭承包耕地流转面积不断增加。截至2018年，全国家庭承包耕地流转面积超过5.39亿亩，较1994年增长了近60倍（图7-1），是2010年的2.88倍（表7-1）。

　　目前，我国农村家庭承包耕地流转主要有出租（转包）、转让、互换、股份合作等多种方式，其中出租（转包）是主要方式，2018年出租和转包合并计算，占流转面积的81.09%，详见表7-2。

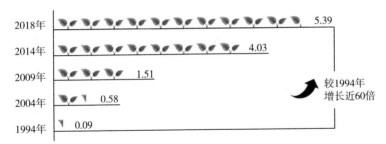

图 7-1　1994—2018 年家庭承包耕地流转总面积（单位：亿亩）

资料来源：《数说新中国 70 年农业农村巨变》（农业农村部）。

表 7-1　土地流转率的变化（2010—2018 年）

单位：亿亩

年份	2010	2011	2012	2013	2014	2015	2016	2017	2018
承包耕地面积	12.73	12.77	13.1	13.27	13.29	13.42	13.65	13.84	14.57
流转面积	1.87	2.28	2.78	3.41	4.03	4.47	4.79	5.12	5.39
流转率	14.69%	17.85%	21.22%	25.70%	30.32%	33.30%	35.10%	37.00%	37.00%

资料来源：《中国农村经营管理统计年报》和其他公开资料等。

表 7-2　我国农村家庭承包耕地流转情况（按流转方式）

单位：亿亩

年份		2010	2011	2012	2013	2014	2018
出租	面积	0.49	0.62	0.8	1.08	1.34	4.37
	比例	26.34%	27.19%	28.78%	31.67%	33.17%	
转包	面积	0.96	1.16	1.37	1.6	1.88	81.09%
	比例	51.61%	50.88%	49.28%	46.92%	46.53%	
转让	面积	0.09	0.1	0.11	0.11	0.12	0.15
	比例	4.84%	4.39%	3.96%	3.23%	2.97%	2.75%
互换	面积	0.1	0.15	0.18	0.21	0.24	0.31
	比例	5.38%	6.58%	6.47%	6.16%	5.94%	5.79%
股份合作	面积	0.11	0.13	0.17	0.24	0.27	0.30
	比例	5.91%	5.70%	6.12%	7.04%	6.68%	5.47%
其他形式	面积	0.11	0.12	0.15	0.17	0.19	0.26
	比例	5.91%	5.26%	5.40%	4.99%	4.70%	4.90%

资料来源：《中国农村经营管理统计年报》。

从农村家庭承包耕地流转去向看，农户仍然是家庭承包耕地转入的主要主体，但农民专业合作社、企业转入土地的面积和比重呈逐年扩大趋势（表7-3）。

表7-3 我国农村家庭承包耕地流转情况（按流转去向）

单位：亿亩

年份		2010	2011	2012	2013	2014	2018
农户	面积	1.29	1.54	1.8	2.06	2.35	3.082
	比例	69.35%	67.54%	64.75%	60.41%	58.31%	57.18%
专业合作社	面积	0.22	0.31	0.44	0.69	0.88	1.211
	比例	11.83%	13.60%	15.83%	20.23%	21.84%	22.47%
企业	面积	0.15	0.19	0.25	0.32	0.39	0.556
	比例	8.06%	8.33%	8.99%	9.38%	9.68%	10.32%
其他主体	面积	0.2	0.24	0.29	0.34	0.41	0.541
	比例	10.75%	10.53%	10.43%	9.97%	10.17%	10.04%

资料来源：《中国农村经营管理统计年报》。

从农户经营耕地规模情况看，经营规模在50亩以下的农户占绝大多数，2018年为98.40%（表7-4）。

表7-4 农户经营耕地规模情况

单位：万户

经营规模		2010	2011	2012	2013	2014	2018
10亩以下	数量	22 390.60	22 659.30	22 531.20	22 666.40	26 210.50	23 313.60
	比重	85.80%	85.94%	86.11%	85.96%		85.20%
10~30亩	数量	2 824.90	2 819.30	2 742.00	2 711.80		2 867.90
	比重	10.82%	10.69%	10.48%	10.28%	98.71%	10.50%
30~50亩	数量	609.00	611.40	603.60	673.60		730.00
	比重	2.33%	2.32%	2.31%	2.55%		2.70%
50~100亩	数量	201.10	197.10	204.90	225.80	235.40	272.60
	比重	0.77%	0.75%	0.78%	0.86%	0.89%	1.00%
100~200亩	数量	48.80	53.20	56.90	62.90	75.00	97.90
	比重	0.19%	0.20%	0.22%	0.24%	0.28%	0.40%
200亩以上	数量	23.30	25.70	25.70	28.90	31.00	43.30
	比重	0.09%	0.10%	0.10%	0.11%	0.12%	0.20%

资料来源：《中国农村经营管理统计年报》。

7.2 经营规模与土地生产率关系研究

改革开放以来，家庭联产承包责任制的引进激活了农村生产力，实现了中国农业农村经济的快速发展。但随着中国农村改革的深入，一家一户的经营方式并不能完全适应于现代农业的发展需要：一方面是城镇化与工业化进程的加快，大量农村劳动力外出务工；另一方面较为严重的农村土地细碎化，制约了农户生产率水平的提升。探究新形势下经营规模与土地生产率的关系有助于厘清农户生产的最优规模，为实现农业补贴的精准化提供实证依据。

经营规模与土地生产率二者之间的关系一直以来都是学术界关注的重要话题。目前学术界一共有三种主要观点：一是经营规模与土地生产率呈现出负向关系，二是经营规模与土地生产率之间存在正向关系，三是经营规模与土地生产率二者之间并不存在着线性关系。实现农业补贴的精准性，就需要对农户土地生产率进行有效甄别，进而能够不断激发农户生产积极性。为此，选择农业农村部农村固定观察点农户数据，探究经营规模与粮食作物土地生产率二者之间的关系。

本部分采用农业农村部农村固定观察点微观大样本农户数据，探究经营规模与粮食作物土地生产率二者之间的关系。选取粮食作物的原因主要考虑以下两个方面：一是我国对粮食作物实行了良种补贴，并对小麦和水稻采取了最低收购价政策，研究粮食作物经营规模与生产率二者之间的关系，能够为现阶段粮食补贴制度改革提供实证依据；二是农业农村部农村固定观察点粮食作物的数据质量较高，对于反映全国层面粮食作物生产情况，具有较好的代表性。

7.2.1 模型设定与数据来源

7.2.1.1 模型设定

分析经营规模与土地生产率，本研究构建了如下计量经济学模型：

$$\ln Y_i = \alpha \ln A + \beta_i \sum \ln X + \mu_i \qquad (7.1)$$

公式（7.1）中，Y_i 表示小麦、水稻和玉米三大作物的亩均产量；X 表示影响农户粮食生产的变量（如劳动力、化肥、农业机械、其他物质费用等），$\ln A$ 为常数项，μ_{it} 为估计误差。α 和 β_i 为待估参数。

7.2.1.2 数据来源

本研究采用农业农村部农村固定观察点 2015 年数据进行实证分析。农业农村部农村固定观察点是 1984 年经中央书记处批准建立，由中共中央政策研究室和农业农村部具体组织指导，在全国各省份连续跟踪的一项农村调查工作，是微观层面上分析农户生产生活的重要数据库。农业农村部农村固定观察点数据有两个鲜明的特征和优势：一是调查范围广、样本量大。该调查覆盖了全国绝大多数省份，每年调查 20 000 户左右。二是内容丰富。该问卷涵盖了农户家庭生产、消费、就业、生活及其他各项活动，能够充分反映农户生产生活状况，十分具有代表性。

7.2.2 三大主粮生产成本收益分析

本研究对农业农村部农村固定观察点 2015 年三大主要粮食作物（小麦、玉米和水稻）的成本收益进行了测算，为了消除异常值的影响，本研究对所有连续变量在 1% 和 99% 分位上进行了 winsorize 处理①。

7.2.2.1 小麦生产成本收益分析

2015 年样本农户的小麦平均播种面积在 3.41 亩，最大播种面积为 20 亩，且不同区域农户播种面积存在差异，具体情况如表 7-5 所示。

表 7-5　各省份样本农户小麦播种面积

单位：亩

省份	平均	最大值	最小值	中位数	样本数
天津	4.05	12.00	0.00	3.70	397
河北	6.38	20.00	0.00	6.00	31
山西	3.11	9.00	1.00	2.50	41
内蒙古	3.78	12.00	0.00	3.00	2
辽宁	10.00	20.00	0.00	10.00	24

---

① 采用 winsorize 处理有助于处理样本中的极端大值与极端小值。

（续）

省份	平均	最大值	最小值	中位数	样本数
吉林	10.75	20.00	0.00	15.00	359
江苏	3.55	20.00	0.30	2.50	620
安徽	7.47	20.00	0.00	6.45	243
江西	4.20	4.20	4.20	4.20	8
山东	3.18	20.00	0.00	2.00	220
河南	3.76	20.00	0.00	3.00	137
湖北	2.16	18.00	0.00	2.00	110
湖南	0.05	1.90	0.00	0.00	31
海南	2.00	8.00	0.00	2.00	140
贵州	1.15	8.30	0.00	1.00	192
云南	2.17	6.00	0.50	2.00	55
西藏	2.77	10.00	0.00	2.55	110
重庆	0.57	1.00	0.00	0.60	31
陕西	4.43	20.00	0.00	3.20	341
甘肃	3.88	12.00	0.00	3.90	290
青海	2.87	6.50	0.00	3.00	140
宁夏	2.80	9.50	0.50	2.50	75
新疆	4.80	20.00	0.00	4.30	192

小麦平均播种面积较高的省份为吉林和辽宁，平均播种面积都在10亩以上，安徽、河北两省的平均播种面积在6～7亩，新疆、陕西、江西和天津四省的小麦平均播种面积在4亩左右，甘肃、内蒙古、河南、江苏、山东和山西六省的小麦平均播种面积在3亩左右，青海、宁夏、西藏、云南、湖北和海南六省的小麦平均播种面积在2亩左右，贵州、重庆、湖南三省小麦播种面积较少，在0～2亩之间。样本中其他各省的农户不种植小麦。

样本农户的亩均小麦产量为374.25千克，且不同区域的小麦亩产量存在差异。江西的亩均小麦产量最高为每亩500千克，天津、山东、河南、湖南、安徽、辽宁和山西七省的小麦亩均产量在400～500千克，江苏、河北、内蒙古、海南、甘肃、宁夏、贵州和陕西八省的小麦亩均产量在300～400千克，其余省份的小麦亩产量在300千克以下。具体情况如表7-6所示。

表7-6 各省份样本农户小麦亩均产量

单位：千克

省份	平均	最大值	最小值	中位数	样本数
天津	474.82	630.00	300.00	500.00	52
河北	389.51	630.00	52.50	483.60	394
山西	406.35	500.00	162.50	434.78	31
内蒙古	389.14	400.00	350.00	400.00	31
辽宁	420.00	420.00	420.00	420.00	1
吉林	154.26	361.54	55.56	125.00	16
江苏	397.22	630.00	242.42	400.00	359
安徽	420.88	596.15	83.33	425.39	318
江西	500.00	500.00	500.00	500.00	1
山东	468.95	630.00	40.00	500.00	573
河南	439.23	630.00	0.00	453.33	683
湖北	284.75	630.00	0.00	275.00	173
湖南	430.26	450.00	410.53	430.26	2
海南	380.00	380.00	380.00	380.00	2
贵州	317.86	630.00	100.00	330.00	191
云南	195.03	630.00	0.00	186.00	137
西藏	170.32	420.00	50.00	178.13	109
重庆	161.48	233.33	121.43	158.00	28
陕西	317.56	630.00	0.00	319.72	332
甘肃	355.57	630.00	150.00	333.33	253
青海	292.04	454.55	100.00	300.00	136
宁夏	338.10	471.43	166.67	330.88	75
新疆	298.98	630.00	0.00	380.00	191

　　样本农户的亩均小麦收入为832.20元，亩均小麦成本392.71元，亩均平均利润为439.49元（不包括自家劳动力投工费用）。其中，种子亩均投入成本为57.66元，化肥亩均投入费用为138.02元，有机肥亩均投入费用为8.12元，农药亩均投入费用为22.19元，农膜亩均投入费用为0.18元，农业机械服务费用亩均投入为110.31元，畜力亩均投入费用为2.99元，固定资产折旧和修理亩均投入费用为9.17元，劳动力雇工成本为1.83元，其他成本费用为42.24元。

7.2.2.2 玉米生产成本收益分析

2015年样本农户的玉米平均播种面积在8.01亩，最大播种面积为90亩，且不同区域农户播种面积存在差异，具体情况如表7-7所示。

表7-7　各省份样本农户玉米播种面积

单位：亩

省份	平均	最大值	最小值	中位数	样本数
北京	1.33	5.20	0.00	1.00	37
天津	6.47	38.00	0.00	3.50	118
河北	6.07	40.00	0.00	5.00	660
山西	6.00	48.00	0.30	4.50	628
内蒙古	11.18	55.00	2.00	10.00	128
辽宁	10.59	90.00	0.20	6.00	778
吉林	23.63	90.00	0.00	15.50	718
黑龙江	38.28	90.00	0.00	28.50	570
江苏	1.73	12.00	0.10	1.20	268
浙江	0.09	4.00	0.00	0.00	74
安徽	4.53	30.00	0.00	0.50	272
江西	4.13	21.50	0.10	1.75	12
山东	3.42	90.00	0.10	2.10	701
河南	3.42	90.00	0.00	3.00	703
湖北	1.98	20.00	0.00	1.50	395
湖南	1.28	10.00	0.00	0.80	77
广东	0.43	4.00	0.00	0.00	75
广西	3.12	12.00	0.10	2.50	215
海南	1.91	4.00	1.00	2.00	11
贵州	1.31	7.00	0.00	1.00	380
云南	2.02	20.00	0.20	1.40	363
西藏	4.21	55.00	0.20	4.00	347
重庆	2.06	9.30	0.20	1.00	236
陕西	4.80	90.00	0.00	2.00	568
甘肃	3.60	16.00	0.00	3.00	315
宁夏	5.06	35.00	0.30	4.00	158
新疆	11.36	90.00	0.00	4.50	251

　　玉米平均播种面积较高的省份为黑龙江和吉林，平均播种面积都在20亩以上，黑龙江玉米平均播种面积更是超过30亩，新疆、内蒙古和辽宁三省的平均播种面积在10亩以上，天津、河北、山西和宁夏四省的玉米平均播种面积在5~6亩左右，陕西、安徽、西藏和江西四省的玉米平均播种面积在4亩左右，甘肃、山东、河南和广西四省的玉米平均播种面积在3亩左右，重庆、云南、湖北、海南、江苏、贵州、北京和湖南八省的玉米平均播种面积在1~2亩之间。广东和浙江仅有极少的农户种植玉米。

　　样本农户的亩均玉米产量为499.73千克，且不同区域的玉米亩产量存在差异。海南、内蒙古的亩均玉米产量最高，超过了700千克，宁夏、甘肃、吉林和黑龙江四省的玉米亩均产量在600~700千克，天津、辽宁、山西和山东四省的玉米亩均产量在500~600千克，河南、陕西、北京、云南、江苏、湖南、河北、湖北、重庆、贵州和新疆11省的玉米亩均产量在400~500千克，安徽、西藏、浙江、江西和广西五省的玉米亩均产量在300~400千克，广东玉米亩均产量最低，仅为121.02千克。具体情况如表7-8所示：

表7-8　各省份样本农户玉米亩均产量

单位：千克

省份	平均	最大值	最小值	中位数	样本数
北京	460.35	875.00	39.47	480.77	21
天津	583.54	1 150.00	366.67	500.00	78
河北	433.84	1 150.00	15.00	500.00	652
山西	532.64	1 150.00	10.00	533.33	628
内蒙古	700.47	958.33	266.67	735.98	128
辽宁	533.87	1 150.00	0.00	571.43	778
吉林	618.67	1 150.00	0.00	658.33	707
黑龙江	611.37	1 150.00	15.56	600.00	562
江苏	448.28	911.11	26.67	478.11	268
浙江	375.56	1 000.00	0.00	333.33	15
安徽	393.22	733.33	0.00	450.00	201
江西	344.48	750.00	100.00	316.88	12
山东	525.96	1 066.67	0.00	550.00	701

（续）

省份	平均	最大值	最小值	中位数	样本数
河南	468.73	1 150.00	0.00	478.89	702
湖北	424.75	1 150.00	0.00	400.00	365
湖南	446.30	1 150.00	139.13	375.00	66
广东	121.02	250.00	0.00	142.86	13
广西	341.22	1 000.00	37.33	350.00	215
海南	703.94	1 150.00	0.00	765.00	11
贵州	409.55	1 100.00	30.00	400.00	376
云南	459.01	1 150.00	60.75	453.66	363
西藏	390.56	1 050.00	25.00	400.00	347
重庆	412.77	928.57	50.00	400.00	236
陕西	460.83	1 150.00	0.00	421.05	559
甘肃	626.07	1 150.00	57.14	500.00	279
宁夏	689.15	1 071.00	38.20	706.00	158
新疆	405.21	1 000.00	0.00	385.91	250

样本农户的亩均玉米收入为 905.62 元，亩均玉米成本 353.50 元，亩均平均利润为 552.12 元（不包括自家劳动力投工费用）。其中，种子亩均投入成本为 56.92 元，化肥亩均投入费用为 143.35 元，有机肥亩均投入费用为 14.17 元，农药亩均投入费用为 19.63 元，农膜亩均投入费用为 3.88 元，农业机械服务费用亩均投入为 55.69 元，畜力亩均投入费用为 6.87 元，固定资产折旧和修理亩均投入费用为 6.41 元，劳动力雇工成本为 4.86 元，其他成本费用为 41.72 元。

7.2.2.3 水稻生产成本收益分析

2015 年样本农户的水稻平均播种面积在 4.61 亩，最大播种面积为 48 亩，且不同区域农户播种面积存在差异，具体情况如表 7 - 9 所示。

表 7 - 9 各省份样本农户水稻播种面积

单位：亩

省份	平均	最大值	最小值	中位数	样本数
天津	29.35	48.00	0.00	30.30	41
河北	0.64	10.00	0.00	0.00	105

（续）

省份	平均	最大值	最小值	中位数	样本数
山西	1.28	3.00	0.50	1.10	11
内蒙古	1.43	10.00	0.00	0.00	56
辽宁	7.86	48.00	1.00	6.05	250
吉林	10.21	48.00	0.00	6.55	198
黑龙江	19.43	48.00	0.00	11.00	148
上海	2.09	3.50	1.00	1.90	11
江苏	3.71	48.00	0.30	2.35	334
浙江	0.40	3.00	0.00	0.00	82
安徽	5.93	48.00	0.00	3.80	424
福建	1.72	26.00	0.00	0.50	407
江西	9.86	48.00	0.00	6.30	424
山东	0.62	13.00	0.00	0.30	105
河南	2.79	8.00	0.40	2.45	36
湖北	3.04	34.50	0.00	2.05	352
湖南	5.92	48.00	0.00	3.00	215
广东	1.87	8.40	0.00	1.80	193
广西	4.19	18.00	0.00	3.50	397
海南	5.22	16.00	2.00	4.00	133
四川	0.64	15.00	0.00	0.00	227
贵州	1.89	15.00	0.00	1.80	413
云南	2.59	48.00	0.00	2.00	270
西藏	3.97	30.00	0.40	2.50	282
重庆	2.62	15.60	0.30	1.80	262
陕西	1.49	5.20	0.00	1.40	148
甘肃	1.33	48.00	0.00	0.00	39
宁夏	4.86	14.00	1.00	4.00	26

　　样本农户水稻平均播种面积较高的省份为天津、黑龙江和吉林，平均播种面积都在10亩以上，江西、辽宁两省的平均播种面积在7亩以上，安徽、湖南、海南、宁夏和广西五省的水稻平均播种面积在4～5亩左右，西藏、江苏、湖北、河南、重庆、云南和上海七省的水稻平均播种面积在2～3亩左右，贵州、广东、福建、陕西、内蒙古、甘肃和山西七省的水稻平均播种

面积在 1～2 亩左右，四川、河北、山东和浙江四省的水稻平均播种面积在
1 亩以下。

　　样本农户的亩均水稻产量为 512.16 千克，且不同区域的水稻亩产量存
在差异。天津、辽宁和江苏三省的亩均水稻产量最高，均超过 600 千克，湖
北、宁夏、四川、浙江、黑龙江、福建、云南、贵州、安徽、陕西、山东和
上海 12 省的水稻亩均产量在 500～600 千克，湖南、重庆、河南、吉林、江
西、西藏、河北、广东和甘肃九省的水稻亩均产量在 400～500 千克，广西、
山西和海南的水稻亩均产量在 300～400 千克，内蒙古水稻亩均产量最低，
仅为 278.89 千克。具体情况如表 7-10 所示：

表 7-10　各省份样本农户水稻亩均产量

单位：千克

省份	平均	最大值	最小值	中位数	样本数
天津	656.07	704.23	512.50	680.00	40
河北	410.88	720.00	140.00	492.86	12
山西	376.46	538.89	200.00	400.00	11
内蒙古	278.89	400.00	133.33	300.00	15
辽宁	654.27	1 004.26	0.00	750.00	250
吉林	485.91	789.47	0.00	500.00	187
黑龙江	534.10	1 004.26	350.00	500.00	146
上海	502.39	526.32	500.00	500.00	11
江苏	628.14	752.00	186.05	636.32	334
浙江	548.15	666.67	400.00	550.00	20
安徽	528.03	1 004.26	0.00	505.66	385
福建	532.86	1 004.26	1.00	480.00	224
江西	476.13	1 004.26	30.47	473.28	415
山东	506.24	1 004.26	200.00	466.67	60
河南	489.17	750.00	150.00	500.00	36
湖北	599.25	1 004.26	55.00	560.00	295
湖南	498.60	971.43	144.44	500.00	198
广东	409.49	1 004.26	200.00	350.00	164
广西	392.73	1 000.00	0.00	400.00	396
海南	361.30	700.00	125.00	376.80	133

（续）

省份	平均	最大值	最小值	中位数	样本数
四川	556.90	1 004.26	0.00	541.67	54
贵州	529.27	1 004.26	100.00	522.61	398
云南	531.59	910.00	46.11	546.67	269
西藏	445.18	857.14	9.09	443.11	282
重庆	492.89	666.67	300.00	500.00	262
陕西	521.82	1 004.26	300.00	500.00	135
甘肃	400.00	800.00	0.00	400.00	2
宁夏	598.53	952.33	485.71	575.17	26

样本农户的亩均水稻收入为 1 375.60 元，亩均水稻成本 512.16 元，亩均平均利润为 863.44 元（不包括自家劳动力投工费用）。其中，种子亩均投入成本为 57.15 元，化肥亩均投入费用为 148.81 元，有机肥亩均投入费用为 16.46 元，农药亩均投入费用为 58.82 元，农膜亩均投入费用为 4.53 元，农业机械服务费用亩均投入为 117.85 元，畜力亩均投入费用为 18.72 元，固定资产折旧和修理亩均投入费用为 10.65 元，劳动力雇工成本为 28.91 元，其他成本费用为 50.26 元。

7.2.3　实证结果

根据公式（7.1）进行计量分析，分别对小麦、玉米和水稻三大作物进行回归。表 7-11 报告了以三大主粮亩均收入为因变量的回归结果，模型估计中采用稳健标准误，同时控制了省份虚拟变量。

表 7-11　三大作物经营规模与亩均产值的计量结果

因变量	模型（1） 小麦亩均收入	模型（2） 玉米亩均收入	模型（3） 水稻亩均收入
ln$Labor$	−0.006**	0.002	0.005***
	(−2.17)	(1.21)	(5.62)
ln$Land$×ln$Land$	−0.026***	0.005	−0.001***
	(−2.69)	(1.51)	(−0.15)

（续）

因变量	模型（1）小麦亩均收入	模型（2）玉米亩均收入	模型（3）水稻亩均收入
ln$Land$	0.014	-0.075^{***}	-0.085^{***}
	(0.76)	(-7.88)	(-6.50)
lnFer	0.008^{***}	0.057^{***}	0.004
	(1.91)	(7.67)	(1.16)
ln$Mech$	0.013^{***}	0.007^{***}	0.005^{***}
	(7.84)	(7.50)	(5.27)
ln$Seed$	0.011^{***}	0.002	-0.001
	(5.38)	(0.59)	(-0.52)
ln$Pesticide$	0.030^{***}	0.013^{***}	0.009^{***}
	(15.95)	(12.15)	(3.44)
ln$Plastic$	0.012^{***}	0.016^{***}	-0.001
	(3.46)	(11.32)	(-0.65)
ln$Othercost$	0.017^{***}	0.008^{***}	0.005^{***}
	(17.72)	(9.62)	(5.87)
省份虚拟变量	Yes	Yes	Yes
样本量	4 076	8 660	4 709

注：$* p < 0.1$，$** p < 0.05$，$*** p < 0.01$。

从表 7-11 的结果可以得出，三大作物经营面积与亩均收入呈现出非线性的关系，具体来说：小麦、水稻经营规模与亩均收入呈现倒"U"形关系，而玉米则呈现出正"U"形。小麦估计中，劳动力的估计系数为负，且通过了5％水平下的显著性检验，这说明劳动力的过量投入阻碍了单位土地面积上产值的增加；化肥、农业机械、种子、农药、农膜和其他物质费用变量估计系数均为正，且均通过了 1％水平的显著性水平检验，说明增加化肥、农业机械、种子、农药、农膜和其他物质费用能够显著提升小麦亩均收入。玉米估计中，劳动力的估计系数为正，但并没有通过显著性检验，这说明劳动力投入增加并不能显著提升土地产值。化肥、农业机械、农药、农膜和其他物质费用变量估计系数均为正且通过了显著性水平检验，说明增加化肥、农业机械、农药、农膜和其他物质费用等要素投入能够显著提升玉米亩均收入。水稻估计中，农业机械、农药和其他物质费用的估计系数为正，均通过了 1% 水平下显著性检验。化肥的估计系数为正，但没有通过显著性检验，这说明水稻生产中化肥投入的增产效果不是十分明显，主要原因是化肥存在过量使用现象。种子和农膜的估计系数为负，也没有通过显著性水平检验，这说明种子和农膜在一定程度上存在过量投入现象。

进一步，我们将种子、农药、农膜和其他物质费用合并重新进行了估计，估计结果如表 7 - 12 所示。

表 7 - 12 三大作物经营规模与亩均产值的计量结果

因变量	模型（1） 小麦亩均收入	模型（2） 玉米亩均收入	模型（3） 水稻亩均收入
ln$Land$	0.067***	−0.038***	−0.079***
	(3.53)	(−4.03)	(−5.98)
ln$Land$×ln$Land$	−0.030***	0.000 2	5.79e−07
	(−3.12)	(0.07)	(0.00)
ln$Labor$	−0.008**	0.002	0.005***
	(−2.63)	(1.16)	(5.43)
lnFer	0.017***	0.045***	0.003
	(3.33)	(6.03)	(0.337)
ln$Mech$	0.011***	0.007***	0.005***
	(6.25)	(7.69)	(5.17)
ln$Othercost$	0.081***	0.075***	0.018**
	(7.30)	(6.50)	(2.37)
省份虚拟变量	Yes	Yes	Yes
样本量	4 076	8 660	4 709

注：* $p < 0.1$，** $p < 0.05$，*** $p < 0.01$。

从表 7 - 12 的估计结果可以得出，种植小麦的农户经营规模与亩均土地产出呈现倒 "U" 形关系，水稻和玉米种植户经营规模与亩均收入二者呈现出 "U" 形关系，进一步证实了我们的估计是稳健的。劳动力的估计结果也进一步说明了小麦和水稻生产中，劳动力的投入不利于单位面积产值的增加；农业机械是实现农业增产的重要投入要素，而化肥在小麦和玉米的估计中正向显著，但在水稻的估计中则并不显著，估计结果与表 7 - 11 基本吻合。

表 7 - 13　三大作物经营规模与土地生产率的计量结果

因变量	模型（1） 小麦亩均产量	模型（2） 玉米亩均产量	模型（3） 水稻亩均产量
ln$Land$	0.045***	−0.044	0.003***
	(2.63)	(−0.43)	(3.24)
ln$Land$×ln$Land$	−0.001	0.001	−0.059***
	(−0.84)	(0.19)	(−4.75)
ln$Labor$	−0.011**	−0.002	0.006***
	(−4.08)	(−1.20)	(6.16)
lnFer	0.168***	0.031***	0.010***
	(3.71)	(4.41)	(3.24)
ln$Mech$	0.150***	0.007***	0.001
	(8.35)	(7.11)	(0.64)
ln$Othercost$	0.065***	0.072***	0.010
	(7.03)	(6.00)	(1.41)
$Plot$	−0.019***	−0.008***	−0.001
	(−7.70)	(−5.39)	(−1.21)
Age_Head	0.000 2	0.000 4	−0.001
	(0.579)	(1.31)	(−1.75)**
Edu_Head	0.004**	0.000 04	−0.000 2
	(2.29)	(0.06)	(−0.54)
$Aglabor\_ratiot$	−0.046**	−0.012**	0.017
	(−2.62)	(−2.10)	(0.87)
lnHH_income	0.051***	0.110***	0.035***
	(4.94)	(11.30)	(2.94)
省份虚拟变量	Yes	Yes	Yes
样本量	3 624	7 600	4 205

注：* $p < 0.1$，** $p < 0.05$，*** $p < 0.01$。

表 7 - 13 是以单位面积亩均产量为因变量的估计结果。估计中，加入了控制变量，以判断估计的稳健性。从表 7 - 13 的估计结果可以进一步证实，小麦、水稻经营面积与土地生产率呈现倒"U"形关系，玉米种植户

经营规模与亩均收入二者呈现出"U"形关系。此外，地块数量变量的估计系数为负，在小麦和玉米估计方程中通过显著性检验，在水稻估计方程中并不显著，这说明地块细碎化是阻碍粮食生产的主要因素。户主年龄变量在水稻估计方程中估计系数为负，且通过了显著性检验，说明随着年龄的增加会不利于农业生产；而在小麦和玉米估计方程中，户主年龄变量的估计系数为正，但不显著，这说明户主年龄并不是决定土地生产率的核心变量，随着农业社会化服务的发展，老龄化对农业生产的不利影响会被逐步削弱。户主受教育程度变量在小麦和玉米估计方程中估计系数为正，在小麦估计方程中通过了显著性检验，但在水稻估计方程估计系数为负，并没有通过显著性水平，这说明户主受教育程度的提升能够显著促进小麦土地生产率的提升，但对玉米和水稻土地生产率的提升效果不明显。农业劳动力比例变量是反映家庭从事农业生产的情况，小麦和玉米估计方程中，农业劳动力比例这一变量的估计系数为负，且均通过了显著性水平检验，说明当前农户家庭存在着大量外出务工的现象，农业劳动力投入比例的下降不利于土地生产率的提升。水稻估计方程中，这一变量估计系数为正，说明劳动力投入比例的增加对土地生产率有正向影响，但是作用效果不显著，这一估计结果与劳动力估计系数为正这一结果相契合。家庭收入的变量在小麦、玉米和水稻估计方程中的估计系数均为正，且均通过了显著性水平检验，这说明农户家庭收入水平的提升能够显著促进土地生产率的提升，主要原因是农户家庭收入的提升能够增加农业要素的投入，更有机会掌握更为先进的技术。

进一步，我们采用 Lowess 曲线更为清晰地分析土地生产率与经营规模的关系，小麦、玉米和水稻的拟合图如图 7-2 所示。

从图 7-2 可以明显地看出，小麦播种面积与小麦亩均产量二者呈现出接近倒"U"形的关系，且最优规模在 12～13 亩之间，小麦的亩均产量在 400 千克。

从图 7-3 可以看出，玉米播种面积与玉米亩均产量二者呈现出平稳趋势。之所以没有出现像计量估计结果的正"U"形结果，是因为样本玉米的播种面积较高，当前玉米播种面积处于最低点的右侧，也就是处于"U"形的上升阶段，扩大玉米播种面积能够提升玉米土地生产率。

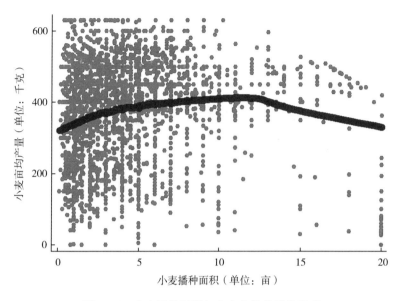

图 7-2　小麦播种面积与小麦亩均产量的关系

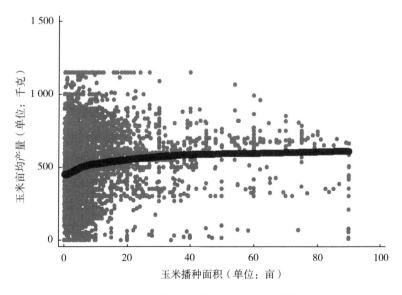

图 7-3　玉米播种面积与玉米亩均产量的关系

从图 7-4 可以明显地看出，水稻播种面积与水稻亩均产量二者呈现出接近于倒"U"形的关系，且最优规模在 24 亩左右，水稻的亩均产量在 500 千克。

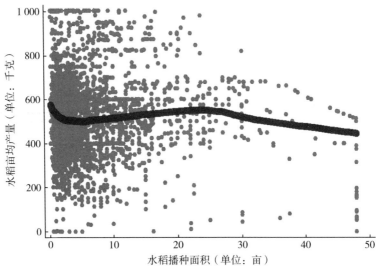

图 7-4　水稻播种面积与小麦亩均产量的关系

7.3　经营规模与劳动生产率关系研究

城乡收入平衡，土地经营规模才相对稳定。从劳动生产率角度看，适度规模经营面积的确定，可以通过（外出务工收入/土地亩均净收益）来实现。据此，本研究对全国主要粮食作物、经济作物的适度规模进行了测算，结果如下。

7.3.1　全国主要粮食作物适度规模经营面积测算

2012—2017 年，农民打工年收入从 27 480 元增长到 41 820 元。如果实现适度规模经营，2012 年粮食播种面积需要达到 163 亩；近年来粮食种植业利润率下降，2015 年需要达到 1 885 亩才能与外出务工收入持平；2016年和 2017 年种粮普遍亏损，对规模经营产生不利影响，见表 7-14。

表 7-14　主要粮食作物适度规模经营面积测算情况（2012—2017 年）

| 年份 | 打工年收入（元） | 粮食 | | 稻谷 | | 小麦 | | 玉米 | |
		亩净利润（元）	规模（亩）	亩净利润	规模（亩）	亩净利润	规模（亩）	亩净利润	规模（亩）
2012	27 480	168.40	163	286	96	21.29	1 291	197.68	139

(续)

年份	打工年收入（元）	粮食		稻谷		小麦		玉米	
		亩净利润（元）	规模（亩）	亩净利润	规模（亩）	亩净利润	规模（亩）	亩净利润	规模（亩）
2013	31 308	72.94	429	154.7	202	−12.78	—	77.52	403
2014	34 368	124.78	275	204.8	168	87.83	391	81.82	420
2015	36 864	19.55	1 885	175.4	210	17.41	2 117	−134.18	—
2016	39 300	−80.28	—	141.9	277	−82.15	—	−299.70	—
2017	41 820	−12.53	—	132.5	316	6.10	6 855	−175.79	—
平均	30 334	107.0	432.4	304.5	163.1	48.7	1 589.9	47.3	206.2

资料来源：根据历年全国农民工监测调查报告及全国农产品成本收益资料汇编相关数据测算。

7.3.2　区域主要粮食作物适度规模经营面积测算

以 2017 年为例。安徽省早籼稻适度规模经营面积为 331 亩（表 7-15）；中籼稻全国平均适度规模经营面积为 276 亩，最高的福建为 465 亩，最低的江苏为 84 亩（表 7-16）；晚籼稻全国平均适度规模经营面积为 406 亩，最低的江西为 153 亩（表 7-17）；粳稻全国平均适度规模经营面积为 163 亩，江苏为 106 亩（表 7-18）。小麦与玉米普遍亏本，在有盈利的少数省份中，新疆小麦适度规模经营面积为 255 亩（表 7-19），玉米为 310 亩（表 7-20）。大豆仅河北、山东盈利，河北省适度规模经营面积为 596 亩（表 7-21）。

表 7-15　早籼稻适度规模经营面积测算情况（2017 年）

省份	每亩净利润（元）	规模（亩）
平均	18.93	2 209
浙江	24.68	1 694
安徽	126.29	331
福建	−126.10	—
江西	111.73	374
湖北	2.81	14 882
湖南	4.76	8 786
广东	−10.11	—
广西	−5.44	—
海南	0.39	107 230

表 7 - 16 中籼稻适度规模经营面积测算情况（2017 年）

省份	每亩净利润（元）	规模（亩）
平均	151.52	276
江苏	496.56	84
安徽	173.28	241
福建	89.93	465
河南	105.69	396
湖北	344.34	122
湖南	252.76	165
重庆	121.28	345
四川	149.86	279
贵州	−224.09	—
云南	−82.53	—
陕西	−59.23	

表 7 - 17 晚籼稻适度规模经营面积测算情况（2017 年）

省份	每亩净利润（元）	规模（亩）
平均	103.10	406
浙江	188.27	222
安徽	62.18	673
福建	−81.86	—
江西	272.87	153
湖北	193.06	217
湖南	158.27	264
广东	−93.91	—
广西	−2.04	—
海南	−372.06	—

表 7 - 18 粳稻适度规模经营面积测算情况（2017 年）

省份	每亩净利润（元）	规模（亩）
平均	256.39	163
河北	−12.68	—

（续）

省份	每亩净利润（元）	规模（亩）
内蒙古	94.84	441
辽宁	375.78	111
吉林	145.40	288
黑龙江	202.14	207
江苏	394.23	106
浙江	23.45	1 783
安徽	25.87	1 616
山东	45.20	925
河南	29.82	1 402
湖北	24.03	1 740
云南	12.97	3 224
宁夏	14.87	2 812

表 7 - 19　小麦适度规模经营面积测算情况（2017 年）

省份	每亩净利润（元）	规模（亩）
平均	6.10	6 856
河北	107.21	390
山西	−23.86	—
内蒙古	33.11	1 263
黑龙江	8.74	4 785
江苏	49.87	838
安徽	17.96	2 329
山东	13.86	3 017
河南	−1.19	—
湖北	−1.41	—
四川	−95.23	—
云南	−416.66	—
陕西	−128.83	—
甘肃	−448.40	—
宁夏	−303.01	—
新疆	163.77	255

表 7 - 20 玉米适度规模经营面积测算情况（2017 年）

省份	每亩净利润（元）	规模（亩）
平均	-175.79	—
河北	-104.90	—
山西	-139.10	—
内蒙古	-3.44	—
辽宁	-82.76	—
吉林	-29.99	—
黑龙江	-166.53	—
江苏	-212.86	—
安徽	-113.35	—
山东	-66.78	—
河南	-188.91	—
湖北	-340.63	—
广西	-587.26	—
重庆	-395.58	—
四川	-295.25	—
贵州	-496.06	—
云南	-503.56	—
陕西	-415.57	—
甘肃	-811.55	—
宁夏	-218.41	—
新疆	134.72	310

表 7 - 21 大豆适度规模经营面积测算情况（2017 年）

省份	每亩净利润（元）	规模（亩）
平均	-130.89	—
河北	70.12	596
山西	-183.76	—
内蒙古	-38.25	—
辽宁	-77.57	—
吉林	-214.41	—
黑龙江	-43.24	—

（续）

省份	每亩净利润（元）	规模（亩）
安徽	−56.86	—
山东	38.46	1 087
河南	−93.02	—
重庆	−200.79	—
陕西	−80.63	—

第8章 农业生产性服务与服务适度规模经营

近年来，服务规模经营在表现形式和发展模式上不断探索创新，如"互联网＋"农业组织、农业共营制等经营模式创新以及农业机械化装备及作业服务等形式和内容的丰富与完善等，对推动现代农业发展、农业农村现代化发挥了重要作用。

8.1 农业共营制经营模式研究

近年来，我国工业化、信息化、城镇化深入推进，农村劳动力大量转移，农业生产特别是关系国家战略安全的"粮食供给"再次遭遇了"种地无利、增收乏力"的困惑与无奈。为应对这一形势，不少地方政府较为趋同的认识和做法是将农地交予有实力的主体，培育新型经营主体、发展农业规模经营。为实现这一目标，通过市场手段发展和锻造新型经营主体往往时间漫长、过程曲折、成效缓慢，这为政府出面出台扶持政策培育主体发展提供了既合情又合理的政策依据，而时下通过组织方式创新这种制度内生性变革推进农业规模经营、稳定粮食生产、保障粮食供给能力进而发展现代农业的做法已在全国多地悄然探索，有些已呈现出合意政府目标并能兼顾个体诉求的短期成效，有些已成为远近闻名的典范被更多地方效仿学习。

8.1.1 问题的提出：农业共营制的短期效应与目标偏离

产业组织理论的核心要义之一阐释了如何保护市场机制下组织内部主体的竞争活力及其规模经营效益，即产业组织性质怎样创设规制以保持内部主体（如企业）有足够的激励和约束以完善组织结构、协调利益分配、优化经营规模、降低生产成本、形成持续发展。以这样的标准审视城镇化进程加快、劳动力转移加剧背景下创新农业组织经营形式、培育新型经营主体、构建新型经营体系进而发展现代农业，较为合意的代表是有目共睹的四川省崇州市"土地股份合作社＋职业经理人＋社会化服务"联合经营体。它以三类主体合作开展的农地规模经营，契合了政府培育新型经营主体、发展农业规模经营、增加农民收入等多重目标，并由此引发了学界和政界的关注，他们纷纷运用制度经济学、现代经济学的原理、方法去考察和解读这一模式的成长绩效，将该模式总结提炼为"农业共营制"，并就今后农业组织化的改革方向与愿景发表意见和展望。较为统一的认识肯定了模式对组织形式创新、委托代理激励、利益分配兼顾、多元主体培育、组织结构发育等方面的成效和积极作用，实际上认可了组织创新的短期效应。不可否认，在以四川省、成都市、崇州市三级政府十余项政策的合力扶持下，农业共营制取得了可观成效，并成为发展现代农业的样本而被多地效仿。

但是，应该看到，兼顾土地产出率、社员收益、职业经理人预期收益的"共营"背后，有成都市作为改革试验区和巨额财政补贴等特定现实基础和优越条件作为后盾，"农业共营制"的成功有其特殊的地域适用性，非所有地区可效仿复制。而随着 2015 年以来国家陆续取消菜籽、玉米临储收购政策，小麦最低收购价未环比增加，职业经理人连年竞聘承诺增收压力的增大，农业共营制渐进"非粮化"已不可避免，不少合作社正通过逐步缩减种粮面积，扩大经济作物经营规模以满足连年增收的社员要求，对"共营"的盈利能力提出了越来越高的要求。当然，这可理解为顺应农业供给侧结构性改革大势，"补短板、降成本、去库存"下的一次主体主动作为，但作为"西蜀粮仓"、成都大平原重要产粮区的崇州平原，农业共营制的创设，其本身就承载着保障四川省乃至西部地区粮食安全的重任，"共营"是手段，"保障区域粮食安全"才是目标。时下，在城镇化深入推进、保障 18 亿亩耕地红线日趋严峻、化肥农药高投入致土地边际产出很难再提高的形势下，保证粮食主产区种粮面积不萎缩已成为保障粮食供给安全不得不依赖的直接手段。而在共营模式初现成效过后，为保障社员收益、职业经理人预期收益的"共营"正向"共赢"嬗变。事实上，历经几年探索实践后，合作社经营行为调整与政府扶持政策间出现偏离，有其行为逻辑。这使得探究微观主体行为契合政府宏观目标实现互惠互利、共生共赢，格外具有农业供给侧结构性改革背景下的时代意义与现实意义。

时下，政学两界对农业共营制模式绩效给予了极高评价，对其研究也较多围绕组织形式创新绩效、利益分配机制创设、多方主体诉求统筹等领域。罗必良（2014）[①] 认为"土地股份合作社＋职业经理人＋社会化服务"模式背后，职业经理人决策实现了经营的专业化和组织化，组建土地股份合作社促成了农地经营的规模化和要素集约化，而购买社会化服务则实现了经营的标准化和社会化，完成了多个主体的"共建、共营、共享、多赢"。程国强、罗必良和郭晓明（2014，2015）[②③④⑤] 则肯定了农业共营制的创新价值，认为其最大的贡献在于适应了农村劳动力转移、种粮收益低致无人种粮、农业要素分散低效的大背景、大趋势、土地集聚、先进要素与创新经营方式对接的探索，催生了土地股份合作社制度创新，实现了保障承包户收益、满足经理人预期、推动合作社发展的三方诉求，保障了土地产出率、提高了资源利用率、提升了劳动生产率，促进了经营方式的集约化、专业化、组织化、社会化，增强农业可持续发展能力。骆明军（2015）[⑥] 从源起背景出发，回顾了农业共营制的由来、发展及成效，将其成效提炼为可有效兼顾培育职业经理人和新型农民、保障"农民、职业经理人、土地股份合作社"三方受益、推动农业从土地规模经营向服务规模经营转型等多重成效，实现经营主体的"共建共营"、经营收益的"共营共享"、经营目标的"共营多赢"。谢琳、钟文晶和罗必良（2014）[⑦] 认为农业共营制实现了以"生产要素集聚＋经营能

---

① 罗必良. 崇州"农业共营制"试验 [J]. 决策，2014 (9)：60-61.

② 程国强. 崇州"农业共营制"具有重要的改革创新意义 [N]. 中国经济时报，2015-02-06 (008).

③ 程国强，罗必良，郭晓明. "农业共营制"：我国农业经营体系的新突破 [J]. 农村工作通讯，2014 (12)：44-47.

④ "我国新型农业经营体系研究"课题组，程国强，罗必良，郭晓明. 农业共营制：我国农业经营体系的新突破 [J]. 红旗文稿，2015 (9)：19-21.

⑤ 程国强. 农业共营制是中国农业发展值得关注的制度方向 [J]. 农村工作通讯，2015 (15)：46.

⑥ 骆明军. 崇州农业共营制探索与实践 [J]. 农村经营管理，2015 (8)：14-15.

⑦ 谢琳，钟文晶，罗必良. "农业共营制"：理论逻辑、实践价值与拓展空间——基于崇州实践的思考 [J]. 农村经济，2014 (11)：31-36.

力"为基础，社会化服务为依托的农业规模经营，其比较优势在于产权交易装置的交易费用节省、企业家能力交易装置的要素效率发挥、服务交易装置的专业化分工和标准化服务，三大交易装置的联合激励和有效组合促成了交易费用的节约。肖端（2015）[1] 指出，农业共营制的实质在于双重"委托—代理"模式带来的成本控制、利益激励与权力约束，在探索保障农民土地收益、经理人决策、合作社监督管理等方面意义积极，各方权益平衡上也能统筹兼顾。

从已有文献看，基本的观点肯定了模式无论对实现微观主体诉求还是契合宏观政策目标的短期正效应。然而，随着农业共营制发展的重要保障——财政补贴时限的即将到期（2014—2018 年），对模式变化（一旦补贴不再延续或力度减弱、范围收窄，则要求合作社经营模式更具盈利性）协调并凸显政府"保障区域粮食安全"、"解决谁来种粮"等宏观目标的长效政策创设上，现有文献尚未涉及，这成为本研究的"切入"点。正是基于此，引出本研究对时下农业共营制经营模式调整能否长效兼顾保障粮食供给、稳定农民收益目标的探讨。

8.1.2　组织模式：专业化生产＋专业化服务＋充分政府扶持＝专业化产出

近年来国家普惠性粮食补贴政策支持力度的不断加大并未对西南地区粮食生产特别是粮食适度规模经营产生明显推动效应，除了土地细碎、不适宜机械化生产、劳动力转出比例大等客观条件影响外，一个深层次的问题值得关注，即主要依靠外部性制度安排推进小规模农地分散化经营以保障地区粮食安全的中观政策目标显然很难实现，这使得推进组织内生性变革，通过制度创设解决"种粮无效、无人种粮"的公益难题成为当务之急。[2] 这催生了产业组织的诱致性变革，取得了合意政府目标、兼顾个体诉求的短期效应。短期效应实现的关键，得益于"专业化生产＋专业化服务＋充分政府扶持"

---

　　① 肖端. 土地流转中的双重委托—代理模式研究——基于成都市土地股份合作社的调查［J］. 农业技术经济，2015（2）：33 - 41.

　　② 郭晓鸣，董欢. 西南地区粮食经营的现代化之路——基于崇州经验的现实观察［J］. 中国农村经济，2014（7）：39 - 47.

的组织模式，专业化模式取得了专业化产出，保证了各方收益。分解其组织模式，如图8-1所示。

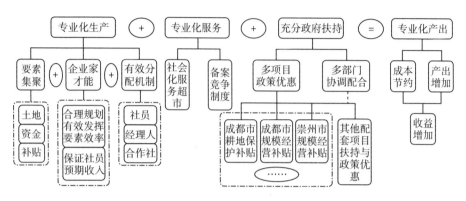

图8-1 "农业共营制"运作模式图

8.1.2.1 专业化生产由"要素集聚＋企业家才能＋有效分配机制"组织形式实现

专业化生产实现的载体是土地股份合作社，当地政府通过引导承包户以农地经营权入股，设立土地股份合作社，并聘请善经营、精技术、懂政策的种田能手担任职业经理人，负责土地股份合作社的经营与管理，然后通过一整套既能保障社员合理预期收入、又能满足职业经理人诉求的利益分配机制，兼顾了合作社两大主体的利益诉求。

8.1.2.2 专业化服务由"社会化服务超市＋备案竞争制度"竞购模式实现

分工能够带来高效的专业化服务，如果加上政府有效的"备案竞争制度"（在全市范围内公示社会化服务主体名称、服务内容、服务标价等）规制，则可以避免因信息不对称导致的社会化服务"柠檬市场"的形成，确保社会化服务的内容可追查、质量可监管、价格可比较，其积极作用在于营造了社会化服务市场的竞争有序，使合作社可以获得"质优价适"的社会化服务。

8.1.2.3 充分政府扶持由"多项目政策优惠＋多部门协调配合"组合实现

组织成效离不开"多项目政策优惠＋多部门协调配合"的政府扶持。首先是一系列围绕粮食规模经营、共营制经营体系、经理人队伍建设、经理人担保贷款、经理人资格评定等10余项扶持政策的出台和落地。单就种粮规模而言，社员以农地入股设立土地股份合作社开展"大春＋小春"（籼稻＋

小麦）规模经营，规模超过 500 亩的，可享受"四川省种粮大户 100 元/（亩·年）规模补贴＋成都市 400 元/（亩·年）（两季）规模奖励＋崇州市 70 元/（亩·年）配套规模奖励＝570 元/（亩·年）"的种粮补贴，如果合作社被评为示范社还会享受 50 元/（亩·年）的额外奖励。这与当地土地股份合作社 600 余元的年均收益基本相当，保障了合作社可以没有后顾之忧地从事粮食生产。其次是多部门协调配合，为推进农业共营制的普及与发展，崇州市党委和政府通过统筹协调工商、农业、人社、民政、金融等部门，为土地股份合作社登记、经营所需贷款、经理人培育、经理人社保缴纳等事宜的手续简便营造协调配合的良好环境，"扶持资金＋配套项目＋部门联动"的要素组合推动了农业共营制的发展壮大。

8.1.3　组织优势：交易费用节约、要素成本节省与经理人才能发挥

马歇尔（1890）[①] 将组织定义为可以强化知识作用的第四类要素，认为其内容包括三块：一是企业内部组织、二是同一产业中各类企业间的组织、三是不同产业间的组织形态及政府组织等。现有研究中的产业组织多指向第二类组织，即同一产业中各类企业间的组织或其市场关系。共营制下的三方主体合作与联合恰恰诠释了这一定义。显然，组织优势在于交易费用的节约、要素成本的节省、职业经理人才能的发挥与激励。

8.1.3.1　交易费用的节约

（1）变与职业经理人委托代理关系为赋予其"剩余索取权"。农业共营制之所以能够取得合意个体诉求和政府目标的双赢效应，其背后与管理交易成本和配额交易成本大幅降低不无关系。《产权理论探讨》和《生产、信息费用和经济组织》对此有详尽的阐释（Demsetz，1967[②]；Alchian，1972[③]），一致的观点认为要克服合作经营中存在的偷懒、欺骗、搭便车等投机行为，

[①]　马歇尔 . 经济学原理［M］. 刘生龙，译 . 北京：中国社会科学出版社，2007：777 - 795.

[②]　Harold Demsetz. Toward a Theory of Property Rights ［J］. American Economic Review，1967（2）：347 - 359.

[③]　Armen A. Alchian，Harold Demsetz. Production，Information Costs and Economic Organization ［J］. The American Economic Review，1972（5）：777 - 795.

必要的监督是不可或缺的，但监督是有成本的，就连监督人自身也存在因为逐利而投机，对监督人的监督会使原监督成本进一步抬升，而避免这一切的最优产权配置是"赋予监督人剩余索取权"，使其成为利益共同体成员是克服监督人寻租的最佳方式。理论的核心解释了如何保证组织内部成员的高效生产，共营制中职业经理人收入与其经营管理绩效挂钩的利益联结机制体现了赋予其剩余索取权的组织机制设计。

（2）社员全程参与生产相比雇工经营能保障劳动生产率。组织优势的另一体现在于土地股份合作社生产全程使用社员，而非长期或临时雇工，即尽管相当一部分社员因不参与生产经营成为实际意义上的股东，但少数社员（完全满足生产需要）全程参与生产的劳动要素配置使得雇工生产存在的偷懒、欺骗、搭便车等投机行为得以避免。事实上，以劳动生产率高低考察组织成员与组织外雇工的生产效率，显然较难计量或结果差异不大，这是因为当前以集中农资采购、规范化流程操作为特征的标准化生产越来越成为合作社经营的统一范式，在此基础上可估测的工作量使得雇工在劳动数量或经营面积上很难表现出明显的偷懒行为，这使得衡量雇工与社员生产效率的高低更应聚焦于其"劳动质量"——土地产出率上。为验证这一结论，我们引入如下假说：

假说1：不存在雇工偷懒、欺骗、搭便车情况下，耕种相同规模（面积）农地，所使用的合作社社员与雇工数量相同。

假说2：合作社规模经营所带来的标准化生产、多数雇工共同劳动（如插秧、喷药）状态下，单个雇工不太容易表现出明显的偷懒、欺骗、搭便车等投机行为，反倒是雇工间相互仿效、攀比下心领神会、心照不宣、较为默契地以低于自身平均劳动生产率或劳动强度（劳动质量）工作的状态容易形成。

假说3：劳动生产率可细分为"显性劳动生产率"和"隐性劳动生产率"。"显性劳动生产率"表现为劳动者劳动数量，即"劳动耕作率"，体现为单一劳动力所能经营的农地规模（种粮面积）。"隐性劳动生产率"表现为劳动者劳动质量，即"土地产出率"。通常情况下，雇工间相互攀比、仿效下心领神会、心照不宣地主动降低劳动生产率（即投机行为已全面出现）行为使得单个雇工的显性劳动生产率表现为相似的接近，即单个雇工的显性劳动生产率很难表现出明显的下降或不易追责，否则他可能面临被解雇的风险。这使得使用雇工和组织成员（社员）两种状态下，雇工和社员表现出来的显性劳动生产率区别较小或很难分辨。

假说4：假说3情形下，衡量劳动生产率高低或者其实际效能大小更多取决于隐性劳动生产率，即土地产出率，而非显性劳动生产率。

假说5：使用合作社社员和雇工两种状态下，技术贡献率保持不变，资本投入维持不变。

根据以上假说，引入劳动生产率计算公式：

$$LP = \frac{Q}{L} = \left(\frac{S}{L}\right) \cdot \left(\frac{Q}{S}\right) \tag{8.1}$$

公式（8.1）即为粮食种植的劳动生产效率 LP，Q 为粮食总产量，S 为粮食种植规模（即面积），L 为相同经营规模所需劳动力数量。对 Q/L 进行分解，S/L 为显性劳动生产率，即劳动耕作率；Q/S 为隐性劳动生产率，即土地产出率。在假说2、假说3、假说4情形下，显然组织外雇工和社员的显性劳动生产率 S/L 很难有明显差别，这使得 LP 的大小将直接取决于隐性劳动生产率（土地产出率）。而能够获得"剩余索取权"的组织内部成员（社员）隐性劳动生产率显然要高于不能获得"剩余索取权"雇工的隐性劳动生产率。来自职业经理人的亲身感受也印证了这一点，即相比以完成工作量赚取工资为目标的雇工，作为利益共同体的社员，确保"保底收入＋额外分红"或"一次性分配"（两种分配方式）不减少甚至有所增加的收益目标使得社员经营相比雇工经营对土地产出率的保障更为充分。

8.1.3.2　前付租金流动性的避免及其利息成本的节省

（1）避免前付租金筹措，流动性可用于其他要素的购置与服务需求。农业共营制的组织基础是土地股份合作社，农地入股实现了最大成本生产要素的集聚，即二轮承包期截止前，合作社拥有了对入股农地依法占有、使用、收益和处分的权利，其直接效应是避免了农地流转市场内不得不与多个主体签订流转合同及由此可能面临的流转期限难保证、流转价格上涨等要素需求的不确定性和稳定性。而直接效应所引致的间接效应更体现在对土地成本的控制上。农地入股与流转农地的本质区别在于前者为要素的短期可支配及其由此带来的零成本使用，后者则是要素交换所带来的成本不确定及其前付租金的筹措，即使用非自有要素不得不支付成本（租金、押金及其可能的贷款）。当前，伴随政府对农地流转市场监管的日趋规范，从保护承包户农地权益角度，越来越多的地区要求流入方需要提前半年或一年支付次年流转费用并向村组集体交纳押金，这使得动用前付租金流动性不可避免，而组建土地股份合作社则可以很好地规避这一问题，避免的流动性可用于其他重要因素的购置与服务需求。

（2）贷款利率节省与存款利率的获得。土地要素的天然获得使得农地流转不再成为必须，相应的流转费用及可能贷款产生的利息也得以避免。一方面是为前付流转租金不得不动用流动性，流动性所生成的利息不能享有，另一方面是不需要流转农地进而无须动用流动性，流动性生成的利息得以获得，即便流动性不充裕（没有或较少存款），相应利息可以忽略，但也无须因动用流动性而损失利息。考虑到现有技术条件下，通常粮食种植规模效益往往需要较大的面积，流转较大的面积则需要巨额资金，其所产生的利息（年息）不在少数，两份利息"一出一留"间对合作社资金运转影响较大。

8.1.3.3 农资和社会化服务规模采购的成本节约

经营权入股实现了土地要素集中连片，集中的农地有助于实现种子、化肥、农药、农膜、农机具等农资的规模采购，规模采购的直接效应是降低了单位面积粮食生产的农资使用成本。同时，通过购买专业化的社会化服务，合作社获得了粮食生产播、种、收全程可公开价格的标准化服务。而政府对社会化服务市场的监管与补贴扶持，使得社会化服务市场价格接近于完全竞争市场价格，农资单位成本的下降与社会化服务的完全竞争市场价格确保了合作社粮食生产成本的节约与上限可控。

8.1.3.4 对职业经理人才能的激励与绩效考核

（1）职业经理人对粮食产量和社员收入的保障。舒尔茨（1987）[①] 指出"以传统方式、固有理念经营的农业主体，尽管其拥有丰沛高产的要素，但辛勤的劳作、节俭的经营不足以弥补传统农业的先天劣势"。而时下种粮收益低引致兼业化（粗放）经营更使得原本对产出效益贡献边际递减的辛勤劳作和节俭经营变得更微不足道。组织的另一大优势在于引入职业经理人，即

---

① 西奥多·W. 舒尔茨. 改造传统农业 [M]. 梁小民，译. 北京：商务印书馆，2010：41-46.

先进生产要素。相比于普通家庭农场主或者专业大户，职业经理人接受过系统的组织管理培训，很多职业经理人脱胎于种田能手、农机能手、植保能手或"一专多能"手，多数具有常年种粮经验，愿意学习和掌握新技术、新机具，善于捕捉和搜寻农业新动态、新信息，组织和管理生产的能力强、洞察和应对市场变化快。职业经理人的使用，使得原本主要依靠资本 C、农地 S 和劳动力 L 的传统粮食生产函数 $Q=f(C,S,L)$ 加入了先进生产要素 AT，生产函数由此变为 $Q=f(C,S,L,AT)$，这使得"1 100斤籼稻＋600斤小麦"的政府满意亩产得到保障，且正常年份下多数合作社的亩产能够超过这一标准。[①] 从已有文献估测这一产量，即从顺应农村劳动力大量转移、解决今后"谁来种粮"、保障粮食供给安全角度审视这一单产，该产量基本高于两类主体的平均产量：一类是伴随规模经营快速发展所涌现的大规模农地经营家庭农场、专业大户或合作社，另一类则是广泛存在的兼业农户。[②] 可控成本与可保障单产确保了种粮收益，为保障社员收益甚至增收夯实了基础。

（2）合理分配机制激励经理人更多付出。合理的分配机制是保障职业经理人工作效能的稳定器。组织优势的重要表现在于对职业经理人分配机制的设计，这体现为赋予职业经理人剩余索取权，但赋予多少是激励的关键。赋予太多势必影响合作社收益进而影响社员收入，也不利于通过逐年提高收入维持经理人的工作激励；赋予太少又很难形成有效激励，也不利于合作社平稳发展。因此，合理的分配机制尤为重要。对此合作社监事会通过查验经理人履历、评估工作效能、参考其他合作社标准（市场工资）等措施，与职业经理人达成双方可接受的收入分配方案。农业经管部门对经理人的备案审查则约束了经理人很难漫天要价，也促成双方容易达成可接受的分配方案。

（3）监事会对职业经理人行为绩效的考核。除合理分配方案外，"一年一聘"考核机制对职业经理人工作绩效形成监督进而保证其效率，即监事会每年对合作社盈利能力、业务拓展、社员反馈等情况进行审核，以此评估职业经理人工作绩效，并将此作为是否续聘的依据，一旦不续聘，相关信息将

---

① 郭晓鸣，董欢.西南地区粮食经营的现代化之路——基于崇州经验的现实观察［J］.中国农村经济，2014（7）：39-47.

② 尚旭东，朱守银.家庭农场和专业农户大规模农地的"非家庭经营"：行为逻辑、经营成效与政策偏离［J］.中国农村经济，2015（12）：4-13，30.

通过上报农经部门的方式得以公开公示。这样的制度设计，迫使职业经理人每年都有危机感，为维持其"职业信誉"，职业经理人需要每年都保持高效的工作效力。来自崇州 11 个土地股份合作社调查数据的测度结果显示，由职业经理人经营管理的合作社运营水平总体较高。[①]

8.1.4 模式局限、生存压力与隐患：典型性、考核机制及"挤出效应"

作为产业组织，农业共营制尽管拥有交易费用节约、要素成本节省、经理人才能激励等比较优势，应该看到，模式的成功也得益于整合多部门协作所形成的良好运行机制，离不开政府多个财政补贴、多个项目优惠等叠加投入，更离不开政府对职业经理人的培育、对合作社资金运用的审查监管等。但组织创新是有成本的，组织净收益大于零是组织创新的必要条件（张曙光，1992）[②]，以这样的标准评判模式创新，显然模式创新背后的短板也尤为明显，由此诱发的隐患也应引起合作社、相关主管部门的重视，处理不当很可能成为制约模式健康、可持续发展的掣肘。

8.1.4.1 短期效应带有明显地域特殊性及推广局限性

（1）工商资本租地经营不善退地致无人接盘是其特殊背景。"失败是成功之母"，农业共营制的短期效应同样来自政府鼓励专业大户和工商资本大规模流转农地的不成功经历。特别是 2009 年，成都市鹰马龙罐头食品有限公司因经营失败退租桤泉镇 3 000 余亩农地，而承包户拒绝接受退地退租。这样的遭遇倒逼着农业部门必须创新经营方式，并最终探索出闻名全国的农业共营制。当时承包户之所以不接受退地退租，主要因为 800 元/(亩·年)的土地租金很难有企业可以接盘，即便有企业可以接盘，除需支付 240 万元/年的租金外，平整和重新规划如此大面积农地，也需要企业拥有强大的实力或者流动性更为充裕。高流转价格、大规模流转所内生的"挤出效应"使得那些想通过流转发展规模经营的专业大户、家庭农场望而却步，已转出经营权的承包户也不可能为农地复垦埋单，且 800 元/亩的年租金与种地年

---

① 王茂林. 崇州市土地股份合作社效率及影响因素研究 [D]. 成都：四川农业大学，2015.
② 张曙光. 论制度均衡和制度变革 [J]. 经济研究，1992 (6)：30-36.

均纯收入相差无几，回家种地的机会成本显然不及"不劳动就能基本得到一年种地纯收入（租金）＋外出打工"更为划算。正是这样的背景，催生了农业共营制的探索与实践。

（2）适宜人多地少、适合机械化生产且财政实力较强的平原地区。如前所述，农业共营制在崇州的生根发芽，不仅源于政府推动农地流转的不成功经历，还得益于人多地少、适宜机械化（农机具）耕种收的平原地况、农村劳动力转移普遍等客观条件，当然最为重要的是来自各级财政的有力扶持。应该看到，承包户除获得140元/（亩·年）固定的粮食直补、良种补贴、农资综合补贴外，还能获得800余元的合作社入股收益，而其中来自财政补贴的就有600元，实际需要合作社创收的仅200元/（人·年），按照当地合作社年均650元/（亩·年）的平均收益水平，仅就种粮（籼稻＋小麦）一项，1.23亩种粮收益就足以支付一位社员的年收益，如果算上职业经理人收入、合作社运营成本等开支，平均每2亩种粮产出即可完成合作社年度收益分配目标。如果合作社还经营其他高效作物，高效作物的亩均收益则可以减轻收益来自种粮的贡献。事实上，近年来伴随粮食收益的逐渐稳定甚至有所下降，合作社经营高效作物的尝试已较为普遍，而时下顺应农业供给侧结构性改革，响应政府农业生产"调结构、转方式"，合作社正渐进扩大经济作物种植规模，一定程度上分担了收益来自种粮的压力。但是，应该看到，无论合作社怎样调整种植结构，不可否认的是，至少71%（570元/800元）的社员收入来自财政补贴而无须自己创收，实际上减轻了合作社的盈利负担。但这仅仅适用于财政实力较强且愿意投向农业的地区，非多数地区可效仿复制。

8.1.4.2　合作社创设与利益分配模式选择有待商榷

作为组织创新，土地股份合作社自诞生之日起，便天生带有某些争议。如土地股份合作社的股权属性、合作社设立和登记的合法合规性、收入分配方式等。

（1）土地股份合作社创设登记缺少法律支撑。社员以农地经营权作价折资、折股入社，由于农地所有权归属集体，承包权属于社员，社员入股的仅是经营权，属于非实物资产，尽管经营权从承包经营权天然分离出来，并被认为天生具有物权范畴，但按照物权法定原则，物权不能由当事人通过合同任意设定，在"物权设定"问题上，法律规定要优于合同约定；而合作社集聚的农地是基于股份合同产生的，权利内容由当事人自主约定。以此为依据组建的土地股份合作社显然不属于"专业合作社"范畴，其设立与《物权法》、《农民专业合作社法》等有关法律规定尚有出入，在设立条件与法律规定不一致的情况下，对土地股份合作社进行登记使得工商部门很难有法可依。对此，崇州市政府采取了自上而下统筹协调工商、农业、法律等部门，最终推动了土地股份合作社在工商部门的登记。应该看到，在缺少法律支撑、有关条件尚需明确的前提下，土地股份合作社的成立得益于政府行政力量的强势推动。

（2）分配模式难以套用经典设计解释。农业共营制利益分配方式有三种形式：除本按比例分红（一次性分配）、"保底＋二次分红"、"佣金＋超奖短赔"。实际操作中，应用最广泛、最被社员所接受的是第二种，但该模式很难套用土地股份合作社利益分配的经典设计——"按劳分配＋按股分红"，无论是"保底分红"还是"二次分红"均与"劳动贡献"无关，股份合作制的"按劳分配＋按股分红"也不能解释"保底分红"的设计逻辑。且多数以经营权入股的社员不参与生产经营的情况，更谈不上所谓的"二次分红"（即"按股分红"）。①

8.1.4.3 社员劳动获得工资难掩双方雇佣关系

一般而言，粮食等大宗作物生产端的联合，农户间有效需求并不充分，现实中农民粮食生产领域的合作也较多发生在社会化服务、流通、粗加工等产业链中后端环节，产业链前端即深度合作的，特别是社员入股并直接参与生产劳动的情况相对少见。而土地股份合作社中，参与劳动的社员既是股东，其身份还可以理解为"不签订合同的长期雇工"，这可以理解为合作社经营的"内部家庭化"，但按"内部家庭化"（即家庭经营）的有关界定，内部家庭化是不需要为其成员支付工资的，共同分享最终劳动成果的销售所得才是其收益分配的终极目标。而农业共营制中，社员（股东）劳动取得相应报酬，尽管该报酬不能充分体现劳动者（社员）的要素价值，即合作社给予

---

① 高海.农地入股合作社的组织属性与立法模式——从土地股份合作社的名实不符谈起 [J].南京农业大学学报（社会科学版），2014，14（1）：83-92.

社员的劳务报酬不完全以当时当地的要素市场价格作为标的，但这种实际间发生的劳务费用支付，其实质更多体现了社员（股东）与合作社间的劳务交易行为，即劳务雇佣关系。

8.1.4.4　经理人考核机制加剧"非粮化"

如前所述，一年一聘的用人制度使得职业经理人不得不将保障社员收益作为 其"职业声誉"的首要任务，否则，第二年很难续聘。作为股份合作组织，保证股东（社员）收益理所应当是其运营的第一选择，但通过用人制度强化这一保障的结果，必然使合作社所担负的保障地区粮食安全的宏观目标让步于微观诉求，落实保障社员当年收入不低于上一年甚至有所增加任务的代价必然带来经营行为的改变，而实现行为改变的最直接、最有效途径是种植结构的调整，即提高能够带来更多利润的经济作物种植比重、压缩利润率较低的粮食种植规模（面积）。从调研情况看，尽管这一过程呈现渐进式调整，但该调整表现出极大的不可逆，同时又带有某些无奈，这是由于脱胎于政府扶持的农业共营制，无论经营形式如何创新，入股社员年终收益不低于自行流转农地的租金收益是起码底线，否则组织形式创新的价值便无从谈起，这一点上满足个体私利优先于服务公众公益，这使得一方面合作社经营需要顾及社员收益，该压力最终传导给负责生产经营重任的职业经理人；另一方面，保障社员收入又驱使职业经理人不得不调整经营结构，否则社员收入很难保障，一旦保障收入的目标不能实现（有些甚至需要增收），经理人连自己的饭碗都难保。但是如果这样，又背离了政府推动组织创新以实现"未来谁来种粮"、"保障粮食安全"的政策逻辑。显然，以考核职业经理人绩效保障社员收益、维系组织运行的机制正逐步使合作社经营行为偏离政府政策目标，"非粮化"在所难免。

8.1.4.5　对土地股份合作社的过分扶持易对其他主体发展形成"挤出效应"

作为组织创新，农业共营制实现了稳定粮食产出、保障社员收益的政策短期正效应。以这样的标准审视其全部政策效应，显然还缺乏对政策"负效应"的考量。从调研情况看，鉴于组织模式较好地契合了宏微观目标，已被当地政府作为政策创新在各方面给予宣传，并将其作为创新农业经营方式、培育新型经营体系的典型代表在更多乡镇推广示范，其发展形势大有"舍我其谁"、"一家独大"之势。有些乡镇为贯彻落实政府决定，甚至主动请缨，力争超额完成上级政府下达的指标和任务。但政府行为具有"挤出效应"，对土地股份合作社的过分扶持（补贴＋项目＋相关配套政策）使得原本由市场力量自发形成的各类主体受政策诱致主动转变组织内涵或组织形式表面称谓，其结果必然带来要素的不合理流动与非自然集聚，这样的流动属于要素受外力干扰下的短期错配，很难保证其流动的长期有效性和稳定性，必然影响要素流出方的配置效率和机会成本。其最终结果是土地、补贴、项目、资金、企业家才能等生产要素向土地股份合作社汇集，而广大的家庭农场、专业大户等新型经营主体因缺少要素流入，难有作为，对土地股份合作社过多政策扶持所带来的"挤出效应"容易妨碍其他经营主体发展，易形成对其他主体发展的"马太效应＋墨菲定律"，即过度扶持土地股份合作社必然会挤占其他主体所能享受到的政策资源及发展空间，而一旦这一局面形成，固有的路径依赖会越发强化资源更多投向土地股份合作社，使得其他经营主体所能享受到的资源和面临的发展空间越来越窄，造成强者更强、弱者更弱的局面。其实质是政策效应非但没能扶弱济困、雪中送炭，反而劫贫助强、锦上添花。这一点可以从当地农业经管部门负责同志和其他新型经营主体对"谁能享受更多政策资源"的调查反馈中得到佐证，超过78％的新型经营主体认为当前扶持政策主要流向土地股份合作社。

8.1.5 结论与思考：短期效应的边际递减与政策先天缺陷

顺应城镇化进程加快、农村劳动力转移加剧背景，为解决谁来种粮、保障区域粮食安全目标应运而生的农业共营制组织形式创新，有其短期正效应，并作为培育新型农业经营主体、创新农业经营体系的范例得到政府宣传、地方学习、学界研究。但得益于政府巨大扶持的组织创新能否长期保持其政策效应？本研究从组织创新的比较优势、短期效应、模式特性、生存压力、局限隐患等维度进行了探析，得到如下结论：

第一，以"专业化生产＋专业化服务＋充分政府扶持"为特征的组织创新，短期内使得资金、土地、劳动力、企业家才能、扶持政策等要素得以整合集聚，赋予职业经理人剩余索取权、社员全程参与生产的组织机制设计，降低了管理交易成本和配额交易成本，避免了雇工偷懒、欺骗、搭便车等投机行为发生，提高了"隐性劳动生产率"（土地产出率）对劳动生产率的贡献,进而保证了粮食供给水平。

第二,社员以农地经营权入股避免了因流转而动用流动性及其利息成本的损失,实现了流转成本的"内化"节约,要素集聚所形成的规模经营实现了农资及社会化服务购买的成本节省,合理的分配机制和有效的绩效考核机制设计确保了对职业经理人的正向激励与绩效问责,兼顾了组织成员利益和保障区域粮食安全的微宏观目标。

第三,尽管组织创新实现了短期正效应,但源起于工商资本租地经营不善退地致无人接盘、得益于政府强大财政扶持、适宜人多地少和机械化生产且财政实力较强地区等特殊的地域性和推广的局限性使得模式天生带有某些争议和局限,表现在土地股份合作社创设缺少法律支撑、利益分配模式难以套用经典设计解释、社员劳动难掩双方雇佣关系等,非多数地区能效仿复制。

第四,以保障社员收益为目标的职业经理人绩效考核机制的长期弊端连同生存压力的现实挑战使得职业经理人不得不调整经营行为:扩大高效作物种植规模、降低粮食经营比重,以组织形式创新为标志的"共营制",在生存压力加大、财政扶持政策即将到期(补贴政策能否延续)、粮食收储政策逐步取消的背景下,渐进向以"共赢"为目标嬗变,但这一嬗变又偏离了政府扶持其发展的政策目标——解决今后谁来种粮、保障区域粮食安全。合作社经营行为的渐进调整,使得宏观公益目标不得不妥协、让步于个体私利诉求。长远看,模式短期效应的边际递减很难维持中长期微观主体行为契合中观政策目标的合意政策效应。

第五,对土地股份合作社过多政策扶持所带来的"挤出效应"容易妨碍其他经营主体发展,易形成对其他主体发展的"马太效应+墨菲定律",长远看,不利于公共政策应最大限度维持其普惠性和公益性的设计初衷。

第六,获益于财政扶持的组织创新,一旦补贴政策取消或扶持力度缩减,所谓的组织创新很难维持其组织效率并保障利益分配,因而也很难实现可持续发展。

以上结论不禁引发思考,受益于政府扶持的组织模式创新看似更像温室里生长的花朵,短期内得到充足的温度、阳光、呵护进而长得枝繁叶茂、引人驻足欣赏。可是一旦温室环境不复存在(补贴政策取消)或者条件不如从前（扶持力度减弱），所谓的模式创新很难在如同温室外的市场环境中保持旺盛的生命力和足够的竞争力。

第一，以解决前置不当政策为出发点的急救行为，其本身带有某些先天缺陷，很难实现"回阳救逆"似的长期和彻底性政策效应扭转。为解决工商资本经营不善退地致农户不接受矛盾，催生了政府组织和推动转出农户成立股份合作社的尝试，由此引出了农业共营制的组织创新及其短期效应。纵观模式的演进，模式源起于政府推动农地流转发展规模经营的酸楚经历。当时的探索更像是对前置不当政策的一次"急救"行动，其目标仅是尽快平息工商资本退地所引发的承包户与政府间矛盾纠纷（即国家不允许农地撂荒，但承包户以合同为由拒绝接受退地），防止矛盾纠纷扩大化，属于对前置政策负效应的补救行为或者可以理解为对前置政策的纠偏。而源于非正常市场环境下的组织形式变革，很难带有其初始客观性，正如任何事物都有两面性，任何手段都可能是把"双刃剑"一样，源于解决上一问题的尝试可能其本身也带有某些"先天缺陷"，尽管这一缺陷在解决上一问题时是一种"利器"，但其本身可能又会创造出一个或一系列新问题或者对解决新问题毫无帮助甚至可能成为拖累、掣肘。笔者认为，时下评价农业供给侧结构性改革是否有效的标准之一是"任何政策不能在解决旧问题的同时又创造出一个或者一系列新问题"，这样的政策是无效的或者有效性不足，即供给侧结构性改革应在最大范围内消除政府"创租"及其负效应。这才是政府推进改革的方向所在。显然，按照这一标准，易带来"挤出效应"、加剧"非粮化"经营的农业共营制，很难实现"回阳救逆"似的长期、彻底性政策效应扭转。

第二，政府财政补贴短期内可以保障组织内部各方利益，长远看，保障各方收益仍需不断创新探索脱离财政扶持的长效盈利模式。以供给侧结构性改革视角审视农业共营制的组织创新，显然其"短板"在于成员收益的70%来自财政补贴。足额的补贴保障了成员收益，稳定了社员预期，很大程度上保障了职业经理人的工作绩效。但也带来了"依赖效应"，即土地股份合作社并不需要充分地考虑其经营效率，特别是在模式刚刚起步阶段，粮食收储政策的稳健实施更是为经营收益起到了保驾护航的作用，职业经理人的经营管理只需处理好关键点的调控，具体环节由社员标准化操作即可实现。"依赖效应"的弊端使得生存压力对合作社经营行为的激励效应边际递减。

相应的"调结构、转方式"力度也不如市场环境下行为调整的充分和可持续。其结果容易带来经营能力的原地踏步、创新能力的不思进取。长此以往，带来稳定收益的补贴政策，很可能成为组织创新可持续发展的掣肘与慢性毒药。而随着 2018 年补贴政策的即将到期，未来补贴政策的不可确定，如何应对政策不确定对收益乃至整个组织发展的影响，成为时下模式发展应尽快补齐的"短板"。打铁还需自身硬，只有积极发展长效盈利模式、不断提升经营能力才能在没有补贴"拐杖"扶持下，有效应对市场变化，实现组织变革的自立、健康与可持续发展。

第三，多数情况下，合意微观主体发展与政府宏观目标的政策逻辑，在外部环境变化后很难实现"忠孝两全"，个体利己行为可能很快将公益目标的政策效应蚕食殆尽。区域粮食安全、农民收入保障、耕地保护等很大程度上属于公共目标。为实现农业公共目标所推动的组织创新，获得相关财政补贴的毕竟是少数（只有农地股份合作社社员），既与广大小规模自营农户无关，也与其他新型经营主体（如家庭农场和专业大户）扯不上关系。从这个意义上讲，政策的普惠性有待提升，即便已经受惠的农地股份合作社，当生存压力受外部环境变化增大以后，社员的第一反应是尽量保障个体利益的不受损或损失最小，与之形成对照的是公共目标的让步甚至牺牲。即一旦情况可能危及政策受益人既得利益，受益人会首先抛弃或牺牲为自己带来实际利益（好处）的政策本身。多数情况下，合意微观主体发展与政府宏观目标的扶持政策，在外部环境变化后很难实现"忠孝两全"，个体的利己行为可能很快将公益目标的政策效应蚕食殆尽。这使得政府在推动兼顾个体诉求和公益目标的组织创新时，有必要通过适当的规制创设以有效保障外部情况变化后，公益目标或政策效应尽量少受损或不被牺牲，这也成为时下推进供给侧结构性改革政府应着力思考的改革方向所在。

8.2　改革开放 40 多年农业机械化发展与制度变迁研究

农业机械是发展现代农业的重要物质基础，也是农业现代化的重要标志。改革开放 40 多年来，我国农业机械化发展取得长足进步。农业机械化发展是一项复杂的系统工程，是经济、政治、科技、社会、文化等多方面因素共同作用的结果，其中，制度变革对农业机械化发展的影响尤其重要。本研究运用新制度经济学制度变迁理论，系统梳理了改革开放40多年来我国农业机械化的发展历程，对未来农机化发展趋势进行了展望，并提出了近期推进农机化发展的政策建议。

8.2.1　理论分析框架

制度变迁是指制度诸要素或结构随时间推移、环境变化而发生的改变，制度变迁理论是分析制度的替代、转换与交易过程的理论研究方法[①]。农业机械化是农业机械技术运用的变化过程，也是农业生产技术变迁的过程，为此可以采用制度变迁理论解释我国农业机械化发展历程。

制度变迁分为诱致性制度变迁与强制性制度变迁两种类型。诱致性制度变迁是人们在追求由制度不均衡引致的获利机会时所进行的自发性制度变迁。强制性制度变迁是指通过行政权力和立法手段等外在强制力推进制度、变革制度的一种制度变迁方式。从已有研究看，主流的观点认为农业机械化主要是诱致性制度变迁的过程。持这种观点的研究者认为，土地劳动价格比率变化是驱动农业机械化发展的核心因素或根本动力[②]。速水佑次郎、弗农·拉坦对此进行了充分的论述。其理论的核心要点是：在市场经济条件下，农业生产受要素价格变化的影响和诱导，并致力于寻找那些能够替代稀缺要素的技术选择。依据该理论，那些劳动力丰富而土地资源贫乏的国家，应该走生物和化学技术进步的道路；而那些劳动力短缺但土地面积相对丰富的国家，应该走机械化技术进步的道路[③]。但是，结合我国国情、农情，农业机械化很难仅仅依靠要素比价关系的变化，即通过诱致性制度变迁难以较快实现，还必须需要政府的有效作用，即通过强制性制度变迁来推动。

要素比价关系变化是农业机械化发展的根本动力，但仍有许多领域存在市场失灵，需要政府的有效作为。ⓐ农业机械化涉及农业机械技术的创新，

---

①　肖旭.制度变迁与中国制度改革的文献综述［J］.首都经济贸易大学学报，2017（4）：96－104.

②　吴丽丽，李谷成，周晓时.要素禀赋变化与中国农业增长路径选择［J］.中国人口·资源与环境，2015，25（8）：144－152.

③　林毅夫.制度、技术与中国农业发展［M］.上海：上海人民出版社，1994：5－38.

即使市场有需求，农机企业有动力，但是技术研发和创新往往伴随着风险与"知识外溢"的外部性，这就需要政府激励企业加快研发步伐，研发出更多农机、农艺结合较好的农业机械，为机械化的发展创造技术条件。ⓑ农业机械化是系统性工程，涉及机耕路建设等基础设施投入，而这也是市场易失灵的地方，需要政府有效作为，为农业机械化的发展夯实外部基础设施条件。ⓒ我国的基本国情是人多地少，人均耕地面积不到 1.5 亩，劳均耕地面积约 9.4 亩（约为日本的 1/3），农民收入水平较低，这些情况决定了我国总体上无法走欧美国家农场主购买大型农业机械的发展道路，也不能走日韩农户购买价值较高的小型机械自有自用的道路，这就需要政府加大扶持力度，为推动形成适合我国农情的机械化道路创造良好的市场环境①。

总体看，我国农业机械化的快速、良性发展既需要尊重市场规律、充分发挥市场作用，又需要更好地发挥政府作用，即实现诱致性制度变迁与强制性制度变迁的有效融合。具体而言，政府在推进农业机械化进程中，要牢牢紧扣要素比价关系的变化，在市场有需要的前提下顺势而为，才能有效地推进农业机械化发展。

8.2.2　发展历程及阶段性特征

改革开放 40 多年来，我国农业机械化发展大体经历了 4 个阶段。

8.2.2.1　1979—1995 年：发展主体"一退一进"，小型农机具率先发展

随着以家庭联产承包责任制为核心的农村改革开始破题，农业机械化领域主体出现了"一退一进"两大变化。

（1）政府逐渐退出。改革开放以前，我国形成了以政府或人民公社为主导的农业机械化体制。为适应农业经营体制改革出现的新情况，国家对农机化发展战略方针进行了重大调整。1979 年 9 月，党的十一届四中全会审议通过《中共中央关于加快农业发展若干问题的决定》，确定的农业技术选择首先是"迅速增加化肥、农药、农用塑料和各种除草剂的生产"，其次是"积极选育、引用和推广良种"，最后才是"要因地制宜地发展农、林、牧、副、渔业的机械化"。技术选择的顺序是：化肥、良种、机械化，并且机械

---

① 王波，李伟．我国农业机械化演进轨迹与或然走向［J］．改革，2012（5）：126-131．

化是因地制宜地进行，这就强调了化肥、良种是更好的技术选择①。此后，国营和集体农机站逐步解散，国家对农业机械化和农机工业的直接投资逐渐减少，农机平价柴油供应等优惠政策逐步取消②。

（2）农民主体大量进入。我国农业生产由"以粮为纲"转向农林牧副渔全面发展，农村多种经营日趋活跃，城乡之间涌现出巨大的人员和工农产品运输需求，一些地方出现了农民私人购买拖拉机自主运营的现象。伴随农机产权制度改革推进，即允许农民私人购买拖拉机和用拖拉机进行经营性运输业这两项"松绑"政策，彻底冲破了生产资料不允许个人所有的禁区③。国家、集体、农民个人及联户等多种形式经营农业机械的局面开始形成，农民逐步成为农机化投资、经营的主体。亿万农民主体作用的充分发挥，为我国农机化发展注入了强大动力。这个阶段我国农业机械化逐渐由"官办"向"民办"转变，政府强制性力量逐渐退出，市场机制开始发挥作用。

随着发展主体的"政府退出、农民进入"，这个阶段我国农业机械化发展方向也出现了变化。首先，大中型农业机械呈退出趋势。1980—1985年，我国农机总动力、大中型拖拉机保有量增幅明显下降，农机化作业水平也一度下滑。1990—1993年，我国农机总动力增速明显下降，各年均在5%以下，为新中国成立以来农机总动力年均增长率最低的时期。其次，小型农业机械增长快速。小型拖拉机保有量从1978年的173.7万台稳步增长到1995年的864.6万台，1995年末保有量占比达到93%。这个阶段劳动力相对价格虽在上升，但总体上农业劳动力价格仍较便宜，农民对大型农业机械的需求还不够强劲。

虽然小型拖拉机保有量以年均近10%的速度增长，但是这种快速增长主要表现在20世纪80年代，这也与农业经营制度转型、农户作为购机主体紧密相关，总体上这个阶段诱致性制度变迁动力还不强。另一方面，在新旧制度动能转换的过程中，以国家投资农机化为主的"旧制度"的动能进一步

---

① 陈岩. 中国农业增长和制度变迁 [J]. 中州学刊, 1996 (3): 30 - 37.
② 郑有贵, 李成贵. 一号文件与中国农村改革 [M]. 合肥: 安徽人民出版社, 2008: 324 - 334.
③ 宗锦耀, 刘宪, 李斯华, 等. 新的探索新的跨越——中国改革开放三十年中的农业机械化 [J]. 中国农机化, 2008 (6): 3 - 15.

衰减，即强制性制度变迁推动机械化发展的作用衰减，而以农民投资农机化为主的"新制度"的动能尚未充分发挥作用，因而农机总动力与大中型农业机械保有量同步下降。

8.2.2.2　1996—2003 年：农机社会化服务蓬勃兴起，大中型农机具快速发展

进入 20 世纪 90 年代，我国农业机械化发展形势发生很大变化，主要表现为两个方面。

（1）农业劳动力相对价格快速上升，诱致性制度变迁是主导农业机械化发展的主要动力。随着工业化、城镇化进程日益加快，乡镇企业异军突起，农村劳动力大量转移到城镇和农村非农产业就业，农业劳动力出现季节性和结构性短缺。据统计，1996 年，我国农村劳动力中约有 1.3 亿人转移到非农产业就业，是 1978 年的 6.2 倍。与此同时，我国农业劳动力成本不断上升，1996 年我国小麦、水稻、玉米三大主要粮食作物平均每亩生产总成本388.7 元，其中人工成本 152.29 元（是 1978 年的 5.7 倍），占总成本的39.18%[①]。根据诱致性制度变迁理论，当劳动供给缺乏弹性或劳动力相对于土地价格昂贵时，就会诱导出节约劳动力的机械技术进步，较大规模运用农机化技术的条件基本成熟了。另一方面，随着农民收入水平提高，特别是转移就业规模扩大，农业人工劳动力的机会成本明显提高，广大农民对机械化代耕、代种、代收的生产模式需求十分迫切。北方地区一些农民机手从地域间小麦成熟的时间差中发现了商机，驾驶自己购买的联合收割机，从南往北自发地为沿途农户收获小麦，通过农机跨区作业服务获得了可观的收入。至此，带有计划经济色彩的农业机械化政策彻底退出历史舞台，我国农业机械化进入了以市场为导向的发展阶段，以农机跨区作业为代表的农业社会化服务逐渐形成，中国特色农业机械化道路在这一时期初步形成[②]。

（2）适应市场需求的农业机械化政策逐步实施，强制性制度变迁成为推动农业机械化发展的重要力量。在系统总结基层农民创造的农机跨区作业实

---

① 数据来源：根据 1978—1996 年《中国统计年鉴》（国家统计局编）、《1978—2004 年全国农产品成本收益资料汇编》（国家发展改革委价格司编）等资料整理。

② 孔祥智，周振，路玉彬. 我国农业机械化道路探索与政策建议［J］. 经济纵横，2015（10）：65 - 72.

践经验的基础上，1996年农业部首次在河南省组织召开了全国"三夏"跨区机收小麦现场会，推动了跨区机收这种新型的农机社会化服务模式的发展。当年，北方11个省2.3万台联合收割机参加小麦跨区机收，这标志着由农民推动的诱致性农业机械化制度变迁再次得到国家认可，开始转化为国家主导的强制性制度变迁。1997年，农业部与公安部、交通部等六部门共同成立了全国跨区机收小麦工作领导小组，并印发通知要求各地对持有跨区作业证的联合收割机免收过路过桥费。此后，我国跨区机收的规模和范围迅速扩大，小麦机收水平迅速提高。2000年4月，农业部颁布实施了《联合收割机跨区作业管理暂行办法》，在跨区作业组织管理、信息服务、作业质量等方面作出了规定。此外，国家积极支持国产农机装备研发，以"新疆-2型稻麦联合收割机"为代表的谷物联合收获机械研制成功，为我国大规模组织小麦跨区机收提供了成熟适用的机具保障。国家还对农机产品增值税长期实行优惠税率，对农机流通、农机作业服务也实行税费优惠政策。上述事实都表明，国家作为农业机械化制度供给主体的作用日渐突出，强制性制度供给更加有力有效。

在诱致性制度变迁的主导下，伴随政府积极作为，这阶段我国农业机械化取得了长足进步。ⓐ主要粮食作物机械化收获水平快速提升。在主要粮食作物各生产环节中，小麦收获环节劳动强度最大，农时要求最紧，劳动用工量最大，因而对机械化作业的需求最为迫切。依靠全新的机制和政府的组织协调，通过大规模跨区作业，小麦成为我国第一个基本实现生产全程机械化的粮食作物，水稻机收水平也快速提高。ⓑ大中型田间作业机械快速发展。一是在跨区作业的拉动下，联合收割机保有量迅猛增长，1995—2003年年均增长22.2%。二是大中型拖拉机及配套农具增速触底回升。1997年大中型拖拉机保有量扭转了此前10年连续下滑的态势，此后一直持续增长，同期大中型拖拉机配套农具也持续增加。

8.2.2.3 2004—2013年："黄金十年"发展期，农机装备总量和作业水平持续快速提高

进入21世纪以来，我国农业机械化发展环境发生了较大变化，主要表现为农业机械化需求快速增加与国家政策强力支持。

（1）劳动力相对价格迅速上升，诱致性制度变迁内在动力持续增强。随

着工业化、城镇化的深入推进，进入21世纪后，我国农村劳动力转移规模进一步扩大，农业劳动力成本进一步提高，家庭承包经营耕地流转面积进一步扩大。2004年，我国城镇化率达到41.76%，农村劳动力中有超过1.9亿人转移到非农产业就业，是1978年的9.1倍[①]；小麦、水稻、玉米三大主要粮食作物平均每亩折算的家庭用工劳动日工价达13.7元，是1978年的17倍[②]。农业劳动力的相对价格进一步提高，对农业机械化发展的需求更加迫切。

（2）强制性制度安排密集出台，及时弥补了市场失灵。虽然农民对农业机械化发展的需求更加迫切，但21世纪初期全国农机化发展整体水平仍严重滞后于农业生产需求。1978—2003年这25年间，全国农机总动力年均增幅为6.8%，不仅远远低于同期国内生产总值年均15.6%的增速，也明显低于同期全国农牧渔业总产值年均13.0%的增速及第一产业增加值年均11.9%的增速。2003年全国水稻栽植和玉米收获环节的机械化水平分别仅为6%和1.7%，一些主要农作物由于生产环节劳动强度过大，已严重影响到农民种植的积极性[③]。造成这种情况的根本原因是农业机械化存在系列市场失灵的领域。例如，21世纪初期水稻机插、玉米机收水平低的关键是机械技术水平不高、企业创新扶持不够，同时也存在农机农艺不融合、配套基础设施不健全等多方面原因。为了弥补市场缺陷，必须从根本上改变农机化制度供给方式，及时进行国家主导的强制性制度安排。2003年全国农业机械化财政投入仅为27.1亿元，占当年全国财政收入的0.12%，财政支持农业机械化发展具有很大空间[④]。自2004年开始，我国总体上已进入工业反哺农业的转折期，已具备了工业反哺农业的经济实力、财政实力和发展条件。在我国经济社会发展进入"以工促农、以城带乡"的历史大背景下，一系列促进农机化发展的强制性制度安排密集出台。ⓐ农机购置补贴政策正式实施。2004年中央1号文件明确提出"提高农业机械化水平，对农民个人、

---

① 数据来源：根据1978—2004年《中国统计年鉴》（国家统计局编）整理。

② 数据来源：根据《全国农产品成本收益资料汇编》（国家发展改革委价格司编）整理。

③ 数据来源：根据1978—2004年《中国统计年鉴》（国家统计局编）和《国内外农业机械化统计资料（1949—2004年）》（农业部农业机械化管理司、中国农机工业协会编）等资料整理。

④ 白人朴，刘敏. 农机购置补贴政策研究［M］. 北京：中国农业科学技术出版社，2004：17.

农场职工、农业专业户和直接从事农业生产的农机服务组织购置和更新大型农机具给予一定补贴"。同年中央财政正式设立农机购置补贴专项资金,当年安排补贴资金 0.7 亿元,此后中央财政补助资金规模逐年扩大。截至 2018 年,中央财政已连续 15 年累计安排补贴资金 1 861 亿元[①],进一步带动了农民投入,有力地促进了农机化发展。ⓑ农机化法制建设得到加强。《农业机械化促进法》于 2004 年 11 月 1 日起施行,这是我国第一部关于农业机械化的法律,全面规范了国家支持农民发展农机化的责任,从科研开发、生产流通、质量保障、推广使用、社会化服务等方面明确了促进农机化发展的扶持措施。2009 年 9 月,国务院发布《农机安全监督管理条例》。在此期间,农业部和全国大部分省级人大、政府共制定出台农业机械化法律法规 80 多部,为促进和规范农机化发展发挥了重要作用。ⓒ多方面支持农业机械化发展的政策体系逐渐完善。自 2004 年起,几乎每年的中央 1 号文件都对农业机械化发展提出明确要求。有关部门还通过实施保护性耕作工程建设规划、全国新增千亿斤粮食规划、高标准农田建设规划等,加强农机场库棚、机耕道等建设;通过实施一批国家重大科研项目,支持重点作物、关键环节农机化技术与装备研发。2010 年 7 月,国务院印发《关于促进农业机械化和农机工业又好又快发展的意见》(国发〔2010〕22 号),这是改革开放以来以国务院名义印发的第一个专门针对农业机械化和农机工业发展的指导意见,提出了财政、税费、金融、保险、基础设施建设等方面的扶持措施,进一步巩固了改革开放以来的农机化制度变迁成果,同时也做出了一些新的强制性制度安排。此后,不少地区还在农机优惠信贷、政策性保险补贴、重点环节农机作业补贴、老旧农机报废更新补贴、农机免费安全检验、农机场库棚用地等方面出台了一些扶持政策。

(3) 以农机购置补贴政策为"龙头"的一系列强制性制度安排,较好地融合了诱致性制度变迁的需求,推动我国农业机械化发展进入"黄金十年"[②]。ⓐ农机装备总量快速增长。2013 年,全国农机总动力达 10.39 亿千瓦,比 2004 年增长 62.3%,年均增长 5.5%;当年全国规模以上农机制造

---

① 数据来源:根据 2004—2018 年《全国农业机械化统计年报》(农业部农业机械化管理司编)整理。

② 路玉彬,孔祥智. 农机具购置补贴政策的多维考量和趋势 [J]. 改革,2018 (2):75 - 88.

企业主营业务收入达 3 843 亿元，是 2004 年的 4.5 倍，年均增长 18.2%。ⓑ农机装备结构显著优化。一是水稻插秧机、国产自走式玉米联合收获机等主要粮食作物机械化生产薄弱环节的高性能农机保有量大幅提高。二是农机装备大型化趋势日益明显。2013 年，全国大中型拖拉机及其配套农具保有量分别达 527.02 万台、826.62 万部，分别是 2004 年的 4.71 倍、4.38 倍。全国大中型拖拉机保有量占拖拉机总保有量的比重由 2004 年的 7.14% 提高到 2013 年的 23.12%。三是传统种植业之外的其他领域农机装备保有量快速增长。ⓒ农机化作业水平显著提升。2013 年全国主要农作物耕种收综合机械化水平达 59.48%，比 2004 提高了 25.16 个百分点，年均提高 2.8 个百分点，这一增幅是 1978—2004 年这 25 年间年均增幅的 5 倍。ⓓ农机社会化服务加快发展。2013 年，全国拥有农机原值 50 万元（含）以上的农机化作业服务组织？农机专业合作社分别达 2.9 万个和 4.2 万个，分别是 2008 年的 3.4 倍和 4.9 倍；2013 年全国农机化作业服务收入达 4 467.63 亿元，10 年间年均增长 8.8%[①]。

8.2.2.4 2014 年至今：农业机械化发展进入新常态，更加注重质量效益

2014 年 5 月，习近平总书记做出了中国经济运行进入"新常态"的重大战略判断。伴随中国经济进入新常态，我国农业机械化也出现了许多新变化，最主要的变化是要素驱动、规模扩张型农机化发展方式已难以为继，诱致性制度变迁再次陷入瓶颈。经济发展新常态下，我国农业机械化发展速度明显下降。2004—2013 这 10 年间，我国农机总动力年均复合增长率达 5.5%，但 2014 年同比上年增速降为 4%，2015 年进一步降为 3.3%；2004—2013，全国规模以上农机企业主营业务收入年均增长率达 18.2%，但 2014 年、2015 年、2016 年分别比上年提高了 8.8%、8.2%、4.9%，大部分农机企业主营业务收入增长率、利润率和利润增长率均出现明显下滑态势。我国农业机械化和农机工业增速整体放缓，核心原因是，在十多年的持续快速发展过程中，发展质量和效益不高等深层次问题始终未能得到有效解决，甚至被高速发展的表象掩盖起来，随着农机化发展总体速度下滑，这些

① 数据来源：根据 2004—2016 年《全国农业机械化统计年报》（农业部农业机械化管理司编）整理。

长期积累的矛盾"水落石出"，说明单纯的要素驱动、规模扩张型农机化发展方式已难以为继，必须坚持创新驱动和内涵式发展道路，着力提升农机化发展质量和效益①。

面对农业机械化出现的新情况与突出问题，国家及时出台了有效措施。

（1）及时调整农机购置补贴政策。突出了绿色生态导向，强调要优先保证粮食等主要农产品生产所需机具和免耕播种、节水灌溉、高效施肥、残膜回收、畜禽粪污资源化利用等绿色发展机具的补贴需要；要求全面推行敞开补贴，促进补贴政策普惠共享；明确在全国范围内开展新产品购置补贴试点，增强了补贴政策对农机科技创新的引导作用②。

（2）积极推动农机装备产业转型升级。2015 年 5 月，国务院印发《中国制造 2025》，将"农机装备"列为优先支持的十大重点领域之一③。2016年 1 月，环境保护部出台规定推动农机排放标准升级，倒逼农机工业向绿色发展转型④。2017 年，"十三五"国家重点研发计划"智能农机装备"重点专项启动实施，农机变量作业技术、多功能田间管理作业技术、高速栽植技术、农用航空作业关键技术等研发得到中央财政重点支持⑤。

（3）大力推动主要农作物生产全程机械化。2015 年 8 月，农业部部署在全国开展主要农作物生产全程机械化推进行动，将全程机械化的主攻方向定位在水稻、玉米、小麦、马铃薯、棉花、油菜、花生、大豆、甘蔗等九大作物，聚焦在耕整地、种植、收获、植保、烘干、秸秆处理等 6 个生产环节，围绕提升主要粮食作物生产全程机械化水平和突破主要经济作物生产全程机械化"瓶颈"两个主攻方向，分作物、分区域确立推进各个主要农作物生产全程机械化的主要技术模式⑥。

---

① 杨敏丽.新常态下中国农业机械化发展问题探讨 [J]. 南方农机，2015（1）：7-11.

② 中国政府网.农业部财政部就 2018—2020 年农机购置补贴实施工作答记者问 [EB/OL].[2018-03-04]. http：//www.gov.cn/zhengce/2018-03/04/content_5270593.htm.

③ 新华网.中国制造 2025 发布确定十大重点领域 [EB/OL].[2015-05-20]. http：//www.xinhuanet.com/fi-nance/2015-05/20/c_127819790.htm.

④ 刘慧.排放标准升级倒逼农机业绿色转型 [N].经济日报，2015-09-22（10）.

⑤ 搜狐网.2017 年国家重点研发计划"智能农机装备"重点专项项目启动 [EB/OL].[2017-10-26]. http：//www.sohu.com/a/200355086_100008114.htm.

⑥ 中国政府网.农业部部署主要农作物全程机械化推进行动 [EB/OL].[2015-08-17]. http：//www.gov.cn/xinwen/2015-08/17/content_2914178.htm.

伴随一系列密集措施的出台，我国农业机械化再次取得新成绩。ⓐ主要农作物生产薄弱环节机械化水平大幅提升。2016 年水稻机械化种植水平达 44.45%，比 2013 年底提高了 8.35 个百分点；同期棉花、油菜、玉米机收水平分别提高了 11.37、14.45、15.11 个百分点。ⓑ体现绿色发展导向的农机具保有量快速增长。全国秸秆捡拾打捆机、谷物烘干机保有量分别由 2013 年底的 2.25 万台、4.28 万台增长到 4.68 万台、9.32 万台，年均增长分别达 27.7%、29.6%[①]。ⓒ农机装备智能化、信息化水平有所提升。北斗卫星导航农机自动驾驶系统、农机深松作业智能检测系统等在一些大型农机装备上日益得到广泛应用。

8.2.3　我国农业机械化未来展望及政策建议

8.2.3.1　未来展望

按照制度变迁理论分析框架，结合过去 40 年我国农业机械化发展历程，展望未来，我国农业机械化将呈现出三大趋势。

（1）"减人增机"的趋势不可逆转。随着我国工业化和城镇化深入发展，农业劳动力将更多地向二三产业和城镇转移，农村空心化、农民老龄化等问题日益突出，农业劳动力不仅绝对数量逐年减少，老龄化趋势也日趋明显，这表明农业劳动力相对价格还将继续上升。依循诱致性制度变迁理论，农业对农机装备和农机作业的需求将呈现刚性增长态势。随着农业劳动力的逐渐减少，我国农业人地关系将会从过去的紧张走向宽松，个体农业经营规模将持续扩张，未来农业发展对大型农业机械的需求将快速增加，对农业生产全程机械服务的需求也会快速上升。未来农业装备数量还将会持续增长，对多种类型的农业机械需求也会同步扩张。

（2）农机化发展更加注重质量和效益。改革开放 40 多年来，尽管我国农业机械化发展取得很大成就，但这种发展是以规模扩张、外延扩大、高投入、高消耗、重速度、轻效益为基本特征的粗放型发展方式，发展的质量和效益不高，发展的可持续性不强。主要表现是：农机化科技自主创新能力不

---

① 数据来源：根据 2013—2016 年《全国农业机械化统计年报》（农业部农业机械化管理司编）整理。

强，农机装备结构不合理，中高端产品有效供给不足，公共服务体系建设滞后，区域发展不平衡等。我国农业机械化发展的不充分不平衡问题已经越来越难以满足市场需求。按照制度变迁理论中市场需求拉动的动力机制看，为了更好地支撑农业转变发展方式，保障农业供给侧结构性改革，我国农机化发展必须尽快实现由外延扩展型向内涵提升型转变。这也表明未来农业机械化的发展方向将很大程度由资源要素依赖型向创新驱动型转变，更加注重提高发展的质量和效益。

（3）国家对农机化发展大力支持还将持续。为了解决"谁来种地"的问题，必须在战略上进一步突出国家在农机化制度变迁中的主导作用，坚持劳动力要素稀缺性制度变迁方向，继续大力发展农业机械化，同时又要着眼农机化发展不同领域、不同地区、不同作物、不同生产环节的具体经济技术问题，充分发挥农民在农机化发展中的主体地位和创造精神，鼓励和保护体现农民意愿的诱致性制度变迁，出台符合产业发展规律与市场需求的政策支持。我国棉花、油菜、糖类等经济作物的农业机械化还处于起步发展阶段，主要农作物全程机械化任重道远。从农业机械化高度发达国家的经验看，政府的适度支持也是必不可少的。

8.2.3.2 政策建议

农业机械化的快速、良性发展既需要尊重市场规律、充分发挥市场作用，又需要更好地发挥政府作用，即将诱致性制度变迁与强制性制度变迁有效融合。结合未来我国农业机械化的发展趋势，本研究提出如下几点推进我国农业机械化的政策建议。

（1）加强科技创新，提升中高端农机产品有效供给能力。以市场为导向，以企业为主体，搭建农机化自主创新平台。整合各方面创新资源，构建"产学研推用"紧密结合的农机化协同创新格局。坚持基础研究和应用技术开发并举，加大行业关键共性技术研发，努力实现关键核心技术自主可控，提高中高端农机装备产品的有效供给能力。

（2）加快技术推广，补齐主要农作物生产机械化短板。聚焦主要粮食作物生产关键环节、主要经济作物和畜牧业、渔业、林果业、设施农业及农产品加工业等环节和领域，因地制宜推广先进适用、节本增效的农机化技术，推动农机化技术集成，形成具有区域特色的全程机械化生产模式，加快补齐我国主要农作物生产机械化短板①。

（3）聚焦绿色发展，发展资源节约型、环境友好型农业机械化。以财政补贴引导、技术规范引领、项目示范带动为抓手，大力推广技术成熟的秸秆还田离田、保护性耕作、残膜回收、畜禽粪污处理、精准施肥及有机肥制备、高效施药等绿色高效机具。推进节能减排，加大老旧农机报废更新补贴力度。

（4）加强"两个融合"，推进农机化高质量发展。一是加强农机农艺融合。建立健全农机与农艺专家协同攻关机制，制定科学合理的农艺标准和机械作业规范，将适宜机械化生产作为品种选育和农艺技术研究的重要考核指标，大力推广适合机械化作业的栽培管理方式。二是加强机械化与信息化融合。积极运用大数据、云计算、物联网等现代信息技术，加强智能化农机装备研发与应用，推进农机化生产管理信息服务与应急调度平台建设，提升农机化经营管理、行政管理信息化水平②。

（5）强化公共服务，夯实农机化发展后劲。完善作业补贴、技术推广、维修服务、安全生产等扶持政策，创新跨区作业、订单作业、土地流转等服务模式，推动农机社会化服务持续快速健康发展。结合高标准农田建设，加快土地整治和改造，完善基础设施建设，为农机化作业创造更好条件。加强对农机化发展的信贷、保险等金融服务。以农机大户、农机专业合作社带头人为重点，培养一大批农机作业能手、维修能手、经营能手等农村实用人才。

8.3　"互联网＋"农业组织创新研究

土地、劳动、资本、组织是经济发展的核心要素。改革开放以来，特别是进入 21 世纪后，我国农业生产持续稳定发展，农民收入实现较快增长，农业整体素质和竞争力不断得以增强，各类农业生产经营组织

---

① 白人朴. 新常态下农机化发展将呈现四大特点［N］. 中国农机化导报，2015 - 02 - 09（06）.

② 宗锦耀，刘宪，陈志，等. 农业机械化科技教育问题研究［M］// 张桃林. 中国农业机械化发展重大问题研究. 北京：中国农业出版社，2009：131 - 139.

在其中发挥着越来越突出的作用。2013 年中央 1 号文件指出："农业生产经营组织创新是推进现代农业建设的核心和基础"。当前，由于"互联网＋"的强力渗透，农业产业链条上的劳动者、劳动工具和劳动对象已发生明显变化。实践证明，运用"互联网＋"创新农业组织，对于组合配置生产要素，打造现代产业链条，培育新型农业经营主体，解决目前农业"三化"严重、"三率"过低等效果显著。大力推进"互联网＋"农业组织创新，将会推动构建完善的运转灵活的农业体制机制，进一步释放生产者特别是新型农业生产经营主体的生机和活力，打牢现代农业建设的基础。

8.3.1 "互联网＋"为农业组织创新发展创造了巨大空间

当前，在"四化同步"发展大背景下，积极构建新型农业经营体系和推进"互联网＋"行动的政策环境交互交融，我国农业组织创新呈现活跃态势。在"互联网＋"助力下，种养大户和家庭农场、合作社、龙头企业、社会化服务组织、新农人等新型农业经营主体蓬勃发展，"触网用网"成为其重要特征之一。

总体看，互联网新思维、新技术、新模式的应用和推广，将对生产环节进行改造、对经营环节予以提升，有助于突破农业组织发展的利益联结机制脆弱、市场对接能力不强瓶颈，大大提高其生产经营水平。一方面，"互联网＋"使得原有农业产业链条上的种养大户和家庭农场、合作社、龙头企业等新型农业经营主体和新型农业服务主体"脱胎换骨"。物联网技术使传统农业成为"傻瓜农业"，发发短信就能通风浇水；社会化服务将新产品、新技术、新装备导入农业生产，打打电话就能除草施肥；农业电子商务改变传统购买模式，点点鼠标就能买农资、卖产品；ERP 管理系统提高了农企办公自动化水平，敲敲键盘就能排订单、管库存。另一方面，"互联网＋"催生了新农人群体的涌现，这是我国新型农业经营主体的新成员，表现出强烈的互联网思维和行为特征。返乡农民工、大学生等新农人"从土里来，到网上去"，充分运用"互联网＋"手段创业，新农民创业创新"风生水起"。通过拥抱互联网，各类农业组织改进生产、对接市场、带动普通农户的能力不断增强，组织创新得到巨大发展。

8.3.2 "互联网＋"农业组织创新的三大路径与六大模式

"互联网＋"农业组织创新可以提高资源配置效率、提升经营效益、完善运行机制。目前，"互联网＋"农业组织创新存在三大路径与六大模式。

8.3.2.1 三大路径

（1）通过"互联网＋"打通产业链条，提高配置效率。"互联网＋"将推动互联网思维和技术向农业快速高效渗透，激发农业产业链的"化学反应"，打通农业产业链的各个环节，融合信息流、物流、资金流，形成一个健康有序的农业互联网生态圈。根据经济学纵向一体化理论，农业组织将立足于自身所处的产业链条位置，充分利用"互联网＋"手段，改造升级生产能力，完善优化利益联结，深化分工协作，创新合作模式，强化服务功能，降低甚至消除交易门槛，从而提高整个产业链的资源配置效率。

（2）通过"互联网＋"扩大组织规模，提升经营效益。"互联网＋"将推动农业组织的经营规模适度扩大，农业组织之间的联合与合作将更加便利、利益分配更加优化，易于发挥"规模效应"。根据经济学横向一体化理论，在"互联网＋"的直接作用下，农业组织将依托各种形式的联合与合作，通过相应契约关系联结成为具有一定规模的利益共同体，提高自身在产业链中的地位，从而发挥生产要素的规模优势，激发协同效应和网络效应，以提高生产经营效率，实现组织规模收益。

（3）通过"互联网＋"修补自身缺陷，完善运行机制。"互联网＋"要素的融入，有助于农业组织有效破解自身存在的利益联结和市场对接难题。"互联网＋"开拓了农业社会化服务新空间，丰富了各类农业组织的选择，避免了因信息不对称而产生的矛盾；"互联网＋"创造了通过众筹、众包、众创、众扶等一系列新合作，形成了多种多样的具有去中心化特征的虚拟组织，优化了彼此间的利益分配；"互联网＋"引领了分享经济、平台经济新思潮，推动着各类农业组织充分利用各类网络平台，共享网络时代发展红利。

8.3.2.2 六大模式

（1）以扩大规模化经营为主要目标（效果）的"新型农业经营主体＋流

转平台＋农户"模式。对于专业大户、家庭农场而言，出于扩大经营规模的需要，土地流转是头等大事。"互联网＋"在农村土地市场的深度融合，催生了一批土地流转服务网络平台，可便捷获取地块的权证类型、地块条件、配套设施、周边环境、经营现状等有关信息。通过信息发布与交易撮合，流转双方信息沟通更加充分高效，土地流转行为更加规范有序，提高了流转效率。不仅如此，一些平台还衍生出了农资、农机、农技、金融、农产品销售等一系列服务，为新型农业经营主体提供了全方位服务，详见图8-2。

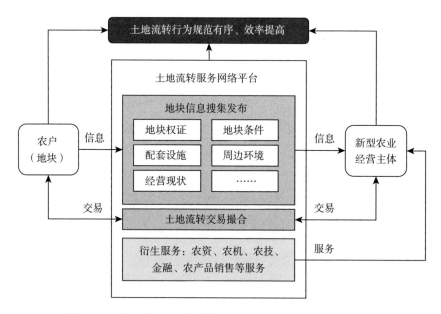

图8-2 "新型农业经营主体＋流转平台＋农户"模式示意图

（2）以提供社会化服务为主要目标（效果）的"新型农业服务主体＋服务平台＋农户"模式。新型农业服务主体与"互联网＋"的深度融合，为现代农业发展提供了社会化服务支撑。许多新型农业服务主体打造了"线上农业要素集约，线下农事服务精准"的农业产业链全程社会化服务平台。农户可直接下单"点餐"，定制所需服务，足不出户就可以买农资、看天气、租土地、种庄稼、问专家、逛集市、卖产品，可谓是"点击鼠标就能种田，下个App就能卖瓜"。这种模式为各类农业生产经营主体提供了全产业链"保姆式"服务，提高了农事服务的集约性和精准性，详见图8-3。

（3）以构建产业化体系为主要目标（效果）的"龙头企业＋网络平台＋

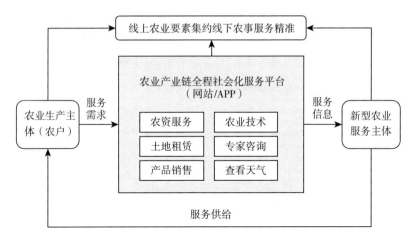

图 8-3 "新型农业服务主体＋服务平台＋农户"模式示意图

全产业链"模式。农业产业化龙头企业是现代农业经营体系中最有发展活力、最具创新能力的经营主体。农业产业化龙头企业的重要特点之一就是，其肩负着带动农民共同发展的使命，必须与农民建立合理的利益联结机制。龙头企业将"互联网＋"理念引入生产经营活动，能够打通整个产业链条，打造为全产业链参与者服务的综合网络平台，创新生产方式、经营方式和资源利用方式，既降低交易成本、提高生产经营效率，又促进产业链的延长、价值链的提升，进而实现利益链的共享，详见图 8-4。

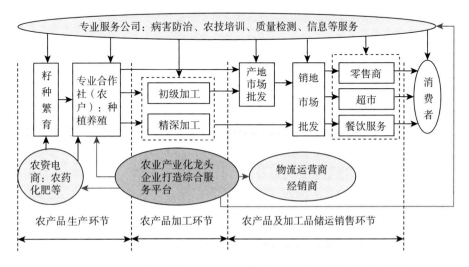

图 8-4 "农业产业化龙头企业＋网络平台＋全产业链"模式示意图

（4）以促进市场化流通为主要目标（效果）的"农民专业合作社＋电商平台＋终端市场"模式。当前，农产品电子商务发展方兴未艾，第三方电子商务平台纷纷瞄向农村市场。农民专业合作社与这些电商平台谋求合作，可以实现产销两端供需信息的快速对接，有效缩减流通环节，降低流通成本，破解"两头叫、中间笑"的流通怪象。同时，借此方式，供需双方形成"订制式"利益共同体，有效解决了农产品卖难问题。更重要的是，按照这种模式生产的农产品，种植、施肥、喷药、采收等各个环节都会受到严格控制和监督，从而充分保障了农产品质量安全，详见图8-5。

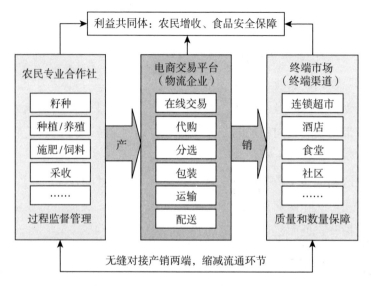

图8-5 "农民专业合作社＋电商平台＋终端市场"模式运营示意图

（5）以实现在线化售卖为主要目标（效果）的"新型农业经营主体＋网络平台＋消费者"模式。借助各类网络平台，农业经营主体与消费者的实时沟通、农产品的在线零售日益普遍。不少农业企业、专业合作社、家庭农场、专业大户利用淘宝、京东等第三方电商平台售卖农产品，利用QQ、旺旺、微信、微博等社交平台与消费者实时互动。一些实力较强的经营主体还开发特色农产品网站和农产品App客户端。通过这种模式，生产与消费可以无缝衔接，拓宽了农产品的销售渠道，完善了产销格局，提高了产品收益，实现了生产者与消费者的双赢，详见图8-6。

（6）以满足个性化需求为主要目标（效果）的"新型农业经营主体＋

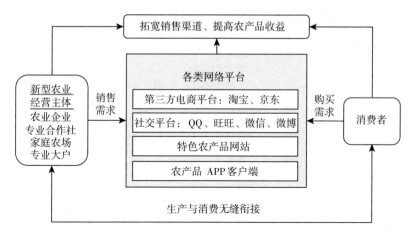

图 8-6　"新型农业经营主体＋网络平台＋消费者"模式示意图

网络平台＋农业众筹"模式。消费是社会再生产过程中的重要环节，对生产起着重要影响作用。当前，消费者对于农业的需求，已经不仅仅局限于农产品本身。农业众筹的出现，打破了生产和销售的界限，满足了消费者（即出资者）多样化、个性化需求。农业众筹既是一种高效的融资模式，也是一种有效的商业模式。一方面，新型农业经营主体可迅速募集发展资金，同时又获取了稳定的消费群体和市场渠道；另一方面，消费者得到了产品、参与、体验、情感等多重回报，自身物质与精神需求得以满足，详见图 8-7。

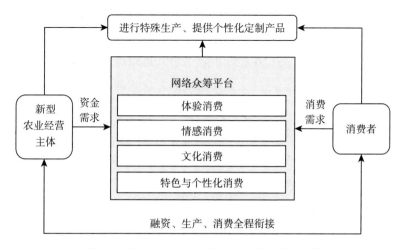

图 8-7　"新型农业经营主体＋网络平台＋农业众筹"模式示意图

8.3.3 "互联网十"农业组织创新的实践探索

（1）"互联网＋"家庭农场实现"年收入百万"。2013 年，江苏苏州 "80 后"徐斌与父母一起创办了东湖家庭农场。农场开设了官方网站、微信、手机 App 等推广渠道，客户可在线预约采摘、烧烤、垂钓等休闲观光活动。农场还先后推出了"体验式农场""私人订制配送""O2O 体验消费"等项目，打造了"时光漫步""御洞庭"两个产品品牌。其中，"私人定制配送"实现了"客户线上采购，农场线下配送，24 小时内到货"；"体验式农场"秉持 F2F（家庭到农场）理念，发起"我是农场主"众筹项目，让用户以"农场主"身份回归自然。依托"互联网＋"，农场创造了"百来亩土地，年收入百万"的奇迹。

（2）"互联网＋"合作社记录蔬菜"生长日记"。2010 年，山东省高唐县赵寨子镇张庙北街村的"山药王"张宪贵成立了绿色佳园蔬菜种植合作社，但一直找不到销路、卖不上价格。2016 年 3 月份，该合作社与山东地牛网签订合作协议，对瓜菜"生长日记"进行网络直播。通过高清监控设备，对蔬菜生产状况进行全天候监控，消费者可在线实时查看农产品生产全过程。此外，该平台还建立了质量安全追溯体系，确保消费者买到放心、安全的农产品。受益于这一创新模式，合作社 2016 年的"独根红"韭菜卖到了两块钱一斤。与此形成鲜明对比的是，同样的韭菜，2015 年才卖 8 毛钱一斤。

（3）"互联网＋"龙头企业催生"智慧大北农"。2007 年，北京大北农科技集团股份有限公司制定了《大北农信息化战略》，提出了"智慧大北农"构想，致力于打造一个高效智能的事业平台和运营体系。该构想设计了智慧管理、智慧养猪和智慧金融三大应用版块。智慧管理导入先进管理理念，改变传统的业务流程，致力于创造不对称竞争力。智慧养猪围绕猪产业链，建立集电子商务、业务管理、培训咨询、价格分析、远程诊断、品牌推广为一体的平台，面向社会提供养猪综合服务。智慧金融充分利用自有信用数据，建立一个可持续的普惠制农村商务金融服务体系，针对合作农户、合作企业提供财务协管、创业扶持、小额贷款、担保服务、第三方结算、现金理财等金融服务。

（4）"互联网＋"新型服务主体兴办"云农场"。"云农场"成立于 2014 年

2月，是一个为农民提供农村金融、农资交易、测土配肥、农技服务、农产品电商、物流配送等多项增值服务的农业互联网综合服务平台。2015年，联想控股股份有限公司战略投资"云农场"。通过"云农场"，农民可在线直接从厂家订购肥料、农药、种子、农机等农资产品，省去中间环节，价格比传统渠道便宜15%～45%。农民还可以快速获取在线农技服务，全国已有30多万专家入驻平台开展服务，成为农民的贴身农技顾问。"云农场"业务已覆盖18个省（份）460个县，建有县级服务中心300多家、村级加盟服务点2.5万多个，注册用户超过100万，累计向1亿多亩土地提供了服务。

（5）"互联网＋"新农人构建"五网一体"。2013年5月8日，在北京从事IT业的冯树强返回山东陵县老家，创办了德强农场。农场建设了信息中心、六要素气象站、视频安全监控、泵站监测、时针式喷灌机监测和墒情监测6大系统，构建了集水网、电网、路网、林网、信息网"五网一体"的现代农场体系。其中，时针式喷灌机能测到地下40厘米处的墒情，可根据供水条件和作物需水规律进行精确供水；大田农业物联网系统可全程记录种子、土壤、浇灌、施肥、人工作业等一系列情况。农场还将大数据分析投入实际应用。2015年，通过大田环境监测、麦收数据分析，农场确定了小麦最佳收割日期，仅用1天时间就完成了1.05万亩小麦的收获，比上年缩短了1天半，车辆投入同比减少16%，人工减少18%，麦收总成本降低20%以上。

上述五个实践案例，充分体现了"互联网＋"对农业生产经营主体的创新驱动作用。依托互联网思维与技术，家庭农场、专业合作社实现了现代化经营，农业企业把组织创新力转化为市场竞争力，新型服务主体伴随着社会化服务的加快发展而成长壮大，新农人群体的创业创新展示了农业组织创新的广阔空间。

8.3.4 采取切实措施推动"互联网＋"农业组织创新

目前，对"互联网＋"农业组织创新的认识水平不高，资金投入不足，政策引导不够，"互联网＋"农业组织创新仍面临诸多制约因素，需要采取针对性措施，加快"互联网＋"农业组织创新步伐，构建现代农业建设核心和基础。

（1）制定发展规划，推动示范引导。建议相关部门就"互联网＋"农业组织创新开展专题调研，在此基础上制定"互联网＋"农业组织创新的整体规划，以组织创新激发各类经营主体的积极性，促进农业信息化和农业现代化融合发展。同时，挖掘整理一批"互联网＋"农业组织创新先进典型，在全国范围内宣传推广，让地方政府和农业组织看到"互联网＋"农业组织创新的良好效果、实在收益，切实发挥先进典型的示范引导作用。

（2）扶持新型服务主体，促进社会化服务。社会化服务可以利用专业化、规模化优势，通过提供统一服务来提高先进科技和物质装备运用水平，减轻劳动投入、减少劳动成本，推行标准化、绿色化生产，提高生产经营效率。新型农业服务主体承担着为各类生产经营主体提供社会化服务的重任，在助力规模经营、推动发展现代农业方面发挥着重要作用。建议出台扶持新型农业服务主体的专门政策，鼓励积极利用"互联网＋"手段，通过自有平台或第三方平台，面向各类农业生产经营主体提供土地托管、测土配方施肥、统防统治、代耕代收等社会化服务。政府在购买服务时向上述新型农业服务主体予以一定倾斜支持。

（3）创新模式探索，鼓励融合发展。建议重点针对涉农互联网企业、新型农业生产经营主体，鼓励其利用"互联网＋"开展各类服务与合作，实现融合发展。

涉农互联网企业处于技术前沿，既懂网络，又懂农业，是"互联网＋"农业组织创新的中坚力量。建议认定一批农业信息化龙头企业，鼓励涉农互联网企业利用技术优势，积极面向各类农业组织提供相关服务，在其生产经营中发挥重要作用。

农业产业化龙头企业资金实力雄厚、技术装备先进、管理效率较高，是"互联网＋"农业组织创新的排头标兵。建议鼓励龙头企业加强综合服务平台的开发或利用，通过互联网连接农户、开展合作、提供服务，培育合作农户的互联网思维，带动相关产业升级转型。

农民专业合作社、家庭农场占了农业组织的绝大多数，对于利用先进技术、先进模式促进自身的创新发展和效益提升具有迫切需求，是"互联网＋"农业组织创新的重点对象。建议鼓励农民专业合作社、家庭农场积极"触网"，利用"互联网＋"全方位提升管理水平、改善经营方式、拓展销售渠道、对接消费人群，助力自身发展。

第 9 章 农业适度规模经营深度案例研究

——农业绿色生产与一体化经营

胡盼盼，女，1990 年出生，安徽省合肥市肥东县人。2011 年毕业于苏州港大思培科技学院酒店管理专业，并先后供职苏州金陵观园酒店和合肥威斯汀酒店。2013 年，由于业绩突出，酒店意在提拔她做前台主管。而与此同时，其父因年迈和家族事业拓展，要求她返乡。跟随她返乡创业的脚步，一幅以胡氏家族为代表、众多新型经营主体和农户共同绘就的农业发展画卷在笔者面前徐徐展开。

9.1 乡贤世家、代际传承，新农人成长在高起点上

乡贤世家，浓厚的历史积淀，造就务农情怀。胡盼盼家族历史可溯及元朝末年，祖先胡海是明朝开国元勋，胡盼盼老家大胡村（隶属友谊行政村）至今仍保留百年古祠堂。胡氏家族在大胡村颇具威望，胡盼盼的曾祖父、祖父均为本村乡贤。也正是在这样的家风传承和影响下，胡盼盼的父亲胡荣汉20 世纪 90 年代做生意赚取第一桶金后，就为家乡捐款 2 万元修建学校、水库、道路（当时工薪族的工资一般为每月 300 元），为家乡做贡献。胡盼盼在职务晋升的关键时刻，做出返乡创业的选择，是责任使然，也是心之所向。诚如胡盼盼自己所言，"我所做的就是我父亲所做的延伸，我父亲他们就是我的后备力量。"

代际传承，父辈的打拼奋斗，铺就事业兴起的家底。讲述"新农人"胡盼盼的故事，要从她的父亲胡荣汉说起。胡荣汉 1979 年参加工作，在肥东

县古城区粮站上班，起初是会计，后来升任粮油综合厂厂长。1990 年，胡荣汉辞掉厂长职务，回到家乡大胡村做起面条加工和粮油收购经营。从业 11 年，胡荣汉积累了丰富的财务知识、管理经验和资源人脉，加上持续不懈地努力奋斗，胡荣汉的业务从最初挨家挨户上门收购到农户主动送货上门，从最初经营一个乡镇业务扩展到几个省的粮油贸易，从最初年收购量几十吨到而今的 6.8 万吨，从最初仅经营菜籽品种到现在同时开展水稻、小麦、菜籽等多个品种大宗农产品贸易，从最初个体户经营到注册公司经营，从最初仅涉足贸易环节经营到拓展全产业链经营，胡荣汉一步一步、踏踏实实地将业务做大。

1997 年，肥东县委县政府授予全县 14 家纳税大户（个体户）"光彩之兴"荣誉称号，胡荣汉是其中之一；2019 年粮油收购量 6.8 万吨（均为本县农产品）、占到肥东县总收购量的 15% 左右，其中油菜籽收购量 1.6 万吨、在全县排名第一，净籽供应江西、江苏、安徽 3 省近 500 家榨油厂，稻谷、小麦收购量分别为 3.2 万吨和 2 万吨，供应中粮集团、益海嘉里集团和粮食储备库等。从 1979 年至今，创业奋斗 40 年，也正是改革开放 40 年、农村改革 40 年，历史沧桑，风雨彩虹，国家经济、农村经济长足进步、欣欣向荣，胡荣汉的事业也已稳如磐石。而今，国家迈入新时代，胡荣汉（1963 年出生）也已从年轻气盛的改革开放的新一代步入了知天命的年纪，事业焕发新机的希望落在了胡盼盼这代人的身上。以胡盼盼为代表的众多新时代农民，接过从父辈手中传递而来的"接力棒"，承载起历史演进、国家进步和"三农"发展的新希望。

9.2 产业转型、溯源上游，新事业实现后向一体化

流转田块，从最亲近之处着手，熟人好办事。2012 年 1 月，胡荣汉成立"肥东县世昌水稻种植专业合作社"，并开始流转土地。合作社所在古城镇杨塘社区，属于典型的江淮分水岭地区，土地高低不平，每亩田块大小不一，沟不通，渠不畅，种田效率非常低，农民抛荒现象严重。大胡村后组田块最差，相对贫瘠，农业劳动力转移比例高，耕地闲置较多，为合作社流转土地创造了资源条件。同时，胡荣汉乐于为家乡奉献，相对其他新型经营主

体，村民们将耕地流转给胡荣汉的意愿相对强烈，使得在后组流转土地具备一定的人情条件，减少了不少阻力。在胡荣汉带领下，合作社与大胡村后组的 60 多个农户签订了 500 亩承包地的经营权流转协定。在此基础上，合作社又陆续与大胡村其他农户、共计 180 多户签订 2 000 亩承包地的经营权流转协定（大胡村共有承包地 2 600 亩，流转比例占 76.92%）。

平整土地，自筹资金建设良田，打好规模经营的根基。江淮分水岭地区为丘陵地貌，坡度、田块不利于机械化，土地平整前平均每个田块仅 0.38 亩。合作社流转土地后，自筹资金 300 多万元用于架电、土地平整、沟渠和机耕道建设等。平整后，平均每块土地达到 4.8 亩，增加了 8 个当家塘、2 台变压器、6 千米线路，95% 的田块通了砂石路，实现了沟渠配套。平整后的土地支持久保田插秧机等农业机械耕作，目前可实现旋耕、深翻和机收。

9.3　家族合力、多元经营，新业态形成多功能拓展

家族分工，凝心聚力，共同布局新事业。在胡荣汉的引领下，兄弟姐妹亲戚朋友看到了"务农"的前景、萌生了"创业"的热情，以胡荣汉为中心，迅速凝聚起干事创业的"家族力量"。胡荣汉是家族事业的中心，负责统揽全局，儿子胡世昌具体负责粮油贸易公司、粮站和运输公司，女儿胡盼盼负责家庭农场和电商销售；大哥（即胡盼盼的大伯）有农作物种植经验，具体负责家庭农场的种植及管理实务；三弟（即胡盼盼的三叔）懂技术，具体负责植保等农业技术应用推广和农业生产资料采购供应，三弟的儿子负责垂钓（210 亩）和稻鱼（虾）种养殖；四弟（即胡盼盼的四叔）负责车队运输和果林管理；五弟（即胡盼盼的五叔）此前做过包工头，盖房有经验，计划发展农家乐（民宿）。

因地制宜，科学筹划，探索多元种植模式。根据地形及土壤结构特点，合作社将 1 215 亩土地划分为：常规种植区（1 050 亩）、经济果林区（100 亩）、科技试验区（65 亩）。常规区域传统种植结构为"小麦（油菜籽）-水稻"，2012 年获得无公害基地认证。面对油菜种植雇工难、小麦赤霉病严重等情况，2017 年合作社勇于打破传统，从常规种植区划出 220 亩地，调整

为"土豆-水稻"种植结构,基地被安徽省外专局列为全省土豆种植示范点,成为 2017 年全省土豆观摩会议点,带动周边 12 个农户、3 个家庭农场从事土豆优质化种植。据不完全统计,此项种植结构的调整至少带动 40 名农民就业;相比种植小麦,每亩可以增加约 500 元收入。从 2018 年开始,合作社与南京农业大学合作,在 220 亩种植区中试种有机水稻,并逐步探索种养结合、稻鱼(虾)种养殖模式。产品品质的提升倒逼生产标准,标准的提高诉求种植模式的调整。由于有机水稻种植标准高,合作社决定用紫云英替代土豆,将种植结构进一步调整为"紫云英-有机水稻"。此外,科技试验区 2017 年种植的高钙米和黑花生也获得了较好的成果。

发扬传统,发掘属性,丰富产品和要素内涵层次。将农产品生产与当地特色饮食文化相结合,用红薯制作糖丝、切糖、芝麻糖、切糕等特色小吃,一方面展示制作工艺和流程,另一方面加工为成品后销售,提高红薯等农产品的附加值,通过工艺、文化、民俗、传统赋予产品"特色",特色丰富产品"内涵",内涵提升产品"价值"。同时,将农业生产与休闲观光、乡村旅游相结合,在紫云英盛花期为摄影爱好者、婚纱拍照、观光旅游等提供场所。此外,结合农事学习和体验,将生产基地打造成为科普教育基地。优越的自然条件赋予当地得天独厚的光热资源,同一块"地",利用季节的交替转换,通过栽植不同的作物、发掘多重功能,实现观赏价值、生态价值、经济价值和社会价值的有机统一,最大化要素功能的发挥和价值的实现。

区域协同,开发资源,发展休闲农业和乡村旅游。肥东县拥有很多人文景观和自然景观,政府部门着力打造文化旅游项目,为发展休闲农业和乡村旅游营造了良好的政策环境。肥东县岱山湖,为 4A 级景区,每年游客接待量约 10 万人次,具备对周边区域的辐射带动能力。合作社项目区内有 2 个水库,水面上百亩,具备良好的水利条件,同时项目区距离肥东县城约 40 千米,距离高速出口约 4 千米(2 年后),通过高速 40 分钟可到达合肥,交通条件便利。友谊村(胡盼盼老家所在行政村)拥有村民 2 000 多户,由于外出务工和进城落户的人口日渐增多,很多住房常年闲置,空置率大约为 90%,多数人春节返乡。通过开发闲置农房,将农房改造成农家乐、民宿,每年农民丰收节的日子开展"稻田宴",让游客住下来、玩起来,构造"吃住行游购娱"一体化旅游模式。松王村是贫困村,距离项目区不到 3 千米,计划进行新农村建设和打造"旅游村",闲置的新房屋等资产资源为友谊村与其协同发展乡村旅游提供了合作契机。

9.4 绿色导向、模式创新,统筹兼顾实现三效合一

采用"秸秆-绿肥-菌渣-有机水稻"循环种植模式,提升稻谷品质。稻田采纳"紫云英-有机水稻"种植结构,水稻秸秆和紫云英是稻田有机肥的主要来源。紫云英固氮能力强,利用效率高,在植株腐解时可以大量激发土壤氮素,在农田生态系统中对维持氮循环具有重要作用,且不需收割、直接翻耕,可有效节约绿肥成本。除此之外,草木灰、菜籽饼、金针菇尾料也是重要的有机肥来源。世昌公司 2019 年稻谷贸易量 3.2 万吨,使用原粮下脚料可产草木灰 128 吨,能够满足 256 亩稻田整地期需求。通过施用有机肥,稻田的土壤肥力得到极大提升,种出的红薯重达 17 斤/个。在施用有机肥滋养农田的同时,还注重使用生物农药防治病虫害,采纳南京农业大学"有益微生物驱动的全程有机种植体系"(简称 BeMMO 体系),不使用任何化学农药。经检测,稻田的水和土壤均符合国家有机标准。根据实验组对照结果,有机水稻生长指标良好,未发生明显病虫害,产量可观,亩产 918 斤,详见图 9-1。

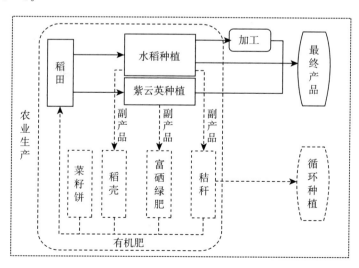

图 9-1 "秸秆-绿肥-菌渣-有机水稻"循环种植模式

改善生态环境，提高经济价值，促进生态经济社会效应"三效合一"。从生态效应看。有机水稻种植全程不使用任何化学肥料和农药，对稻田土壤和附近水源没有污染，能够很好地保护环境，有利于农业可持续发展。稻田采用绿肥-水稻轮作模式，同时施用草木灰、菜籽饼等有机肥，能够增加土壤有机质，改善土壤理化性状，调节土壤肥力。从经济效应看。BeMMO 体系有机水稻亩产 918 斤，常规体系水稻亩产 1 000 斤，单产水平相差不大。然而，通过减施化学肥料和农药，BeMMO 体系有机水稻提升了品质，稻谷平均出售价格是常规体系水稻的 2.3 倍，平均每亩产值和净利润分别高出常规体系水稻 1 454 元、254 元，经济价值可观，可有力带动农户增收。另外，作为绿肥的紫云英进入盛花期后可用于观赏，发展休闲观光和乡村旅游，能够为当地吸引游客，带动农户增加餐饮、住宿收入。从社会效应看，有机水稻没有农残和重金属残留，对人体没有伤害；各项营养成分均高于同品种普通水稻，口感也更好，更有利于食用；符合农业绿色发展方向，是农业发展的必然趋势。

9.5　品质铸造、品牌经营，加快升级走出低端供给

诉求更高品质，统筹本地资源，志在形成"拳头"品牌。在安徽省，肥西县苗木花卉、长丰县草莓均已闻名全国。肥东县虽然物产丰富、品种繁多，但却未形成具有一定影响力的区域农产品品牌。如水稻产业，存在品种杂乱、产量分散、品质不一的情况，没有形成"拳头"品牌，产品主要供应低端市场，价格低廉，稻农收入较低。胡荣汉和胡盼盼深刻地认识到，产品品质是能否盈利和可持续发展的关键因素。只有从源头把控产品品质，在产业下游才有足够信心和话语权；只有统筹当地资源，形成合力，才能塑造"拳头"产品，更好地带动农户发展。为此，合作社从肥东县 100 多个水稻品种中优选出 2~3 个，注册"世继"商标，统一种植，统一收购。

着力新鲜质纯农产品供给，注重口感和营养，丰富农产品供给层次，满足中高端消费需求。世昌公司大米初加工和小榨菜籽油原料坚持使用新稻和纯正质优的菜籽，以保证口感和营养。与此相比，目前很多超市中售卖的食用农产品以大路货居多，供给层次相对单一，无法适应快速变化的消费者的

多样化需求。比如目前大部分超市中售卖的普通大米"90％为陈稻新做"，菜籽油的加工原料一般不是纯正质优菜籽。另外，从加工工艺看，世昌公司使用当年新鲜菜籽并采用物理压榨工艺，以确保品质、口感和营养成分；而市场上的低端菜籽油使用掺杂霉籽、烂籽的原料，采用化学方法加工而成的浸出油，营养成分已被破坏，品质、口感相对较差。

初创品牌，委托加工，扬长避短、互利共赢。为补齐菜籽加工短板，世昌公司于 2018 年 11 月与巢湖知名加工企业——"大平油脂"合作。世昌公司发挥多年菜籽贸易优势，供给优质菜籽、确保加工原料品质，借助大平油脂先进的加工设备和工艺生产菜籽油，成品使用世昌公司经过 SC 认证的品牌贴标出售。通过合作，确保加工原料纯正质优，节约固定资产投资 1 000余万元、规避经营风险，为胡盼盼家庭农场绿色生态循环种植模式提供有机肥来源（菜籽饼）。

9.6　围绕核心、健全服务，巩固与完善前向一体化

合作社与粮库合作，实现要素共享、资源优化配置，提高存储与烘干能力。2014 年，通过肥东县老科协的牵线搭桥，在县委县政府、县粮食局的支持下，合作社出资 800 多万元率先与古城中心粮库合作，在刘桥粮站建成3 万吨现代化储粮条件的高大平房仓库。此外，合作社还投资 500 多万元建成国内先进的粮食烘干设备、粮食周转仓，以及购置多套粮食输送、清杂设备等。这样的合作共营方式在全县推广达 11 处，为全县增加粮食仓容量 30多万吨，对解决全县的卖粮难、晒粮难问题发挥了重要作用，带动全县农民每年增收 5 000 万元左右。

升级产后服务，建立"粮食银行"，为农民保粮安。2017 年，世昌粮油贸易公司与中储粮集团联合建立"品味粮仓粮食银行"杨塘分行。农民可以凭借"粮食存折"在消费网点以低于市场价随时兑换自己需要的成品粮油、农用物资、生活用品等。目前杨塘分行已吸纳 100 多名储户，为农民储粮近100 吨。

探索销售模式，采取"会员＋预售"制，提高销售稳定性和生产计划性。重点针对有机水稻种植创新销售模式。积极寻求合作，如在肥东县汇景

新城小区设立社区店，与合肥市社群电商、医院、家庭高端定制饮用水公司合作等。通过建立客户微信群，推行会员式服务（如会员价、送货上门、定期农场观光等）。建立会员制后，便可以实行预售制，一方面可以提高生产的计划性，另一方面可以提高资金的流动性。2018年，通过提供会员套餐等形式实现有机大米预售收入20多万元。

拓宽销售渠道，采取"实体店＋电子商务"、线上线下结合方式，提高产品知名度和影响力。合作社在阿里巴巴推出农村淘宝时，抓住机遇成为其中一员，希望借此插上电商的翅膀，扩大合作社农产品的社会知名度。从2017年起，胡盼盼在肥东县城陆续开设了2家店面（名为"盼盼家农场"），以"品质、定制、新鲜、营养"为宗旨，开始从事农特产品销售，当年实现电商销售额80余万元。此外，胡盼盼结合实地考察、抖音新媒体等方式，宣传基地和农产品。

9.7 联合合作、政策激励，内生发展结合外力助推

提高组织化程度，实现一体化经营，联结贯通产前、产中与产后环节。经过前期的总体布局和精心筹划，合作社、家庭农场、农业企业等产业组织相继成立，农作物种植、农产品初加工、粮食产后服务等一体化经营初现端倪。2012年，"肥东县世昌水稻种植专业合作社"注册成立，并已通过"无公害基地""绿色粮食生产基地"认证。2013年先后成立"肥东县兄弟家庭农场"和"肥东县世昌粮油贸易有限公司"。其中，合作社负责组织带动当地农户，联合"小生产"对接"大市场"；家庭农场以家庭成员为主要劳动力，主要从事粮食作物适度规模经营；农业企业围绕家族核心事业，开展粮油贸易等业务。

成立合作社，统一作物品种、农资采购、植物保护、农机作业、产品收购与销售，提高农户组织化、标准化水平和议价能力，降低生产成本，实现规模经济。基于肥东县实际情况，合作社优选2～3个水稻品种，要求成员统一种植所选定品种，做大规模，增强与市场对话的能力。建立成员微信群，掌握成员地亩数，邀请专业技术团队统一进行植保。与当地农机合作社合作，为成员提供农机作业服务等。通过联合农户，一方面可以降低物质与

服务费用，平均每亩可节约费用 240 余元；另一方面可以提高粮食销售价格，合作社收购成员粮食一般高于市场价 0.02 元/斤。此外，合作社还为当地农户（包括非合作社成员）提供便利，水稻收获后，允许农户在稻田养鸭，并提供代销服务。

成立联合体，发挥"纵向一体化＋横向一体化"优势，贯通产业链，做粗价值链。2016 年，世昌公司发起成立"肥东县'中国好粮油'世昌农业产业化联合体"。联合体内部通过订单等方式签订长期合约、实现一体化经营，高于市场价收购农产品、低于市场价采购农资、利润返还等，同时还实现了品种统一、促进了科技创新、增加了飞防植保等作业服务、提高了市场谈判能力。一体化经营让联合体内部的成员尝到了甜头，继续合作的愿望让联合体进一步寻求与中粮集团、益海嘉里集团等大型农业集团的深度合作。

注重培训学习，培育人力资本，拓宽眼界思路，提升素质能力，对接平台资源。2017 年 3 月，胡盼盼来到北京，第一次参加农业农村部管理干部学院组织的"聚力强社"活动，此后一直关注和参加学院组织的培训，不仅如此，还鼓励父亲和爱人也都参加培训。培训引导了视野和理念的变化，指引了未来农业发展的方向。"我到北京来完全是思路上的开拓"。通过培训，胡盼盼知道了"新零售"，知道了"线上结合线下"，培训课程让她"耳目一新"，启发了思路、开阔了眼界。培训提供了很多平台和资源，能够帮助对接资源。比如到阿里巴巴参观学习，在蚂蚁金服座谈，都是电商大咖，他们的做法经验非常值得借鉴。培训联结起了新型经营主体与电商平台的桥梁，也搭建起了学员之间沟通的桥梁。培训带动了能力素质的提升，提高了知名度。当地政府举办的电商培训、新型职业农民培训，都邀请胡盼盼到班授课。胡盼盼将看到的、学到的知识传授给当地"三农"从业人员，带动一方人员共同提升进步。

"做好自己"的基础上，充分利用良好的政策环境和政府资源，做大做强事业，带动当地农业发展。在产中环节，主要对接农委。对于胡盼盼家庭农场种植紫云英作为有机水稻的绿肥来源，合肥市农委给予补贴 200 元/亩。可以说，政府以绿色生态为导向进行补贴，实现了经济、生态、社会效益的有机统一。在产后环节，主要对接粮食局、商务局等，开展粮油贸易和农产品电子商务。当地粮食局支持联合体承担"中国好粮油"项目，宗旨是提高品质、打开销路。胡盼盼是当地"网红"，商务局在农产品电子商务方面给予了一定支持。此外，共青团、妇联也都将胡盼盼吸纳为其中一员。胡盼盼还被提名安徽省人大代表候选人。2018年胡盼盼获得"五一"劳动奖章。胡荣汉在工商联拥有一席之地。

9.8　启发与思考

9.8.1　完善订单合约机制和利益联结机制，促进产业链和价值链纵向一体化

世昌粮油贸易有限公司开展农业产业纵向一体化经营，既要回答"订单农业""双向违约"等农业产业化经营多年存在的老问题，也要回答如何保证农户融入产业链、参与价值链等新问题。

解决新老问题，一方面，要完善订单合约机制，促进产业链纵向一体化。从"双向违约"多发于农户端的实际出发，从农户这个矛盾的主要方面入手，在合理分配企业和农户利益的基础上，针对农户生产技术、信息和知识缺乏的特点，向农户提供更多的技术、服务等支持，同时更深层次地融入农民生活，密切经济关系，强化情感联系，以"约"促"合"，以"合"保"约"。另一方面，要完善利益联结机制，促进价值链纵向一体化。通过订单保证农户实现生产经营收入，通过土地流转和进场（厂）务工使农户获取稳定的租金收入和一定的劳动收入，通过股份合作把农户的承包土地经营权、财政扶贫资金和贷款形成的项目资产、集体所有的经营性资产等折股量化，使农户享受资产收益。

9.8.2　加强品牌建设，畅通中高端农产品销售

胡盼盼认为，目前经营农业面临的最大风险是市场风险，种出来好产品不难，难在卖不出去、卖不上好的价格。总结起来，主要有两点：一是渠道不畅。2016年，家庭农场曾因销售不畅亏本40万元。二是有机农产品市场混乱。"经常有电话问我要不要办有机证书，3万元就可以搞定……"目前有机农产品认证机构过多过滥，逐利行为严重，导致获得认证的品牌质量参

差不齐。

如何畅通中高端农产品销售？品牌化是重要策略选择。首先，品质是前提与基础。打造品质，可以通过农业绿色化、优质化、特色化来实现。其次，创建与规范同等重要。制定和规范完善区域公用品牌、企业品牌、产品品牌构成要素和软硬件要求，规范品牌创建和评选标准；加快培育与区域公用品牌建设相匹配的新型经营主体，促进品牌建设与企业整合相结合。

9.8.3　拓宽融资渠道，解决规模经营主体融资难题

胡荣汉从事粮油贸易赚取"第一桶金"，是当前胡氏家族事业发展与扩张的原始资本积累。伴随事业格局的扩大，自有资本很难满足扩大再生产所需的农田土壤改良、基础设施建设、人力资源开发等庞大的资金需求。拓宽融资渠道是以胡荣汉、胡盼盼等为代表的规模经营主体所面临的共同问题。

对此，首先，应进一步加大对新型经营主体的财政补贴力度，加大机耕道、水渠、农业用电等基础设施建设，加大土地整治力度，推进高标准农田建设，为经营主体适度规模经营提供便利的设施条件。其次，整合财政项目资金，对经营主体发展适度规模经营给予补贴。注重发挥财政资金撬动金融资源和社会资本的功能作用，优化财政支农方式，探索创新"PPP""政银保"等模式，带动金融和社会资金更多投入农业农村，提高财政资金使用效率和效益。

9.8.4　实施绿色补贴，促进农业绿色发展

推进农业绿色发展，长期来说会提升产品质量和效益，但短期内往往会增加投入、降低产量，这对投资能力较差、看重眼前利益和当下产出的普通农户构成较大制约。相比而言，在绿色发展、价值共享的过程中，新型经营主体具有较强的示范带动作用。他们可以通过建立产业组织，根据特定的消费需求，将绿色生产技术、信息与知识传递到小农户的生产过程中，指导农户进行标准化生产，从源头上确保农产品质量安全，并实现产品、工艺和功能的改造升级。但是，生产绿色有机农产品往往成本高、价格优势不明显，

需要发挥财政资金的补贴效应。

胡盼盼家庭农场采用"秸秆-绿肥-菌渣-有机水稻"循环种植模式,水稻实现了品质和价格的提升,亩产水平、亩均利润都较为可观,但有机肥成本较高。据统计,BeMMO 体系有机水稻的有机肥成本约为常规体系水稻化肥成本的 3 倍。对于以胡盼盼家庭农场"秸秆-绿肥-菌渣-有机水稻"循环种植模式为代表的农业绿色生产,可给予一定的财政补贴,通过优化补贴方式,一方面提高新型经营主体贯彻绿色发展理念、示范带动农业绿色发展的积极性,另一方面提高财政资金的精准性、指向性。

第 10 章 结论与对策建议：优化 农业支持保护政策的制 度安排研究

进入 21 世纪以来，我国实施一系列强农惠农富农政策，初步形成价格支持、直接支付和一般服务支持等方式相结合的农业补贴政策框架，对促进农业生产、增加农民收入发挥了一定积极作用。但随着社会经济和农业发展形势的变化，当前的农业支持保护政策越来越暴露出一些问题，不仅扭曲产品价格、要素价格，导致"产品过剩"、国际竞争力不足，还引发经营行为的盲目性，不利于新型主体健康发育和农业产业安全。新的发展形势下，应明确农业支持保护政策面临的主要问题及其根源，以提高改革的针对性，进一步优化支持方式，提高农业政策的执行效率和实施效果。

10.1 我国农业支持保护政策面临的主要问题

由于农业的生产特性和高风险性，政府往往制定系列支持保护政策，确保农业生产和农业效益。经营主体健康发育、农业产业健康发展、农产品国际竞争力强，是支持保护政策设计的几项基本目标。然而，随着形势的发展，一些支持保护政策在对象选择和方式选择上产生了偏差，导致政策效果偏离目标，公共利益受到损害。

10.1.1 政策实施导致帕累托倒退公共利益受损

政府出台政策，应该服务于公共利益。若政策促进了帕累托优化，可以认为其符合公共利益；反之，则不符合公共利益。政府投资和农业补贴向重点地区、重点领域和重点主体倾斜，是分配性政策的重要内容。农业部门认定农业改革与建设试点、农村改革试验区，不但加大了公共投资在试点示范区、试验区的投入比例，同时也带动社会资金流入，促进了重点地区、领域和主体的较快发展，发挥了"增长极"的示范带动效应，实现了帕累托改进，对于公共利益的提升起到了促进作用。但是，有一些分配性政策，盲目扶大扶优扶强，不仅未促成扶持对象的健康发展，反而导致成本上涨、经营受困、竞争力下降等问题，产业安全受到威胁。这种政策设计，可能让一部分地区、一部分主体变得更好，但却使未受扶持的地区或主体的情况变得糟糕，产生"挤出效应"；最坏的情况则是"出力不讨好"，即受扶持的主体发展也因此陷入困境。在这种情况下，政策实施导致了帕累托倒退，使公共利益受损。由于"树典型""造明星"的心理，超大规模农户往往成为项目和补贴的主要流向。东部地区某市针对肉牛养殖大户进行补贴，但牛贩子也相应提高养殖户的肉牛购入价格，养殖大户平均每头牛收到的补贴收益被牛贩子以提高成本的方式截流 40%～60%；与此同时，规模较小、不能享受补贴的养殖户却要承担补贴后肉牛价格提高的所有成本，并陷入经营困境。

10.1.2　政策诱导新型主体经营行为发生扭曲

对补贴手段的不慎重选择和补贴标准的不理性克制，以及生产主体对补贴、项目的盲目崇拜和对政策的乐观预期，导致土地经营规模盲目扩大、土地产出率下降、大面积"非粮化"等一系列负面后果，同时很多规模主体行为扭曲，失去投资理性，盲目扩大投资，陷入巨大风险困境。中部地区某市针对土地流转进行补贴，课题组从经营面积、经营主体个数、经营主体的平均经营面积三项指标，来测度该市不同规模区间（20～100 亩、100～300亩、300～500 亩、500～1 000 亩、1 000 亩以上）的年际变化趋势，结果表明：1 000 亩以上三项指标均增长迅速，特别是平均经营面积，与其他规模区间的经营主体相比，呈现相反的增长趋势，即其他规模区间经营主体的平均经营面积年均递减，而与此同时 1 000 亩以上经营主体的平均经营面积则年均递增、年均增速达到 10%。考察 1 000 亩以上经营主体的家庭收入构成，财政补贴收入高的达到 50%以上；而即便如此，很多规模经营主体如家庭农场仍然亏损。东部地区某市对种粮大户推行包括以奖代补在内的支持政策，但是政策的诱导使得很多规模经营主体盲目投入大量资金从事并不擅长的农业经营，结果因为经营不善，资金链断裂，无法偿还贷款，陷入巨大的经营危机。

10.1.3　政策推动农业成本上升竞争力下降

政府在农业补贴方式的选择上长期、大量使用价格支持、直接补贴，结果不仅诱发"产品过剩"，威胁产业安全，还抬高了地租导致农业固定投资和经营成本进一步上升。2007 年以来，国家实行玉米临时收储政策。这是一项价格支持政策，是政府为保护生产者采取的价格控制手段，是对市场均衡价格的干预。最低收购价、临时收储价采取的都是价格下限支持方式。玉米临储政策在实行之初是为了保护玉米种植户免受价格波动带来的效益损失。但其问题在于，当市场均衡价格低于价格下限时，就容易出现"生产过剩"。

10.1.4　政策执行成本过高效率低下

我国现行的农业补贴政策是比较典型的分配型政策，财政责任主要由中央财政负担，省级政府、市级政府、区（县）政府和其他政策执行主体主要负责政策实施。若政策设计目标不明确、政策工具选择不恰当，导致政策执行成本过高，政策在府际间的传达和执行就会产生不畅或偏差，偏离政策目标。同时，由于中央政府是财政责任主体、主要承担财政支出成本，地方政府及其他政策执行主体是具体执行者，因而很容易导致权力寻租等原因带来的"政策外溢"（魏姝，2012）[①]。种粮直补政策，初始目标是基于现期种粮面积进行挂钩补贴，需每年核定实际种粮主体和面积，但我国人多地少的基本国情决定了其执行成本的高昂。因此，这项政策在基层政府执行中产生了扭曲，转变成按承包面积发放补贴。

10.2　我国农业支持保护政策面临问题的根源

公共政策的实施效果发生偏差，问题可能发生于政策形成过程的某一或

---

① 魏姝．府际关系视角下的政策执行——对 N 市农业补贴政策执行的实证研究［J］．南京农业大学学报（社会科学版），2012，12（3）：94-101.

某些环节，从政策目标设定、政策工具选择到政策执行推进、政策效果评估等，某个环节或某些环节发生偏离，都会导致最终的政策效果偏离最初的政策目标，或者产生帕累托倒退。对于上文分析的我国农业支持保护政策面临的主要问题，笔者认为根源主要在于政策优化滞后、政策工具选择不当和政策评估缺乏系统性考察。

10.2.1 政策优化滞后于形势变化

长期以来，在农村基本经营制度的框架下，农民既是土地的实际所有者，又是土地的经营者和受益者，享受来自要素、劳动和资本的多重收益。而随着社会经济的发展、城乡二元结构的逐步破除，农民的收入来源不断丰富，就业结构和角色在发生分化，针对农业生产的公共政策却没有及时跟上这种变化。政策对形势变化反应的滞后性，进一步导致政策工具的选择缺乏精准性，政策执行产生疏漏和偏离初始目标。比如 2004 年起，国家为了刺激种粮积极性，促进粮食生产，在全国范围推开种粮直补。政策目标原本是补贴从事粮食生产的农民。但是，随着城乡二元藩篱的破除，农民的收入来源日益丰富，每亩 100 多元的补贴金额很难刺激农民的种粮积极性，对增加粮食种植面积的效果不大。同时，由于政策执行出现偏差，种粮直补既不能降低粮食生产的边际成本，也不能增加种粮的边际收益（钟甫宁等，2008）[①]，因而也并不能够影响单产。结果，种粮直补不仅实质上由生产性补贴转化成收入性补贴，而且还因为政策目标的初始设计在 WTO 继续呈现为"黄箱"政策、占用补贴空间。

10.2.2 政策工具选择不当

与生产相挂钩的补贴会扭曲农业生产行为，受补贴激励产生的农业结构调整可能会增加边际成本、降低净收益，从而抵消部分补贴带来的好处；而且集中性选择生产有补贴的农产品，会导致产品市场价格下跌、抵消补贴收益。与生产相脱钩的补贴不仅不会调动农民生产积极性，还会不

---

① 钟甫宁，顾和军，纪月清. 农民角色分化与农业补贴政策的收入分配效应——江苏省农业税减免、粮食直补收入分配效应的实证研究 [J]. 管理世界，2008 (5)：65-70，76.

断抬升农地租金。已有研究均表明，农地租金将随政府直接补贴的增加而提高。由于土地供给缺乏弹性，类似土地流转补贴、按实际种粮面积发放补贴等支持方式，无论补贴转入方还是转出方，均会产生由转出方获得大部分补贴金额的"补贴效应"。土地流转的支持，特别是对大规模成方连片流转的补贴，成为推动土地流转价格高企的重要原因，导致大规模经营的收益受到挤占。与此同时，众多适度规模经营主体，由于得不到补贴政策眷顾，却要承担土地成本攀升的后果，更加剧其生产经营困难。如此，便产生如下悖论：政府支持土地流转和规模经营，却恰恰让规模经营陷入困境。实际调研也发现，补贴政策导致农地流转价格呈现明显的分层现象，专业大户（家庭农场）转入农地的价格明显高于普通农户；专业大户和普通农户的转入价格分别为 572 元/亩和 367 元/亩；普通农户对本村普通农户、外村普通农户和专业大户（家庭农场）的转出价格呈明显递增趋势，分别为 381 元/亩、533 元/亩和 753 元/亩。

10.2.3　政策评估缺乏系统性考察

政策评估是对政策执行后总体效果的评价。这种评价，应不仅包括对原初设计指标的完成状况，而且也包括预期指标之外的政策影响，以及完成一定指标产生一定绩效时的政策资源配备状况（王骚，2003）。当前我国对农业支持保护政策的评估，存在一些片面认识，导致政策评估缺乏系统性、长期性和前瞻性。一是"只看树木不见森林"，忽视政策效果的综合分析。这种认识导致政策评估仅对一些考察成本低的指标进行考察，指标内容往往带有短期可视、能够突出业绩等典型特征。如为培育新型经营主体，地方政府在政策工具选择上可能选择"土地流转补贴"，在政策评估时选择"土地流转比例"等指标进行考察，而对土地成本、经营效益等相关指标缺乏综合性考察，导致政策评估产生偏差。二是"以事实解释事实"，将政策效果等同于政策输出。政策输出是指政府在推行某项政策时所作的实际事务（王骚，2003）[1]。这种认识导致政策评估陷入对事实的同义反复中。例如，"农业'四补贴'资金从 2004 年以来呈递增趋势"，这种评估只是对农业补贴政策

---

[1]　王骚. 政策原理与政策分析［M］. 天津：天津大学出版社，2003：196-197.

输出进行评价，并未对补贴政策效果予以评价。考察农业补贴政策效果，应结合政策目标，从成本、收益、产业发展、农产品竞争力等多个维度进行综合考察。否则，评估就会失去应有意义。

10.3 完善与优化农业支持保护政策的对策建议

当前，我国经济发展进入新常态，正从高速增长转向中高速增长，如何在经济增速放缓背景下继续强化农业基础地位、促进农民持续增收？如何在"双重挤压"下创新农业支持保护政策、提高农业竞争力？

结合当前及未来农业发展趋势，笔者认为农业支持保护政策改革应着力摆正政府与市场的关系，优化农业支持方式，在确保产品市场和要素市场健康发展的前提下，保护农业生产者利益、提升经营主体抗风险能力。

10.3.1 优化支持方式，控制直接补贴，加强间接补贴

价格支持、直接补贴等农业支持政策，提高了农民对土地价值的评价和预期，资金在很大程度上转化为地租，增加了生产者的投资和经营成本，抵消部分甚至全部政策效果。未来应转变补贴思路，由直接补贴向间接补贴转变，着重对农田基础设施建设、农业社会化服务、农业科技创新、农业金融和农业保险等方面进行补贴支持。

10.3.2 丰富支持手段，组合政策工具，强化金融保险

就农业支持手段而言，单一的行政手段虽然操作相对简便，但也给政府部门带来了财政压力过大、补贴效率不高等一系列问题。必须重视发挥市场在资源配置中的决定性作用，调整政府财政补贴资金的投入模式，积极探索政府财政资金的杠杆撬动作用，引导金融、保险共同参与，打造新型农业融资模式和农业补贴手段。一方面，积极引导金融领域的"源头活水"流入"三农"。研究完善财政支持农业金融发展的政策体系，在构建农业金融服务体系、创新农业金融服务产品、打造农业金融激励机制等方面积极探索，通过担保、贴息等方式全方位加强对经营主体的信贷支持。另一方面，充分发挥农业保险的"托底保障"作用。运用政府和市场相结合的方式，鼓励扶持

符合条件的各级农业保险经营机构在政府制定框架中经营农业保险和再保险，建立"全国-省-县"三级农业再保险体系。进一步优化调整农业保险补贴政策，增加保费补贴、扩大覆盖范围、提高保险金额、开发新型险种。同时调高保费补贴的中央支持比例，减轻地方配套压力，鼓励地方财政加大对本地特色品种的保费补贴范围和力度。

10.3.3　盘活补贴存量，整合补贴资金，发挥倾斜优势

农业补贴政策的调整优化，不仅要增加总量、调整增量，更要盘活存量。面对农业补贴增量递减的趋势，要大胆打破定势思维的圄限，在巩固现有补贴成果的基础上，对补贴存量进行结构性优化调整，实现农业补贴存量和增量向粮食等重要农产品主产区的双重倾斜。当前，农业补贴一定程度上成为全体土地承包户的"收入补贴"。在粮食主销区，"非粮化""非农化"日趋严重，这部分补贴资金已经失去了最重要的存在价值。在粮食主产区，有限的补贴资金也只是"杯水车薪"，对农业生产的刺激作用相当有限。因此，必须打破农业补贴全国"大锅饭"的固有思维，将现有补贴存量进行整合，调整农业补贴的区域分布结构，研究出台农业补贴向主产区倾斜政策，逐步缩减主销区的农业补贴规模，研究取消主销区一些严重偏离政策目标的补贴项目，把有限的补贴资金集中用于扶持主产区开展重要农产品生产。

10.3.4　明确政策目标，完善评估标准，科学评价效果

明确具体目标，是政策形成和执行的前提和基础。目标不明确，政策评估将无所适从，政策执行和政策效果也将失去有效性。在农业支持保护政策设计中，要避免目标不明确、目标间冲突等问题，使政策目标清晰而协调。政策评估，需首先确立标准，这决定了评估结果的准确性和科学性。对于农业支持保护政策效果的评估，要从效率、公平性、系统性等方面进行考量，即对支持保护政策的效益与投入之间的关系和比例进行考察，对政策效果是否符合公共利益进行考察，对政策之间的协调性进行考察等。科学评价农业支持保护政策效果，要充分考虑农业生产的特殊性，秉持可持续发展理念、公共利益目标和正确的政绩观，引导政策发挥最大效益。

参考文献 REFERENCE

白人朴，刘敏，2004. 农机购置补贴政策研究 [M]. 北京：中国农业科学技术出版社：17.

白人朴，2015. 新常态下农机化发展将呈现四大特点 [N]. 中国农机化导报，2015-02-09 (06).

本报评论员，2017. 全面推进农业绿色发展这场深刻革命 [N]. 农民日报，2017-10-01 (001).

陈杰，苏群，2017. 土地流转、土地生产率与规模经营 [J]. 农业技术经济 (1)：28-36.

陈岩，1996. 中国农业增长和制度变迁 [J]. 中州学刊 (3)：30-37.

程国强，罗必良，郭晓明，2014. "农业共营制"：我国农业经营体系的新突破 [J]. 农村工作通讯 (12)：44-47.

程国强，朱满德，2012. 中国工业化中期阶段的农业补贴制度与政策选择 [J]. 管理世界 (1)：9-20.

程国强，2015. 崇州 "农业共营制" 具有重要的改革创新意义 [N]. 中国经济时报，2015-02-06 (008).

程国强，2015. 农业共营制是中国农业发展值得关注的制度方向 [J]. 农村工作通讯 (15)：46.

邓大才，2007. 农地流转价格体系的决定因素研究 [J]. 中州学刊 (3)：44-48.

范红忠，周启良，2014. 农户土地种植面积与土地生产率的关系——基于中西部七县 (市) 农户的调查数据 [J]. 中国人口·资源与环境，24 (12)：38-45.

方言，2019. 中国特色农业支持保护之路——70年中国农业支持保护政策的轨迹与实践 (上) [J]. 中国粮食经济 (11)：47-53.

方言，2019. 中国特色农业支持保护之路——70年中国农业支持保护制度变迁 (下) [J]. 中国粮食经济 (12)：11-16.

方言，等，2017. 完善农业支持保护政策体系研究 [M] //陈锡文，韩俊. 中国农业供给侧改革研究. 北京：清华大学出版社：50.

冯锋，杜加，高牟，2009. 基于土地流转市场的农业补贴政策研究 [J]. 农业经济问题，

30 (7)：22 - 25.

高海，2014. 农地入股合作社的组织属性与立法模式——从土地股份合作社的名实不符
谈起［J］. 南京农业大学学报（社会科学版），14（1）：83 - 92.

高梦滔，张颖，2006. 小农户更有效率？——八省农村的经验证据［J］. 统计研究（8）：
21 - 26.

格鲁伯，沃克，1993. 服务业的增长：原因和影响［M］. 上海：上海三联书店.

郭晓鸣，董欢，2014. 西南地区粮食经营的现代化之路——基于崇州经验的现实观察
［J］. 中国农村经济（7）：39 - 47.

韩洁，尚旭东，2018. 绿色生态导向的产业发展实践——"洛川苹果"产业发展做法与
经验［J］. 农业农村部管理干部学院学报（4）：41 - 45.

韩洁，2010. 粮食主产区农民收入及其补贴政策研究［D］. 北京：中国农业科学院.

韩洁，2017. 农业补贴方式对农地流转价格的影响［J］. 农业部管理干部学院学报（3）：
70 - 76.

胡初枝，黄贤金，2007. 农户土地经营规模对农业生产绩效的影响分析——基于江苏省
铜山县的分析［J］. 农业技术经济（6）：81 - 84.

江保国，2017. 论农业直接补贴的方式和程序改革——基于广东省的实证研究［J］. 经
济体制改革（4）：84 - 90.

靳相木，薛兴利，1998. 农业产业化——纵向一体化与横向一体化之比较［J］. 农业经
济（5）：5 - 6.

孔祥智，周振，路玉彬，2015. 我国农业机械化道路探索与政策建议［J］. 经济纵横
（10）：65 - 72.

李梁平，赵丽桂，2015. 农业补贴政策与农业适度规模经营关系探讨——以江西省 A 村
为例［J］. 中南林业科技大学学报（社会科学版），9（2）：94 - 98.

李先德，杨东群，2008. 江苏省农业支持政策运行情况调研报告［J］. 中国农业科学院
农业经济与发展研究所研究简报（4）：1 - 8.

李先德，宗义湘，2005. 中国农业支持水平衡量与评价［J］. 农业经济问题（S1）：19 - 26.

李毅，2016. 美国农业保险政策的新动向观察［J］. 世界农业（10）：94 - 99.

林毅夫，1994. 制度、技术与中国农业发展［M］. 上海：上海人民出版社：5 - 38.

刘慧，2015. 排放标准升级倒逼农机业绿色转型［N］. 经济日报，2015 - 09 - 22（10）.

刘景，2018. 美国农业补贴政策演进与农民收入变化研究［J］. 亚太经济（6）：70 -
77，147 - 148.

路玉彬，周振，张祚本，孔祥智，2018. 改革开放 40 年农业机械化发展与制度变迁

［J］．西北农林科技大学学报（社会科学版），18（6）：18-25.

罗必良，2014. 崇州"农业共营制"试验［J］．决策（9）：60-61.

骆明军，2015. 崇州农业共营制探索与实践［J］．农村经营管理（8）：14-15.

马肃平，2016. 农民喊赔，仓库爆满，企业叫亏破局玉米临储乱象［EB/OL］．（2016-06-06）［2016-06-07］．http：// www. infzm. com/content/117453/? qk6. html.

马歇尔，2007. 经济学原理［M］．刘生龙，译．北京：中国社会科学出版社：777-795.

庞晓玲，刘海英，霍学喜，2004. 财政支持粮食主产区农业发展的问题与对策思考［J］．陕西农业科学（6）：73-75.

彭超，2019. 美国新农业法案的主要内容、国内争议与借鉴意义［J］．世界农业（1）：4-16，26.

钱鑫，杜雪锋，2019. 农业补贴对土地规模经营的影响机制［J］．江苏农业科学，47（4）：286-291.

尚旭东，韩洁，2016. 短期效应、生存压力与农业共营制的长效兼顾［J］．改革（8）：135-145.

尚旭东，朱守银，2015. 家庭农场和专业农户大规模农地的"非家庭经营"：行为逻辑、经营成效与政策偏离［J］．中国农村经济（12）：4-13，30.

邵晓梅，2004. 鲁西北地区农户家庭农地规模经营行为分析［J］．中国人口・资源与环境（6）：122-127.

宋洪远，2006. 中国农村经济分析和政策研究（2003—2006）［M］．北京：中国农业出版社：357.

宋伟，陈百明，陈曦炜，2007. 东南沿海经济发达区域农户粮食生产函数研究——以江苏省常熟市为例［J］．资源科学（6）：206-211.

搜狐网，2017. 2017年国家重点研发计划"智能农机装备"重点专项项目启动［EB/OL］．［2017-10-26］．http：// www. sohu. com/a/200355086_100008114. htm.

孙群，夏益国，2012. 完善的美国政策性农业保险产品体系［J］．中国保险（8）：59-64.

唐斓，2016. 东北三省、内蒙古取消玉米临储政策改为市场化收购加补贴［EB/OL］．（2016-03-28）［2016-06-01］．http：// news. xinhuanet. com/fortune/2016-03/28/c_128841724. html.

田先红，陈玲，2013. 地租怎样确定？——土地流转价格形成机制的社会学分析［J］．中国农村观察（6）：2-12，92.

王波，李伟，2012. 我国农业机械化演进轨迹与或然走向［J］．改革（5）：126-131.

王姣，肖海峰，2007. 我国良种补贴、农机补贴和减免农业税政策效果分析［J］．农业经济问题（2）：24-28.

王茂林，2015. 崇州市土地股份合作社效率及影响因素研究 [D]. 成都：四川农业大学 .

王骚，2003. 政策原理与政策分析 [M]. 天津：天津大学出版社：196-197.

王永春，王秀东，2009. 日本的农业补贴——水稻 [J]. 世界农业（12）：27-29.

王宇，杨俊孝，2016. 农业补贴视角下土地适度规模经营调查与分析——以新疆玛纳斯县为例 [J]. 山西农业科学，44（4）：541-544.

魏姝，2012. 府际关系视角下的政策执行——对 N 市农业补贴政策执行的实证研究 [J]. 南京农业大学学报（社会科学版），12（3）：94-101.

我国新型农业经营体系研究课题组，程国强，罗必良，郭晓明，2015. 农业共营制：我国农业经营体系的新突破 [J]. 红旗文稿（9）：19-21.

吴丽丽，李谷成，周晓时，2015. 要素禀赋变化与中国农业增长路径选择 [J]. 中国人口·资源与环境，25（8）：144-152.

吴量亮，2019. 安徽省农担"劝耕贷"实现国家级省级贫困县全覆盖 [EB/OL]. （2019-01-27）[2019-11-04]. http：// ah. anhuinews. com/system/2019/01/27/008065525. shtml.

西奥多·W. 舒尔茨，2010. 改造传统农业 [M]. 梁小民，译. 北京：商务印书馆：41-46.

肖端，2015. 土地流转中的双重委托—代理模式研究——基于成都市土地股份合作社的调查 [J]. 农业技术经济（2）：33-41.

肖攀，刘春晖，苏静，2019. 粮食安全视角下农业保险财政补贴政策效果评估 [J]. 统计与决策，35（23）：157-160.

肖旭，2017. 制度变迁与中国制度改革的文献综述 [J]. 首都经济贸易大学学报（4）：96-104.

谢琳，钟文晶，罗必良，2014. "农业共营制"：理论逻辑、实践价值与拓展空间——基于崇州实践的思考 [J]. 农村经济（11）：31-36.

辛良杰，李秀彬，朱会义，刘学军，谈明洪，田玉军，2009. 农户土地规模与生产率的关系及其解释的印证——以吉林省为例 [J]. 地理研究，28（5）：1276-1284.

新华网，2015. 中国制造 2025 发布确定十大重点领域 [EB/OL]. [2015-05-20]. http：// www. xinhuanet. com/fi-nance/2015-05/20/c_127819790. htm.

新华网日本频道，2015. 日本如何优化农业补贴：470 种补贴无微不至 [EB/OL]. （2015-04-06）[2015-04-06]. http：// world. people. com. cn/n/2015/0407/c157278-26804295. html.

焉香玲，2010. 基于马克思地租理论的我国农民收益分配问题研究 [J]. 经济纵横（7）：

13-16.

姚洋，2000. 中国农地制度：一个分析框架［J］. 中国社会科学（2）：54-65，206.

姚洋洋，贾彬，2014. 中美农业生产服务业发展的比较研究［J］. 世界农业（12）：33-37.

叶斌，2017. "劝耕贷"：农村金融改革的一条新路［N］. 安徽日报，2017-07-17（007）.

张恒春，张照新，2015. 增产增收视角下玉米种植户适度规模分析——基于全国8 423份调查数据［J］. 湖南农业大学学报（社会科学版），16（3）：13-18.

张莉琴，2001. 我国农业政策对农产品的有效保护效果分析［D］. 北京：中国农业大学.

张曙光，1992. 论制度均衡和制度变革［J］. 经济研究（6）：30-36.

张维迎，2015. 经济学原理［M］. 西安：西北大学出版社：75.

张旭，2016. 国储玉米一年补贴630亿2.5亿吨库存倒逼临储政策改革［EB/OL］.（2016-03-29）［2016-04106］. http：//futures. hexun. com/2016-03-29/183010163. html.

张忠明，钱文荣，2010. 农户土地经营规模与粮食生产效率关系实证研究［J］. 中国土地科学，24（8）：52-58.

赵长保，李伟毅，2014. 美国农业保险政策新动向及其启示［J］. 农业经济问题，35（6）：103-109.

郑有贵，李成贵，2008. 一号文件与中国农村改革［M］. 合肥：安徽人民出版社：324-334.

钟甫宁，顾和军，纪月清，2008. 农民角色分化与农业补贴政策的收入分配效应——江苏省农业税减免、粮食直补收入分配效应的实证研究［J］. 管理世界（5）：65-70，76.

周晓艳，张慕濒，2005. 西方产业组织理论中后向一体化的逻辑［J］. 产业经济研究（2）.

朱满德，程国强，2011. 农业补贴的制度变迁与政策匹配［J］. 重庆社会科学（9）：12-17.

朱守银，柳金平，韩洁，段晋苑，邵科，规模经营不单是土地集中［N/OL］.（2013-09-29）［2016-08-01］. http：//finance. people. com. cn/n/2013/0929/c1004-23069612. html.

朱希刚，万广华，刘晓展，1996. 我国1993年和1994年农产品生产者补贴等值的测算［J］. 农业经济问题（11）：37-42.

朱希刚，1992. 借鉴国际经验促进农业补贴由消费者向生产者的转变［J］. 农业经济问题（10）：52-57.

朱希刚，1993. 提高农民收入的政策思考［J］. 农业技术经济（4）：2-7.

宗锦耀，刘宪，陈志，等，2009. 农业机械化科技教育问题研究 ［M］// 张桃林. 中国农业机械化发展重大问题研究. 北京：中国农业出版社：131－139.

宗锦耀，刘宪，李斯华，等，2008. 新的探索新的跨越——中国改革开放三十年中的农业机械化 ［J］. 中国农机化（6）：3－15.

Armen A. Alchian，Harold Demsetz，1972. Production，information costs and economic organization ［J］. The American Economic Review（5）：777－795.

Berman E，Bound J，Griliches，1994. Changes in the Demand for Skilled Labor within U. S. Manufacturing：Evidence from the Annual Survey of Manufactures ［J］. Nber Working Papers，109（2）：367－397.

Carter M R，1984. Identification of the inverse relationship between farm size and productivity：an empirical analysis of peasant agricultural production ［J］. Oxford Economic Papers，36（1）：131－145.

Chavanov A. V，1926. The Theory of Peasant Economy ［M］. Madison：University of Wisconsin Press.

Daisuke Takahashi，2009. Evaluation of the Japanese rice policy reforms under the WTO agreement on agriculture ［C］. Paper presented at the 27th International association of agricultural economicsts conference Beijing，China.

Daisuke Takahashi，2012. The ditributional effect of the rice policy in Japan，1986－2010 ［J］. Food policy（37）：679－689.

ERS，USDA，2019. Agriculture Improvement Act of 2018：Highlights and Implications，Crop Commodity Programs ［EB/OL］.（2019－08－20）［2019－08－22］. https：// www. ers. usda. gov/agriculture－improvement－act－of－2018－highlights－and－implications/crop－commodity－programs/.

ERS，2015. Agricultural Act of 2014：Highlights and Implications ［EB/OL］. ［2015－06－01］. https：// www. ers. usda. gov/agricultural－act－of－2014－highlights－and－implications/.

Greenfield H，1960. Manpower and the growth of producer service ［M］. New York & London：Columbia University Press.

Harold Demsetz，1967. Toward a Theory of Property Rights ［J］. American Economic Review（2）：347－359.

James MacDonald，Rebert Hoppe，DavidBanker，2006. Growing Farm size and the distribution of farm payments ［R］. ERS Report，Economic Brief Number 6（3）：1－4.

Kawasaki K，2010. The costs and benefits of land fragmentation of rice farms in Japan [J]. Australian Journal of Agricultural and Resource Economics，54 (4)：509 - 526.

Kevane M，1996. Agrarian structure and agricultural practice：Typology and application to Western Sudan [J]. American Journal of Agricultural Economics，78 (1)：236 - 245.

Mary E. Burfisher，Jeffrey Hopkins，2015. Farm Payments：Decoupled Payments Increase Households' Well - Being，Not Production [R/OL]. [2015 - 05 - 01]. https：// www. ers. usda. gov/amber - waves/2003/february/farm - payments/.

Mary Keeney，2000. The distributional impact of direct payments on Irish farm incomes [J]. Journal of Agricultural Economics，51 (2)：252 - 263.

Nigel Key，Michael J. Roberts，2007. Commodity payments，farm business survival，and farm size growth [R]. USDA Economic Research Report Number 51，November.

OECD，2015. Agricultural Policy Monitoring and Evaluation 2014：OECD Countries [EB/OL]. [2015 - 07 - 21]. http：// dx. doi. org/10. 1787/agr _ pol - 2014 - en.

OECD，2015. Evaluation of agricultural policy reforms in Japan 2009 [EB/OL]. [2015 - 08 - 01]. http：// www. oecd. org/japan/42791674. pdf.

Ralph M. Chite，2014. The 2014 Farm Bill (P. L. 113 - 79)：Summary and Side - by - Side [R]. CBO Report. See from：http：// nationalaglawcenter. org/wp - content/uploads/2014/02/R43076. pdf.

Reardon T，Kelly V，Crawford E，et al. ，1996. Determinants of farm productivity in Africa：a synthesis of four case studies [M]. Department of agricultural economics and the department of economics，Michigan State University.

Riddle，1986. Service - led Growth：the Role of the Service Sector in the World Development [M]. New York：Praeger.

Robert A. Hoppe，James M. MacDonald，2017. Large family farms continue to dominate U. S. agricultural production [J]. Statistic：Farm Economy (3).

Robert A. Hoppe，2006. Structure and Finances of U. S. Farms 2005 Family Farm Report [R]. ERS Report Economic Information Bulletin Number 12.

Robert A. Hoppe，2015. The importance of farm program payments to household [R/OL]. [2015 - 05 - 01]. https：// www. ers. usda. gov/amber - waves/2007/june/the - importance - of - farm - program - payments - to - farm - households/.

Ron L. Durst，2015. Effects of Reducing the Income Cap on Eligibility for Farm Program Payments [R/OL]. [2015 - 06 - 01]. https：// www. ers. usda. gov/webdocs/publications/44179/11144 _ eib27 _ 1 _ . pdf? v＝41746.

Sen A K，1962. An aspect of Indian agriculture ［J］. Economic Weekly，14（4－6）：243－246.

USDA，2019. Economic Research Service using data from USDA，Risk Management A-gency，Summary of Business ［EB/OL］.（2019－08－20）［2019－08－22］. https：//www. ers. usda. gov/agriculture－improvement－act－of—2018—highlights－and－impli-cations/crop－insurance/.

USDA，2007. Government Payments Structure and Finances of U. S. Farms：Family Farm Report ［EB/OL］. 2007 Edition/EIB－24Economic Research Service/USDA：26－28.

USDA，2019. USDA Announces details of support package for farmers ［EB/OL］.（2019－07－25）［2019－07－26］. https：//www. usda. gov/media/press－releases/2019/07/25/usda－announces－details－support－package－farmers.

USDA，2018. USDA assistants farmers impacted by unjustified retaliation ［EB/OL］.（2018－07－24）［2018－07－26］. https：//www. usda. gov/media/press－releases/2018/07/24/usda－assists－farmers－impacted－unjustified－retaliation.

Williams－Derry，C. and Cook，K. ，2000. Green acres：How taxpayers are subsidizing the demise of the family farm ［M］. Washington，DC：Environmental Working Group.

Zaibet L T，Dunn E G. ，1998. Land tenure，farm size，and rural market participation in developing countries：the case of the Tunisian olive sector ［J］. Economic Development and Cultural Change，46（4）：831－848.

《适应土地规模经营新趋势的新增农业补贴方式研究》成果简介

新中国成立 70 年来，我国农业农村发展走过了一条不平凡的历程。多年来，农业农村的稳定发展，特别是粮食安全的稳定保障，为我国快速推进工业化、城镇化作出了巨大支持、奠定了坚实基础。21 世纪以来至 2019 年，随着党中央连续 16 个中央 1 号文件的发布以及乡村振兴战略的实施，城市反哺农村的政策体系日益完善，农业农村优先发展的观念深入人心，在土地流转深入推进、新型主体大量涌现、科技水平快速提升等多重因素推动下，我国农业生产经营方式发生巨变，农业农村面貌变化日新月异。新中国成立 70 年来我国农业农村发展历史性成就的取得，离不开党和国家的高度重视。其中，农业农村投入及相应的支持保护政策在农业农村经济持续健康发展中发挥着至关重要的作用。

一、农业补贴应兼顾双层政策目标

当前，作为国民经济的战略后院和压舱石，农业农村既承载着确保国家粮食安全、推动农业现代化的作用，又肩负着增加农民收入、保障农村社会稳定的重任。实施乡村振兴战略，确保农业农村优先发展，既要"真刀实枪干"，"又要真金白银投"，已成为全国上下各界共识。而作为三农政策体系的重要组成部分，农业支持保护政策尤其是农业补贴政策既要从产业经济角度出发，将保护粮食产能、提高粮食产量作为关键政策目标，又要从社会福利角度出发，将保障种粮收益、增加农民收入作为重要政策目标。因此，农业补贴政策的优化调整，必须从双重政策目标出发，进行相关政策创设。如何推进农业补贴双重政策目标的实现，努力寻求农业补贴在促进国家粮食稳产和农民收入稳增之间的政策平衡点，应成为农业农村经济研究的重要内容。

针对党的十八大以来农业新型主体和规模经营快速发展的新形势，本研究认为，新型经营主体是乡村振兴战略实施的重要力量，土地规模经营对于保障粮食安全、实现农户稳收增收具有重要作用；新型经营主体与土地规模经营二者结合，是小农户和现代农业发展有机衔接的重要实现方式，其发展对于保障我国粮食安全和改进农业生产方式具有重要意义。为此，本研究以适度规模经营为研究入口，以新型经营主体尤其是种粮大户、家庭农场为观察视角，重点对我国农业补贴政策展开系统研究，避免单就粮食安全研究补贴或单就农民收益研究补贴等单一研究视角所产生的囿限。研究力图在系统梳理既有农业支持保护政策框架体系、分析其既有成效及现实难点的基础上，寻找双重政策目标下适度规模经营与农业补贴政策的最佳结合点，对其未来前景及路径选择提出更贴近实践、更合理优化的建议，从而进一步提高相关农业补贴及农业支持保护政策的精准性和指向性，进一步放大既有补贴政策的引导效应，发挥有限补贴资金的实施效果。这对于完善我国农业支持保护政策体系、增强我国农产品国际竞争力具有重要参考价值，对于发展多种形式适度规模经营、培育新型经营主体、构建现代农业经营体系具有重要的促进作用，对于支持保护我国粮食等重要农产品生产、切实增加农民收入、推动乡村振兴战略实施具有积极意义。

二、研究的四个思维与四个视角

基于双重政策目标的逻辑起点，本课题研究从以下四个思维、四个视角对农业补贴开展系统研究。

一是全球思维与国际视角。课题立足全球农业支持保护政策演变，对世界主要农业先进国家的农业支持保护政策进行系统研究，通过国外补贴制度研究和国际比较，得出一系列重要结论。我国农业补贴及农业支持保护政策发展符合世界农业支持政策发展的一般规律，具有一定的必然性。当前，国际农业补贴及农业支持保护政策体现出明显的导向变化，正从政府干预市场向市场化转变，从价格补贴向生产能力提升、产品质量保障和绿色生态导向转变。我国应根据国际农业补贴及农业支持保护政策发展变化，结合我国三农实际情况，及时调校政策导向。

二是历史思维与国内视角。课题在对我国农业补贴及农业支持保护政策发展历程进行系统梳理的同时，对我国农业补贴现状进行全方位关注。其中，突出问题导向和目标导向，重点结合农业规模经营现状对现行农业补贴政策效果进行研究，分析提出了当前农业补贴政策的存在问题及改革方向。当前，农业补贴政策存在对农民种粮积极性的激励效应弱化、政策实施行政成本过高等若干亟待解决的问题，因此政府农业补贴实施方式要更有效率；我国特有的农地产权结构决定了对规模经营进行支持，农业补贴政策效应将会传导到要素市场，影响农地流转价格的形成和变化，类似土地流转补贴、按实际种粮面积发放补贴等支持方式，无论补贴对象是谁，转出方始终获取补贴的更多收益，这在一定程度上产生"政府支持土地流转和规模经营，客观上却让规模经营陷入困境"的现实悖论，因此政府补贴土地规模经营要更加"理性"；近年来，新型经营主体规模经营面临着居高不下的市场风险、自然风险和金融风险，因此未来补贴政策改革应将提升规模经营抗风险能力作为目标和重点。加大固定资产投资、提高科技应用水平、提升农业社会化服务水平，是确保新型经营主体土地产出率不下降的有效路径，因此新增农业补贴在向适度规模经营主体倾斜的同时，要重点支持固定资产投资、着力提高技术进步对土地产出率的贡献、加快健全农业社会化服务。

三是科学思维与数据视角。课题研究秉持科学严谨思维，坚持"用数据论证、以数据说话"。通过一系列数据分析，从土地生产率的提升和国家粮食安全的保障角度出发，分别对散户小农和规模经营主体的数据或案例进行深入分析。其中，基于农业农村部农村固定观察点 20 000 户微观大样本农户数据分析，结果显示：小麦、水稻播种面积与亩均产量呈现出接近倒"U"形关系，其中，小麦最优规模为 12～13 亩、亩均产量 400 千克，水稻最优规模为 24 亩左右、亩均产量 500 千克。基于规模经营主体的典型案例研究，结果显示：规模的盲目扩大并不一定能够实现土地产出率提高或者不降低，只有保持在适度经营规模区间，才能确保土地产出率不降低。如，在东北某农区，一块集中连片的耕地达到 100～200 亩，最适合家庭经营和农机作业；在可以购买使用机械、雇佣短工，但不能长期雇工、就能管理好的条件下，正常年景家庭种粮面积达到 500 亩时，粮食亩产会最高。

四是群众思维与基层视角。"理论联系实际"，课题研究才有生命力，研究结论才有说服力。课题通过一系列实地调研，深入农村，与广大农户、新型经营主体、地方农业农村部门工作人员广泛座谈交流，获取了大量翔实的一手资料。同时，对于基层丰富的实践以及各类典型模式，予以深入分析研究。其中，课题对四川崇州涌现的以"专业化生产＋专业化服务＋充分政府扶持"为特征的"农业共营制"组织创新进行深入分析。研究指出，这一模式短期内使得资金、土地、劳动力、企业家才能、扶持政策等要素得以整合集聚，降低了管理交易成本和配额交易成本，避免了雇工偷懒、欺骗、搭便车等投机行为发生，提高了"隐性劳动生产率"（土地产出率）对劳动生产率的贡献，进而保证了粮食供给水平，但一旦外部支持环境发生变化，如补贴政策取消或者扶持力度减弱，这一模式就很难保持旺盛的生命力和足够的竞争力。这进一步论证了未来农业补贴要更多采取"政府引导＋市场配置资源"这一路径选择的必要性。

三、未来农业补贴改革应坚持六大导向

在上述研究的基础上，课题研究结合农业补贴改革变化情况以及农业农村最新发展形势，提出了一系列符合实际、行之有效的对策建议。可概括为六大导向。

一是新型主体导向。新增农业补贴应向适度规模经营主体倾斜，以确保土地产出率和农民收益为双重政策目标。

二是技术进步导向。未来农业补贴要将提高技术进步贡献率作为重要目标，通过加大资本投入，强化基础设施建设，加快科技创新、推广和应用等方式，提高土地产出率。

三是基建投资导向。未来要通过加大财政支持力度、促进完善农业金融服务等方式，重点支持固定资产投资，打消新型经营主体对各类基础设施等固定资产投资可能产生沉没成本的顾虑，以避免土地规模扩大而土地生产率下降现象。

四是社会服务导向。未来农业补贴应重点向建立健全农业社会化服务体系倾斜。农业社会化服务通过服务对象的规模化、服务主体的熟练性分摊生产者的长期平均成本，能够实现规模经济，同时可以帮助生产者解决规模扩大带来的资本替代劳动问题，确保土地产出率。农业补贴应不断强化公益性服务导向，扶持农机专业合作社等组织开展经营性服务，助力建立健全多层次、立体型农业社会化服务体系。

五是绿色生态导向。未来农业补贴要更加突出质量安全和绿色生态导向，支持适度规模经营主体进行绿色生态发展模式；同时，应适应农产品电子商务快速发展的新形势，研究出台农产品质量安全专项补贴制度，激励并引导新型经营主体按照相关质量安全标准要求，加强投入品管理，规范农产品生产标准及流程；此外，不断拓展农产品种植、加工、销售等环节上产业组织的价值链，促进农产品加工业发展，加强农业品牌塑造，提升农业生产的附加值。

六是示范引领导向。未来应充分发挥财政资金撬动金融资源和社会资本的功能作用，优化财政支农方式，探索创新"PPP""政银保"等模式，通过贴息、奖励、补助、风险补偿、税费减免等措施，示范引领带动金融和社会资金更多投入农业农村，进一步提高财政资金使用效率和效益。

基于以上研究，在学术上，课题将农业补贴与规模经营和新型经营体系结合起来，对以农业补贴手段促进规模经营发展和新型经营体系构建进行了较为系统的研究，可以进一步充实相关领域的基础性研究。在应用上，课题结合土地经营规模与土地生产率、劳动生产率关系的研究，定量化、科学化地提出了提高农业补贴针对性、精准性的若干制度安排，能够为相关部门提供有益借鉴。同时，针对专业大户和家庭农场等新型经营主体，课题研究提出的若干建议被相关部门采纳使用，为其持续健康发展提供了更为有利的制度环境。

　　《适应土地规模经营新趋势的新增农业补贴方式研究》这部学术专著是本人主持的国家社会科学基金青年项目"适应土地规模经营新趋势的新增农业补贴方式研究"（批准号 14CJY047）结题的最终成果。从课题申报立项，到研究写作，再到结题成书，这部学术专著凝结了单位、课题组和专家们的关心、帮助和支持。

　　一直以来，农业农村部管理干部学院始终坚持科研、教学、培训"三位一体"的事业理念，打造了一支精干、优质、高效的专兼职三农研究队伍，致力于建设成为助力我国农业农村经济稳健发展、乡村全面振兴的新型智库。近年来，围绕我国三农发展宏观形势、重大问题、前沿领域，学院精心选题、深入研究，形成了一批具有重要理论价值和现实意义的研究成果，提出了一系列务实管用、科学可行的政策建议。本人多年深耕农业补贴领域，所主持的国家社会科学基金项目及完成的这部学术专著，是在学院推进研究工作高质量发展、打造新型智库的大环境下，形成的研究成果。学院领导和同事对该项研究工作给予了莫大鼓励、支持和帮助。

　　课题组汇聚了对农业支持保护政策、规模经营研究充满热情、积累深厚的青年才俊。从课题申报到国内外文献资料收集、实地调研、理论研究，课题组成员付出了艰辛的努力，共同推动课题进展、结题。这部学术专著在课题成果基础上进行了加工和提炼，凝结了课题组成员的劳动和智慧。

　　特别感谢张照新、胡志全、钟永玲、路玉彬、刘满平等专家和朋友的精心指导和无私帮助，对本书的研究设计、方法选择、内容充实提供了宝贵的建议。

同时，值本书付梓之际，感谢全国哲学社会科学工作办公室对课题研究的资助！感谢各级政府相关部门同志以及广大农民群众、新型农业经营主体给予课题调研的支持！感谢中国农业出版社为本书编辑出版付出的努力！本书借鉴了国内外众多专家学者的既有研究成果，在此一并表示感谢！

本书凝聚了本人在农业补贴领域多年来的研究心血，囿于水平，肯定存在诸多不足之处。下一步，本人将继续深化相关研究，在乡村振兴战略实施大背景下，进一步把握绿色发展等快速变化的形势及现实发展需求，针对农业补贴如何更好发挥公共政策应有的效应，更好地助力 2035 年乡村振兴取得决定性进展、农业农村现代化基本实现，2050 年乡村全面振兴，农业强、农村美、农民富全面实现的远景谋划，提出更为及时有效的对策建议。恳请学界前辈同仁批评指正！

韩 洁

2022 年 4 月于北京

图书在版编目（CIP）数据

适应土地规模经营新趋势的新增农业补贴方式研究 /
韩洁著. —北京：中国农业出版社，2022.11
ISBN 978-7-109-29603-9

Ⅰ.①适… Ⅱ.①韩… Ⅲ.①农业—政府补贴—财政
政策—研究—中国 Ⅳ.①F812.0

中国版本图书馆 CIP 数据核字（2022）第 111372 号

适应土地规模经营新趋势的新增农业补贴方式研究
SHIYING TUDI GUIMO JINGYING XINQUSHI DE XINZENG NONGYE BUTIE FANGSHI YANJIU

中国农业出版社出版
地址：北京市朝阳区麦子店街 18 号楼
邮编：100125
责任编辑：闫保荣
版式设计：杜　然　责任校对：吴丽婷
印刷：北京中兴印刷有限公司
版次：2022 年 11 月第 1 版
印次：2022 年 11 月北京第 1 次印刷
发行：新华书店北京发行所
开本：700mm×1000mm　1/16
印张：17.75
字数：280 千字
定价：68.00 元